文化馆蓝皮书：

文化馆改革与服务创新发展报告
2019—2020

白雪华　李国新　主编

国家图书馆出版社

图书在版编目（CIP）数据

文化馆蓝皮书. 文化馆改革与服务创新发展报告：2019—2020 / 白雪华，李国新主编. — 北京：国家图书馆出版社，2022.7
ISBN 978-7-5013-7535-6

Ⅰ.①文… Ⅱ.①白… ②李… Ⅲ.①文化馆—发展—研究报告—中国—2019-2020 Ⅳ.① G249.23

中国版本图书馆 CIP 数据核字（2022）第 132918 号

书　　名　**文化馆蓝皮书：文化馆改革与服务创新发展报告**
　　　　　　2019—2020
著　　者　白雪华　李国新　主编
责任编辑　王炳乾
封面设计　耕者设计工作室

出版发行　国家图书馆出版社（北京市西城区文津街 7 号　100034）
　　　　　（原书目文献出版社　北京图书馆出版社）
　　　　　010-66114536　63802249　nlcpress@nlc.cn（邮购）
网　　址　http://www.nlcpress.com
排　　版　北京旅教文化传播有限公司
印　　装　河北鲁汇荣彩印刷有限公司
版次印次　2022 年 7 月第 1 版　2022 年 7 月第 1 次印刷

开　　本　710mm×1000mm　1/16
印　　张　19
字　　数　300 千字
书　　号　ISBN 978-7-5013-7535-6
定　　价　99.00 元

目　录

总报告

行业观察

实践案例

◇ 文化馆社会化发展

调研报告

总报告

文化馆事业掀开高质量发展新篇章（2019—2020年）

郑崇选　冯　佳[*]

2020年10月，党的十九届五中全会通过"十四五"规划和2035年远景目标纲要建议，宣告我国已转向高质量发展阶段，"以推动高质量发展为主题"，成为"十四五"时期经济社会发展的重要指导思想之一。党的十八大以来，以习近平同志为核心的党中央统筹推进"五位一体"总体布局和"四个全面"战略布局，高度重视社会主义文化建设，对公共文化服务体系建设作出了一系列重要决策部署，为文化馆事业高质量发展提供了日益完善的理论指导、政策支撑和根本遵循。文化馆事业如何进一步提质增效，实现功能转型基础上的高质量发展，是新时代中国特色社会主义文化建设的重要任务。

在此背景下，我国文化馆事业不断深化与其他领域融合的发展力度，不断创新体系化运作的体制机制，不断激发社会力量在各个环节的参与度，不断完善供给侧结构性改革的政策体系，成为满足人民群众基本文化需求、培育和践行社会主义核心价值观的重要阵地。据文化和旅游部的统计数据，截至2020年底，全国共有群众文化机构43687个，其中文化馆3327个（包含省级文化馆、地市级文化馆、县区级文化馆）、乡镇综合文化站32825个，全国共建成村级综合性文化服务中心575384个，全国群众文化机构从业人员185076人，全国平均每万人群众文化设施建筑面积331.32平方米。2020年底，全国群众文化机构共有馆办文

---

* 郑崇选，上海社会科学院文学研究所副所长、研究员，文化馆发展研究院学术委员。
冯佳，上海社会科学院文学研究所副研究员，文化馆发展研究院学术委员。

艺团体 9489 个，演出 12.08 万场，观众 6675.84 万人次。由文化馆（站）指导的群众业余文艺团体 45.46 万个，馆办老年大学 698 个。2578 个县（市、区）建成文化馆总分馆制，394 个文化馆组建理事会①。伴随着第五次全国文化馆评估定级工作的开展，我们获得了一批集中反映各级文化馆发展状况的最新数据。根据初步统计，2019 年，全国各级文化馆财政拨款总额达到 122 亿，人均财政拨款 2.69 元；全国各级文化馆馆舍总面积 1610.07 万平方米，万人均 115 平方米；全国各级文化馆从业人员 54673 人，从业人员与服务人口之比为 1∶25677；全国各级文化馆总服务人次超过 26 亿，其中馆内服务和馆外服务惠及人次达 6.32 亿，网上数字服务惠及人次达 19.71 亿；全国人均享受文化馆服务 1.9 次，其中人均享受馆内和馆外服务 0.72 次，人均享受网上数字服务 1.18 次；全国各级文化馆每周平均开放时间为 59.71 小时，93.43% 的各级文化馆公休日正常开放，95.99% 的各级文化馆在国家法定节假日有开放时间，67.82% 的各级文化馆实现了错时开放；全国近 85% 的文化馆开展了编制年报的工作。整体而言，2019—2020 年间，我国文化馆事业处于高质量发展的起步阶段，作为公共文化服务体系的重要组成部分，文化馆在满足人民群众对公共文化服务新期待上迈出了新步伐，掀开了推进文化馆事业高质量发展的新篇章。

一、我国文化馆事业高质量发展的政策供给和顶层设计

十八大以来，党和政府高度重视文化建设，相继出台了一系列重要的文化政策，特别是关于公共文化服务领域政策法规的制定更是力度空前，为新时代文化馆事业的高质量发展明确了建设路径和基本方向。

（一）政策供给日益完善

2018 年 2 月 26 日至 28 日，党的十九届三中全会在北京举行。全会审议通过了《中共中央关于深化党和国家机构改革的决定》《深化党和国家机构改革方

---

① 中华人民共和国文化和旅游部.2020 文化和旅游发展统计公报［EB/OL］.（2020-07-05）［2021-11-15］.http://www.mct.gov.cn.

案》，开启了深化党和国家机构改革、推进国家治理体系和治理能力现代化的深刻变革。2018 年 4 月，新组建的文化和旅游部挂牌亮相。同年年底，全国各省（自治区、直辖市）文化和旅游机构改革完成，文化和旅游融合发展在国家行政管理层面基本完成。2018 年 8 月 21 日，习近平总书记在全国宣传思想工作会议上指出，要推动公共文化服务标准化、均等化，坚持政府主导、社会参与、重心下移、共建共享，完善公共文化服务体系，要提高基本公共文化服务的覆盖面和适用性。2018 年 12 月，中共中央办公厅、国务院办公厅印发了《关于建立健全基本公共服务标准体系的指导意见》，并发出通知，要求各地区各部门结合实际认真贯彻落实。该意见为国家基本公共服务标准（2021 年版）和新一轮地方性实施标准的制定提供了指导。

2019 年 1 月，国家发展改革委、文化和旅游部等 18 部门联合印发《加大力度推动社会领域公共服务补短板强弱项提质量 促进形成强大国内市场的行动方案》，为公共服务部署了三大行动任务：第一是补短板，补齐基本公共服务短板，保障基本需求；第二是强弱项，补强非基本服务弱项，扩大服务供给；第三是提质量，创新机制，提升服务质量。针对公共文化服务，该文件明确指出，要"提高公共文化服务效能……引入社会化机制，以政府购买服务等方式引导更多主体参与公共文化服务，定期开展全国性公共文化产品采购大会，实现供需对接"。行动方案提出的三大任务，实际上也为文化馆高质量发展指明了三个建设维度。

2019 年 3 月，文化和旅游部、中央文明办联合印发了首次以"文化和旅游志愿服务"命名的工作方案，标志着我国"文化志愿服务"向"文化和旅游志愿服务"转型。2020 年 6 月，文化和旅游部、中央文明办共同印发《2020 年文化和旅游志愿服务工作方案》，要求在坚决抓好常态化疫情防控的前提下，动员公共文化机构、企事业单位、旅游景区、社会团体等各方力量开展示范性、操作性强的志愿服务项目。同年 11 月，党的十九届四中全会总结了我国国家制度和国家治理体系的显著优势，作出了坚持和完善中国特色社会主义制度、推进国家治理体系和治理能力现代化的重大战略部署。

2020 年 6 月，国务院办公厅印发《公共文化领域中央与地方财政事权和支出责任划分改革方案》，在规范中央与地方财政事权和支出责任的同时，要求各地制订实施方案，合理划分省以下财政事权和支出责任，推动健全公共文化服务财政保障机制。

为深入了解公共文化服务保障法实施情况，解决法律实施中存在的主要问题，进一步加强公共文化服务保障工作，2020 年 8 月底，全国人大常委会启动《中华人民共和国公共文化服务保障法》执法检查，就群众性文化活动开展等文化馆相关领域进行了全面调研督查。

2020 年 10 月，党的十九届五中全会审议通过《中共中央关于制定国民经济和社会发展第十四个五年规划和二〇三五年远景目标的建议》，以推动高质量发展为主题，着眼满足人民日益增长的精神文化生活需要，提出到 2035 年建成文化强国的战略目标，明确将"高质量发展"作为"十四五"时期经济社会发展的重要指导思想之一，体现了新的发展理念。上述政策成为推进文化馆事业持续健康发展的基本遵循和努力方向。

（二）行业指导协调进一步加强

2018 年以来，按照中央机构改革的要求，文化馆系统在顶层实现了体制机制上的系统性改革。

1. 理顺文化和旅游部全国公共文化发展中心运行机制

2018 年，更名后的文化和旅游部全国公共文化发展中心（以下简称"发展中心"）作为文化和旅游部直属公益一类事业单位，主要承担全民艺术普及等公共文化服务相关任务，协调推进文化馆行业建设，推动全国文化馆（站）数字化建设，并面向基层开展公共数字文化服务等相关工作。为充分发挥自身职能，全力推动全国文化馆事业发展，发展中心在以下方面作出了具体安排。

一是通过"四个会、一个展"团结各方力量。发展中心为团结各文化馆（站）工作人员，推动中国文化馆行业发展建设，通过"四个会、一个展"，即中国文化馆年会、全国副省级以上文化馆馆长联席会议、地市级文化馆百馆联动、县级文化馆百馆论坛，以及全国公共文化和旅游产品的采购大会展览，积极组织各级文化馆工作人员一起研究问题、推出项目，创新工作机制，推动公共文化和旅游产品供给侧改革，促进文化馆行业的共同发展。

二是创建文化馆发展研究院。为引领文化馆行业理论体系建设，2020年，发展中心组建了文化馆发展研究院。文化馆发展研究院聚集了一批长期致力于文化馆行业研究的高校研究者、各级文化行政部门管理者、各级文化馆馆长，重点开展行业制度设计、案例分析、调研工作。发展中心逐渐为文化馆建立学科体系，推动行业的高层次发展，2019—2020年完成以下重要工作：发布"文化馆事业高质量发展研究计划"课题征集，确定文化馆发展研究院重点课题和青年课题；依托国家图书馆出版社，成规模、成体系地出版全国文化馆工作人员的理论和实践研究成果，编撰《文化馆蓝皮书》，提升整个文化馆行业的理论水平；积极创办文化馆行业刊物，编辑出版《中国文化馆》辑刊，打造"行业首刊"，展现整个文化馆行业高质量的研究成果。

三是依托"一个总平台"打造"四个中心"。为推进文化馆行业高质量发展，发展中心依托"一个总平台"，打造"四个中心"。一个总平台，即依托国家公共文化云平台，打造一个全民艺术普及的总平台，实现手机终端展现。四个中心，即打造线上线下相结合的群众文化活动中心、由全国各级文化馆共同构建的"全民艺术普及国家资源中心"、全民艺术普及文创中心、全国公共文化和旅游产品交易中心。

四是建设专业委员会，整合行业力量。2021年，发展中心与中国文化馆协会积极配合，完善中国文化馆行业组织体系，专门建立13个专业委员会，扶持和提升基层文化馆专业门类品牌性活动建设。与此同时，中国群众文化学会落户发展中心，并成为发展中心的重要组织之一，发展中心还积极推动中国群众文化学会换届工作。此外，发展中心进一步创新国际民间艺术节组织理事会（CIOFF）中国委员会工作，开展文化活动，积极融入民间国际大舞台。

五是完成交接工作，做好精准定位。发展中心在统筹协调推进文化馆行业建设的同时，继续发挥原有公共数字文化工程的优势，适应移动互联网快速发展的趋势，推进公共数字文化服务建设。另外，按照文化和旅游部党组的要求，发展中心还将承接文化和旅游部公共服务司政府职能转移的工作任务，包括第五次全国文化馆评估定级工作、推进"中国民间文化艺术之乡"建设工作、国家公共文化服务体系示范区创新发展复核工作、举办"新时代、新风尚、新年画"主题美术作品征集展示活动、推动文化和旅游志愿服务相关工作等。

六是推进基层文化站建设。长期以来，乡镇街道文化站支撑起了中国乡土文化的脊梁。为推进乡镇街道文化站建设，发展中心专门设立乡村公共服务研究院、基层公共数字服务研究院，结合"十四五"公共文化服务体系建设的重点任务，加强乡村特色文化建设、文旅融合建设、公共数字文化建设，以及基层公共文化体制机制改革，推动公共文化服务城乡一体发展[①]。

2. 充分发挥中国文化馆协会的行业组织作用

中国文化馆协会（以下简称"文化馆协会"）作为我国文化馆领域规模最大、覆盖最广、影响力最强的行业组织，在文化和旅游部、民政部的正确领导下，积极作为，从以下方面推动全国文化馆事业向高质量迈进。

一是大力推动行业内外交流合作。文化馆协会联合烟台市人民政府共同主办2019中国文化馆年会，并坚持问题导向、聚焦行业诉求，紧扣新时代文化馆在推动改革、促进融合、开拓创新过程中面临的重点、热点、难点问题，开展了一系列论坛和交流展示活动。文化馆协会与发展中心合力推动全国"文采会"创建，发挥行业组织平台作用，促进公共文化服务供给侧改革，形成政府主导、社会力量广泛参与的公共文化服务供给新格局。文化馆协会面向社会各界开门办会，积极促成跨领域战略合作，吸引社会优质机构参与行业建设，提升行业服务能力和水平。

二是创新开展全国性群众文化活动。紧扣时代主题，举办"我和我的祖国"——文化新生活全国广场舞展演活动；与丽水市人民政府合作，持续培育"乡村春晚"品牌，推动"乡村春晚"向"乡村村晚"拓展深化，通过网络联动不断扩大品牌覆盖面和影响力；文化馆协会联合发展中心共同策划发起了"乡村网红"培育计划，推动服务下沉，引导行业服务向乡镇基层延伸。

三是积极促进行业学术交流和标准化建设。以直播互动方式推出主题为"文化馆事业发展的思考与讨论"的系列学术交流活动，邀请专家学者和从业者共同

---

① 白雪华.2021年文化馆行业如何实现高质量发展？[EB/OL].（2021-04-01）[2021-08-12].https://mp.weixin.qq.com/s/WUeEmZn20k3fSHIb1s_ctg.

分享、讨论；针对标准化工作这一行业建设短板，着力推动文化馆站领域相关标准的征集、研制、管理和宣贯，加大文化馆标准化工作力度；结合行业创新发展需要，文化馆协会从解决实际问题出发，积极组织专家学者和文化馆理论研究骨干，为政府和行业提供决策参考和研究支撑，在东莞举办了第二届"全国文化馆理论体系构建研讨会"，策划出版《新时代文化馆：改革 融合 创新——2019中国文化馆年会征文获奖作品集》《新时代文化馆事业高质量发展——第二届全国文化馆理论体系构建研讨会获奖论文集》《文化馆蓝皮书：新时代文化馆创新发展 2017—2018》《文化大视野：全国群众文化、图书、博物论文集（第19卷）》《文化馆发展十一讲》等专业书籍，着力推动理论研究和学术出版。

四是努力做好政府的参谋助手。在疫情防控形势不断变化的情况下，文化馆协会配合上级部门大力推行网络化远程培训，助力文化馆站队伍培养；向全国发起倡议，号召全国各级文化馆站深入基层，面向老年人、未成年人、残疾人、进城务工人员和留守儿童以及老少边穷地区基层群众等特殊群体开展文化需求大调研，创建内容丰富、形式多样的"文化暖心"服务菜单，进一步推动"文化暖心"惠民服务品牌深入人心、创新开展；深入参与文化志愿服务制度设计和行业调研，广泛联系行业及相关领域志愿服务团队，发现优秀典型，推广先进经验。

五是凝聚合力，扩大影响力。2019年10月，文化馆协会与光明网合作开展了文化馆主题宣传月活动，并由多平台、多渠道联动开展宣传报道，大大提升了文化馆行业的群众知晓度，塑造了行业整体形象，也提振了从业人员的职业荣誉感。2019年11月，文化馆协会成功召开了第二届会员代表大会，选举产生新一届理事会、常务理事会，修订了《中国文化馆协会章程》《中国文化馆协会会费标准及管理办法》《中国文化馆协会会员管理办法》，制定了新的五年发展规划，决定设立第二届十三个专业委员会，包括音乐创作、广场舞、小戏小品、曲艺、摄影、书法、文化志愿服务、全民艺术普及推广、数字文化、合唱、基层公共文化服务、期刊与知识服务、青少年美育13个方向，完善了文化馆事业新发展阶段的组织架构。先后组织召开第六次和第七次全国副省级以上文化（群艺）馆馆长联席会、文化馆协会常务理事会，举行了业务联络员培训班，并参与指导了第八届地市级文化馆百馆联动、首个百县文化馆馆长论坛、第九届琴台音乐节，为推动文化馆行业形成整体化发展、多层面协调联动营造良好的氛围。

二、我国文化馆事业高质量发展的新进展

伴随着我国进入新发展阶段，公共文化服务高质量发展成为公共文化服务体系建设的主旋律。文化馆系统快速反应，以问题和需求为导向，积极创新、勇于探索，在服务理念、服务方式、服务产品和服务对象等方面都有进一步的深化和拓展，为高质量发展奠定了良好基础。

（一）数字化转型助推服务方式全面创新

文化馆领域充分运用 5G、区块链、人工智能、云计算、大数据等信息技术，各地积极以文化云为依托，以互联网为主要渠道，覆盖全国的安全、便捷、权威、丰富、开放的全民艺术普及公共服务平台基本建成，并囊括了群众文化活动、全民艺术普及资源、全民艺术普及文创产品、公共文化和旅游产品交易等板块。通过"多终端、多渠道、多维度"提供公共文化数字化服务，在增强基本公共文化服务供给精准度和有效性的同时，增强了广大人民群众的获得感和幸福感。如东莞文化馆开设"南方＋东莞云上文化馆"。2020年，该馆联合广东权威媒体开设了"南方＋东莞云上文化馆"，形成专业融媒体与优质文化资源强强联手的局面，将文化馆品牌活动服务进行适于现代传播环境的包装，将互联网服务与文化业务密切结合，引发关注和参与人次指数级的增长。此外，该馆搭建东莞公共文化服务社会主体"研究＋学习＋交流＋实践"的平台，提供业务培训、场地设施、推广平台、实践项目、交流空间五大服务，通过定制成长方案孵化培育优质的社会服务主体，从而主动培养和规范文化类社会组织，有序参与公共文化服务体系建设。

（二）总分馆制建设取得积极成效

截至2020年12月，全国有2578个县（市、区）建立了文化馆总分馆制，全面完成了县级文化馆总分馆制规划建设任务。2019—2020年间，通过打破行

政区划界线，建设区域分馆；因地制宜，提供"菜单式""订单式"服务，建设特色分馆；通过购买服务、合作经营、减免税费、表彰奖励等方式，调动社会力量参与文化馆总分馆制建设的积极性，上海市浦东新区、深圳市盐田区、四川省成都高新区、重庆市大渡口区、安徽省马鞍山市等地打造了一大批社会分馆；通过数字文化馆建设试点工作，加强与数字化结合及创新管理模式，在全国形成了各具区域特点的总分馆制。重庆市大渡口区在总分馆建设过程中，理顺管理运行机制，强化总馆的统筹和引领作用，有效解决了过去区文化馆和镇街综合文化服务中心各自为政，资源不能共享、不能调配的问题；发挥了带动功能，总馆工作人员派驻分馆担任业务副馆长，下沉基层现场，强化管理和指导；优化了服务方式，由单一阵地服务向"阵地＋流动＋数字化"服务转变，从"单一供给"向"多元供给""交互供给"转变，进一步满足了老百姓的文化需求；提升了服务效能，随着公共文化资源向"整合、一体"转变，服务范畴随之向"对象广泛、人员层面丰富"改变；扩大了开放融合，扩大了对外合作，全国来访参观交流者络绎不绝，增强了文化馆行业影响力、存在感。

（三）社会化发展重点向内涵式、高质量方向推进

2019—2020 年间，我国文化馆领域的社会化发展重点向内涵式、高质量方向推进，在原有基础上更加注重内涵挖掘，并配合城市发展在盘活资源、场景打造、制度建设等方面加大社会化改革力度，通过"共享文化馆""邻里文化家"以及营造小而美的基层公共文化服务空间等方式提升文化馆业务品质、构建高品质的设施网络与服务体系。以东莞市公共文化服务社会组织孵化中心成立为例，以东莞市文化馆为阵地而搭建起的公共文化服务社会组织"研究＋学习＋交流＋实践"平台，成为文化类社会组织从孵化到推广的一站式服务平台，建立起全方位的"社会化运营＋评估"模式，加强对文化馆的质量评估。"2020 年全国公共文化和旅游产品云上采购大会"的启动，搭建起了公共文化产品和服务供需对接平台，实现了文化馆的内涵式发展，提升了文化空间质量，推进了开展高品位活动，加强了需求精准对接，全面提高了社会化监管水平。

（四）文化志愿服务成效显著提升

《2019 年文化和旅游志愿服务工作方案》的出台，标志着我国"文化志愿服务"向"文化和旅游志愿服务"的转型。《2020 年文化和旅游志愿服务工作方案》动员公共文化机构、企事业单位、旅游景区、社会团体等各方力量开展示范性、操作性强的志愿服务项目，浙江省杭州市、河北省、广东省中山市、广西壮族自治区、四川省、福建省、江苏省等地的规范性文件不断创设完善，全国文化志愿服务制度化建设取得突破性进展；针对目前全国注册文化志愿者超过 200 万人的现状，全国各地建立起文化志愿服务组织；2019 年以来，"春雨工程""阳光工程""圆梦工程"等文化志愿服务品牌项目持续发挥示范带动作用，文化志愿服务项目品牌化建设取得显著成效；文化志愿服务范围和方式不断创新拓展，培育出"寻找村宝——河南省首届大型文化志愿公益活动"、中山市"'山与海的对唱'——乌蒙山的文化慕课"、"青年节致敬抗疫英雄，金牌导游带您云游武汉"等一批具有地方特性与行业特点的志愿服务品牌；全国各地也结合人才培训工程、公共文化设施培训平台、培训基地、网络培训平台以及"春雨工程"等示范性项目要求，积极开展培训辅导，文化志愿服务培训管理实现体系化发展。2019 年以来，各地通过会议交流研讨、课题研究、论文征集等形式，大力推动文化志愿服务理论研究不断深化。让年轻人走进文化馆，一直被行业视为需要攻坚克难才能达成的目标。深圳市各级文化馆准确把握城市特质，围绕年轻人和都市白领展开服务，通过"潮流艺术沙龙""星空音乐会""午间文化 1 小时"等一系列现代、时尚、有号召力的活动，有效吸引年轻群体参与。通过"文化馆+志愿服务"等方式，引导青年人投身公共文化服务。目前，深圳市文化馆正在打造"深圳青年文化服务联盟"，为青年群体搭建多领域、广覆盖、多层次、多样化的文化展示和筑梦交流平台，壮大青年文化事业。

（五）广场舞全面发展、持续深化

广场舞作为当前公认的老百姓喜爱的娱乐活动之一，已经成为我国最普及、最广泛的全民文化健身娱乐活动。仅以湖北省为例，两届全省广场舞展演组织各级广场舞骨干培训 6600 余个班次，培训人员 20 余万人次；参加各级广场舞展演的团队达 3 万余支，60 余支队伍参加了省级展演，观众人数逾 400 万人次。2019 年以来，各省（自治区、直辖市）每年都有三到四场大型广场舞大赛或展演活动，居民自发的健身文化活动不计其数的现状，全国各地研究者对广场舞的概念、作用和特点等方面达成基本共识，比赛展演与健身活动齐头并进，本土化创编、规范化培训得到发展，促使我国广场舞实现了从星星之火到燎原之势的快速发展。

（六）"乡村网红"培育计划引领乡村文化生机焕发

2020 年 9 月，由发展中心、中央广播电视总台视听新媒体中心联合主办，中国民协乡村文化志愿服务中心承办，各省（自治区、直辖市）文化（群艺）馆协办，旨在广泛发掘、培育一批优秀"乡村网红"人才，打造可持续的"乡村网红"IP，引领乡风文明建设，助力乡村振兴的"乡村网红"培育计划启动实施。该计划以国家公共文化云为依托，以"乡村网红"培育为抓手，以基层文化馆为主力，广泛发掘、扶持、培育一批优秀乡村网红人才，引领乡风文明建设，扩大基层公共文化服务覆盖面和适用性。

（七）最美公共文化空间大赛从上海辐射长三角并拓展至全国

公共文化新型空间的大量涌现是近年来公共文化建设走向高质量发展的一个典型表征，同时也是公共文化服务领域供给侧改革继续深化的动力释放，城市书房、文化驿站、文化客堂间、睦邻中心、公共集市、各种主题的实体书店等创新公共空间，见证了广大人民群众对于多样性精神文化生活的需求之盛。针对基层公共文化服务在设施建设、运营理念、服务效能等方面的不足，上海在 2018 年举办首届"美好生活"上海公共文化空间创新大赛，在 2019 和 2020 年不断扩大覆盖范围，推出 2020"美好生活"长三角公共文化空间创新大赛，包括但不限于文化艺术空间、公共阅读场所、体育和旅游场馆、社区公共空间、商圈文化空间，以及依托历史建筑、工业遗存、水岸、乡村等打造的文化空间。至 2020 年底，"美好生活"公共文化空间创新大赛已经连续举办三届，在长三角乃至全国产生了广泛影响。每年都有 100 个左右的文化空间脱颖而出，目前，已发掘出近千个功能、外观、理念"美""好""新"的案例典范，为全国基层公共文化服务空间建设提供了示范性、可复制的经验，回应了人民对"美好生活"的新期待。大赛不仅评选了一大批高颜值、有内涵的公共文化空间，且致力于发现它们的美好之处，讲好它们的魅力故事。公共文化新型空间正是全民美育的有效载体，在日常生活中形塑每个个体的审美趣味。

（八）新冠肺炎疫情下文化馆服务方式的转型升级

新冠肺炎疫情以来，各级文化馆积极融合与利用各类公共传播平台开展以"艺"抗疫活动，传播正能量，积极开创在线服务通道等云上观赏新方式，积极探索在线微课堂、网络直播、艺术慕课等线上艺术培训新模式。各类线上、网上、云上服务成为疫情期间文化馆服务的新常态，网络直播成为文化馆从业人员业务培训的常规手段等，文化馆线上产品的内容、形式显著加强，文化馆的数字文化服务呈现出超越以往的繁盛景象。广东省文化馆以"抗击疫情，团结一心，广东省群文创作者与你同行"为主题，面向全省群众文艺骨干征集音乐、舞蹈、戏剧、诗歌、绘画、书法等文艺作品，在线上推送精选出的 46 件优秀作品，总阅读量超过了 20 万次[①]。上海市群艺馆在 2020 年将一年一度的"市民文化节"全部转为线上，在 3 月 28 日"云上文化服务日"当天的 12 个小时内，超过 1000 万人次上线观赏、学习、参与[②]。安徽省文化馆主办的"艺心抗疫·相约云端"群众文艺优秀作品展演，先后吸引了 118.6 万余人次通过互联网同步在线观看[③]。天津市群众艺术馆利用"津抖云"这一原创短视频平台开展网络直播，各平台总观

---

① 广东省文化馆.抗击疫情 文化馆人勇担当[EB/OL].（2020-02-26）[2021-03-07]. http://whly.gd.gov.cn/special_newzt/yq/wlxd/content/post_2909027.html.

② 1009万人次昨天共赴春之约,2020年上海市民文化节云上全年天天见[EB/OL].（2020-03-30）[2021-03-18].http://smwhj.eastday.com/eastday/enjoy1/smwhj/n967872/ n967881/u1ai20451167_K27069.html.

③ 2020年安徽省群众文艺优秀作品展演圆满落幕[EB/OL].（2020-05-22）[2021-03-18].https://www.mct.gov.cn/whzx/qgwhxxlb/ah/202005/t20200522_853520.htm.

看量超过了 70 万余次，展演取得了良好的效果 ①。2020 年 2 月 3 日至 3 月 13 日，苏州市公共文化中心开放提供的艺术慕课平台，40 天内总浏览人数超过 1100 万，在线学习人数超过 100 万，而且来自苏州之外的 IP 点击率占总数的一半以上。慕课平台提供的内容包括苏绣、苏作手艺、古琴、粉画等独具江南特色的文化艺术，因为根植区域文化深厚传统，受到市内外受众的广泛认可和积极参与。

（九）文化馆服务与乡村文化治理有机结合

以文化馆服务助力文化育民、文化兴民。如河南省垌头村成立村级"文化合作社"，由各类"文化合作社"管理、使用各类公共文化设施。河南省垌头村将公共文化服务发展与乡村文化治理有机结合，彰显了文化引领风尚、教育人民、服务发展的功能。该村累计投入 6300 多万元，兴建了文化服务中心、文化大礼堂、乡村大舞台、大剧院等各类公共文化服务设施，从学唱爱国歌曲入手，充分开展群众性基层文化活动，坚持以文化活动团结群众、凝聚人心，成立了村级"文化合作社"，由各类"文化合作社"管理、使用各类公共文化设施，实现服务效能最大化。文化建设不但满足了群众各类文化需求和美好生活需要，也为村里各项事业高质量发展积蓄了力量，积极融入乡村振兴大局。

三、我国文化馆事业高质量发展的制约因素

（一）对自身功能定位认识不足

《中华人民共和国公共文化服务保障法》规定，"各级人民政府应当充分利用公共文化设施，促进优秀公共文化产品的提供与传播，支持开展全民阅读、全民普法、全民健身、全民科普和艺术普及、优秀传统文化传承活动"，其中，文化馆的职能被高度聚焦在全民艺术普及和优秀传统文化传承，这就要求各级各类文化馆明确各自在功能、职能、履职等方面的发展定位。但在文化馆的工作实践中，对于自身的主要职能和发展方向，部分文化馆还没有形成充分的理念自觉，

---

① "五一"小长假天津市群众艺术馆玩出新花样[EB/OL].（2020-05-07）[2021-03-18]. https://www.thepaper.cn/newsDetail_forward_7293062.

没有形成清晰明确的工作思路，特别是还没有建立与主要职能相适应的制度安排，出现实际工作中的"散"和"偏"的现象，与政策法规的顶层设计及人民群众的文化期待不相适应。

（二）运行机制仍需完善

不断创新、完善管理和运行机制，是文化馆高质量发展的重要动力。近年来，围绕管理和运行机制创新，出台了一系列政策措施，如法人治理结构、县级文化馆总分馆制、基层综合文化中心建设、公共文化云和数字文化馆建设等，这就要求各级文化馆进一步在城乡和区域协同发展机制、资源服务供给、标准动态调整、群众文化活动、第三方评价考核、人才队伍培养和激励、文化志愿服务等方面进行探索，形成机制。目前，仍有一些文化馆在管理和运行机制改革创新上缺少实招，推动高质量发展动力不足。在数字化、信息化背景下，文化馆的数字服务总体上看依然是短板，表现出来的最明显问题是数字资源总量不足和适用性不好，强化数字化转型背景下的运行机制创新，也是摆在当前文化馆事业发展面前的一个迫切任务。

（三）区域差异较为明显

基本公共服务均等化是实现共同富裕的关键环节。共同富裕的普惠性和全要素决定基本公共服务均等化既是共同富裕的构成要素，也是实现共同富裕的有效途径。由于我国经济社会发展水平的制约，城乡之间、区域之间、群体之间的公共文化服务发展水平还存在较大差距，文化发展和文化资源分配仍存在着结构性的不平衡和总量上不充分的问题。文化馆服务的区域差异也非常突出，表现在设施建设、产品供给、政府保障、综合绩效等各个方面，直接影响了公共文化服务的均衡化发展，应进一步加强重点区域、重点人群的服务水平、服务能力建设。

（四）人才队伍需要加强

面对人民逐步增强的文化需求，文化馆领域在优秀人才的储备和增量方面还存在较大差距，人才队伍建设与文化高质量发展需求不相匹配。此外，基层文化人才队伍总体力量较为薄弱，队伍不稳定，专业人才结构不健全，熟悉现代信息技术的人才缺乏，难以适应高质量发展需要。

四、进一步推进文化馆事业高质量发展的思考

自 2012 年全国公共文化发展中心更名，到 2014 年中国文化馆协会成立，再到 2020 年文化和旅游部进一步明确全国公共文化发展中心职能定位，作为我国文化馆行业"龙头"，全国公共文化发展中心和中国文化馆协会补齐行业体系空白，发挥引领作用、集结业界力量，统筹实施全民艺术普及，取得了显著成效[①]。"十三五"时期是文化馆职能定位转型的关键期，从 2015 年中共中央办公厅、国务院办公厅印发《关于加快构建现代公共文化服务体系的意见》首次提出"全民艺术普及"理念，到 2017 年 3 月 1 日《中华人民共和国公共文化服务保障法》正式实施，全民艺术普及和优秀传统文化的保护与传承作为文化馆的社会职能第一次通过法律被明确下来。因此，全国文化馆行业在新的历史时期要围绕新的职能定位，实现文化馆功能重塑，推动文化馆高质量发展。

文化馆行业发展应深刻认识时代赋予的新特征、新要求、新规律，紧抓机遇，找准定位，正视短板，结合公共文化服务体系高质量发展的目标方向，重点发力，全面提升中国文化馆服务的能级和水平。以全民艺术普及和优秀传统文化保护与传承为己任，着力树立文化馆行业形象；以"互联网＋文化馆"为抓手，全面推动文化馆服务模式创新转型；以供给侧改革为引擎，促进优质产品和服务供需精准对接；以短视频和网络直播等新媒体手段，加强文化馆服务传播的渗透力和适用性。

（一）推动品质发展

高品质发展作为文化馆高质量发展的主要特征，以文化馆空间的提档升级为标志，以丰富服务内容、提高服务质量为根本。文化馆品质化发展要求文化馆提

---

① 王彬.路在何方？文化馆"十四五"转型发展之思[EB/OL].（2021-01-08）[2021-08-19].http://www.ce.cn/culture/gd/202101/08/t20210108_36202576.shtml.

供的文化产品和服务，既满足受众多样性的文化需求，同时又与所在区域经济社会发展深度融合，不断推动广大人民群众文明素养的提升。应着力在全国形成一批规模适当、布局科学，有特色、有品位、小而美、舒适化，业态多元、功能多样，社会力量参与、融入社区生活、促进共建共享的文化馆新空间，实现从形式到内容的提档升级。做大做强全民艺术普及品牌，推广"乌兰牧骑"式的城乡流动文化服务，提炼开发文化 IP，开展创意集市，加强微视频和艺术慕课等与移动互联环境相适应的数字资源建设，加强数字艺术和沉浸式体验等新型文化业态在文化场馆的应用，培育具有高黏性的粉丝文化社群，发挥群众文艺在国际文化交流中的作用，提供更多的高品质文化产品和服务等。

（二）深化均衡发展

高质量发展首先要体现在普遍均等、惠及全民，因此，深化均衡发展是文化馆高质量发展的基础。"十四五"期间，提升公共文化服务水平的首要任务，就是推进城乡公共文化服务一体建设，本质上就是要弥补城乡发展不均衡的短板，实现更高水平的城乡均等化、普惠化。这也就要求文化馆行业要进一步完善以县域为单位的总分馆制，一是要以总分馆制为抓手优化基层设施布局，二是做强县级总馆，三是依托人口集中、基础较好的乡镇（街道）综合文化站建设"区域分中心"，四是"具备条件"的人口聚居村（社区）综合性文化服务中心建设基层服务点，在探索不同区域特点的总分馆制基础上，形成城乡一体的标准化规范化的总分馆服务体系，持续推动优质公共文化资源向基层延伸。

（三）坚持开放发展

深化体制机制改革和扩大社会参与，是开放发展新理念在公共文化服务体系建设中的重要体现，坚持开放发展有助于增强高质量发展的内生动力。为构建政府、社会、市场共同参与的现代公共文化服务体系新格局，需要进一步强化社会力量参与，继续加大政府购买公共文化服务的力度，且进一步改革完善购买机制和购买方式；伴随基层事业单位改革的推进，探索形式多样的基层公共文化设施社会化运营管理方式，各级政府重点做好政治导向把关和服务绩效评估；进一步拓展和深化文化志愿服务，搭建起更为广阔的人民群众奉献社会、完善自我的平台。

（四）促进融合发展

融合发展是共享发展新理念在公共文化服务体系建设中的体现，为公共文化服务扩大覆盖面、增强实效性提供了新契机，开辟了新空间。在新的发展阶段，公共文化服务融合发展的重点任务，首先要推动公共文化服务机构之间融合发展，推动公共图书馆、文化馆、博物馆、美术馆、非遗馆等建立联动机制，加强功能融合；其次要推动县乡村等基层文化活动中心与新时代文明实践中心融合发展，形成合力；三是要推动公共文化服务和教育融合发展，把文化馆建设成为面向中小学生的课外教育基地；四是要推动公共文化服务与乡村治理融合发展，把乡村文化建设融入乡村治理体系，乡村综合性文化服务中心结合实际，科学拓展旅游、电商、就业辅导等功能，助力乡村经济社会发展。充分发挥乡村文化建设对乡村非遗保护和利用、民间文化艺术之乡建设的促进和带动作用，以乡村文化建设焕发乡风文明新景象，体现出乡风文明对乡村振兴的促进和保障作用。

行业观察

把握新定位　贯彻新理念　谋划新布局
以改革创新引领文化馆行业发展

白雪华[*]

"提升公共文化服务水平"是党的十九届五中全会对公共文化服务体系建设提出的新要求，也是当前和今后一个时期公共文化服务体系建设的重点努力方向。站在历史的新起点上，文化和旅游部全国公共文化发展中心（以下简称"发展中心"）充分认识和把握公共文化服务体系建设在新时代实现新发展、新跨越的重要意义，认真贯彻落实文化和旅游部关于机构改革的决策部署，积极主动作为，深化各项工作，如期完成从"牵头实施公共数字文化工程"向"开展全民艺术普及等公共文化服务"的职能转变，推动公共文化服务转型升级、提质增量，迈上新台阶。

一、着力完善顶层设计，确立"四梁八柱"

坚决贯彻落实文化和旅游部决定，不折不扣把机构改革任务落实到位，提出打造全民艺术普及总平台、群众文化活动中心、全民艺术普及资源中心、全民艺术普及文创中心、公共文化和旅游产品交易中心的工作思路，具有"四梁八柱"性质的重点工作主体框架已经基本确立。

---

* 白雪华，文化和旅游部全国公共文化发展中心主任，中国文化馆协会理事长。

（一）机构改革任务顺利推进

牢固树立和贯彻落实新发展理念，积极推进机构转型，按照文化和旅游部的要求，全国公共文化发展中心将聚焦文化馆建设、引领文化馆行业发展作为重要工作任务，加强顶层设计、推动落实落地。机构职能调整后，全国公共文化发展中心主要负责组织实施公共文化服务体系建设和旅游公共服务相关工作任务；组织开展全国性群众文化活动，推动全民艺术普及工作，协调推进文化馆行业建设；开展公共文化云平台的建设、管理及服务推广工作，整合利用全国群众文化活动资源；组织推进全国文化馆（站）数字化建设，参与推动公共数字文化工程融合发展，面向基层开展公共数字文化服务；协调搭建全国及区域性公共文化和旅游产品推广采购平台，推动文化馆文创产品体系建设；承担中国文化馆协会日常工作；完成文化和旅游部交办的其他工作。

（二）公共文化云积势蓄力新征程

"十三五"以来，文化和旅游部全国公共文化发展中心依托全国文化信息资源共享工程等公共数字文化工程，建成覆盖全国的六级公共数字文化网络服务体系，搭建了国家公共文化云平台，各地相继开展地方文化云建设，文化馆行业分批开展数字文化馆建设试点，全国初步构建了互联互通、标准一致的公共数字文化平台，形成了云上群星奖、云上广场舞、云上少儿合唱节、云上老年合唱节、云上乡村村晚、百姓大舞台等一批全国性服务品牌。进入新时代，公共文化云结合基层群众对美好文化生活的需求，主动识变、求变、应变，将在"十四五"期间，联合各省实施公共文化云项目，打造文化和旅游领域以互联网为基础、促进数字服务转型、智能服务升级、服务方式和手段融合创新的"新基建"，通过手机端等移动终端直接为基层群众服务，提高公共文化服务的覆盖面和适用性。2020年度，国家公共文化云累计组织数字资源 12.9 万条，访问量 2.28 亿人次，平台新增个人注册用户 18.37 万人，机构新增注册用户 302 家，直播、录播 409 场，对接各级公共数字文化机构平台新增 49 个。

（三）理论研究助推服务突破

围绕贯彻落实党的十九届五中全会精神，特别是以习近平同志为核心的党中央对文化建设的一系列要求，深刻认识提升公共文化服务水平的重要意义，紧密结合构建公共文化服务体系改革发展工作，增强问题意识，针对文化需求和文化供给之间的结构性矛盾，切实围绕"解决问题"开展研究，通过研究找到破解之策，通过成果转化实现研究的价值。推动成立"三院一中心"，即"文化馆发展研究院""乡村公共服务研究院""基层公共数字服务研究院"和"全民艺术普及文化创意中心"。其中，文化馆发展研究院、乡村公共服务研究院、基层公共数字服务研究院分别对推动全国文化馆事业、乡村公共服务高质量发展、基层公共数字文化"政产学研"融合提供理论支撑和智力支持，全民艺术普及文化创意中心侧重构建全民艺术普及文创产品开发及推广运营体系建设，是创新文化消费业态的有益探索与实践。

二、加快科技成果应用，推动公共文化数字化建设

坚持建设和管理并重，加强规划引导和工作指导，运用5G、区块链、人工智能、云计算、大数据等信息技术，以国家公共文化云为依托，联合地方文化云，以移动互联网为主要渠道，占领手机端，打造覆盖全国的安全、便捷、权威、丰富、开放的全民艺术普及公共服务总平台、群众文化活动中心、全民艺术普及资源总库、全民艺术普及文创产品体系、公共文化和旅游产品交易平台。

（一）打造全民艺术普及公共服务总平台

全民艺术普及公共服务总平台推出看直播、享活动、学才艺、订场馆、读好书、赶大集六大核心功能。其中，看直播主要由艺术普及相关机构和经过认证的个人推送，以音乐、舞蹈、戏剧、曲艺、文学、美术、书法、摄影等门类为主；享活动汇聚全国性、区域性、地方性的全民艺术普及品牌活动，包括云上群星奖、云上广场舞、云上乡村春晚、云上合唱节、百姓大舞台等；学才艺推出音

乐、舞蹈、戏剧、曲艺、文学、美术、书法、摄影八大基础门类课程，形式以慕课、讲座、微视频、短视频等为主；订场馆采集、发布文化和旅游公共服务相关机构、场馆基础信息及其活动信息，开通地图定位功能，用户可查询场馆信息、预订场馆、预约服务、购买门票等；读好书围绕全民艺术普及、优秀传统文化传承、旅游公共服务等主题，逐步建立全国最大的全民艺术普及图书数据库；赶大集依托全国及区域性公共文化和旅游产品交易平台，开展文化内容生产、决策咨询、公共文化设施运营与管理、第三方绩效评价等产品交易，推介文创产品，促进艺术普及文创消费。

（二）推出群众文化活动中心

按照十四五规划"广泛开展群众性文化活动"总体部署以及文化和旅游部"健全支持开展群众性文化活动机制"总体要求，全国公共文化发展中心线下线上联动，同步打造群众文化活动中心。该中心将充分发挥"全国群众文化活动中心"领头雁作用，以群众为主体，以丰富人民群众精神文化生活、保障人民群众基本文化权益为出发点和落脚点，助力群众文艺在构建现代公共文化服务体系、促进全民艺术普及中的高质量发展。建好用好乡村村晚、乡村网红培育计划等交流展示平台，开展区域性群众文艺交流展示活动，推动群众文艺作品供需对接，实现优秀群众文艺作品有效传播；打造群众文艺活动品牌，利用当地特色文化资源，开展广场舞、群众合唱等经常性群众文化活动，培育参与度高、影响面广、深受群众喜爱的品牌活动；积极开展艺术普及活动，常年举办公益性艺术讲座、展览和培训活动，扶持引导群众自办活动，拓展群众文艺活动覆盖面，提高群众参与度，引导群众自我表现、自我教育、自我服务，不断提升审美能力和艺术素养，增强广大人民群众的获得感和幸福感。

（三）完善全民艺术普及资源总库及技术支撑建设

按照统一的建设标准和总目录，发展中心牵头，联合各地建设全民艺术普及资源总库，为国家公共文化云和文化馆（站）开展全民艺术普及服务，为文创产品开发提供基础支撑。总库重点建设群众文化活动、群众文艺作品、艺术普及直播、艺术普及课程、艺术普及数字图书、全民艺术普及师资、文化馆（站）行业信息等子库。各级文化馆（站）建设地方特色艺术普及资源，相关成果纳入全民艺术普及资源总库，实现统一管理、各地共享和联合开发。同时，做好文化和旅游公共服务融合试点、文化和旅游志愿服务、厕所革命等重点项目的对接，积极运用大数据、物联网等手段，采集公共文化机构基础信息、人员、资源、活动、服务等数据，汇聚形成全民艺术普及公共文化服务大数据池，建立全民艺术普及大数据服务模型库、知识库、知识图谱，精准掌握参与人群的特征和偏好，为文化和旅游主管部门提供决策参考，为文化馆（站）提供服务效能反馈，为基层群众提供大数据智能推荐服务，增强基本公共文化服务供给的精准度和有效性。

（四）培育全民艺术普及文创产品体系

制定和完善全民艺术普及文创产品开发相关政策，联合各级文化馆（站）利用数字资源、活动、品牌进行文创产品的开发和运营推广。研究、制定文化馆（站）文创产品开发的相关政策、工作指南、管理办法、标准规范等，为文化馆（站）开展全民艺术普及文创产品开发提供指引。建立全国文化馆（站）文化创意产品开发合作机制，聚合文化馆（站）活动、品牌、渠道、人才等资源，引进社会力量参与全民艺术普及文创产品开发，包括打造全国示范性产品和地方特色产品，构建全民艺术普及资源建设、传播、服务、文创开发新生态。围绕文学、绘画、音乐、舞蹈、书法、摄影、戏剧、曲艺、工艺美术、雕塑、建筑、电影等艺术门类，汇聚名师，开发高端艺术培训文创产品，并借助全民艺术普及文创中心进行线上线下集中展示，通过国家公共文化云赶大集版块、地方文化云平台、电商平台等渠道，采取文创展览、媒体宣推、渠道引流、直播带货等方式进行文创产品推广，提供体验、交流、宣传推广、销售等多项服务。

（五）搭建公共文化和旅游产品交易平台

公共文化和旅游产品交易平台坚持政府搭台、供需对接、社会参与原则，面向各级公共机构、企业、社会组织及个人用户，打造公共文化和旅游产品及服务领域的专业化平台。平台交易品类主要涵盖文化和旅游公共服务、文化内容生产、决策咨询、公共文化设施运营与管理、第三方绩效评价、非物质文化遗产传承利用等，开设采购需求、供应商、专家社区、特色非遗、艺堂好课、云上文采会等栏目，提供直播间、每日推荐、智慧地图、购物车等功能，支持在线搜索、洽谈、下单、签约与支付。每年重点打造全国性及区域性的"文采会"，以"活动不停歇、文采不落幕"的方式引需求、引服务、引数据，引入云上路演、直播带货等新模式推广热门文旅产品、文创产品、非遗手工艺等，并积极参与举办长三角、大湾区、京津冀、成渝地区、黄河流域等区域文采会，引入社会力量和市场机制。此外，以公共文化和旅游产品交易平台为依托，由全国公共文化发展中心牵头，定期编发乡村公共服务蓝皮书，面向全国开展相关课题研究，研究制定民族民俗文化旅游示范区、公共营地、旅游厕所等国家标准并开展相关试点认定与落地应用，策划举办全国性论坛、赛事活动等。

三、引领行业发展，全面提升公共文化服务水平

按照加快构建现代公共文化服务体系的总体安排，结合落实《中华人民共和国公共文化服务保障法》和中央确定的重点改革任务，全国公共文化发展中心坚持问题导向，以基层为重点，拓展思路，加强统筹，因地制宜，分步实施，重点从提高思想认识、加强供给侧改革、推进社会化发展、提高管理水平等方面，把短期目标和建立长效机制结合起来，全面提升文化馆（站）服务水平。

（一）加强统筹协调基层服务能力

从国家文化战略高度和公共文化服务体系建设进入新发展阶段的要求出发，紧紧抓住基本阵地、基本队伍、基本服务内容、基本服务方式等建设，加快探索建立文化馆（站）国家、省、市、县的统筹协调机制，激发全行业创新活力，推动构建新发展格局，举行了覆盖全国各级文化馆的"中国文化馆年会"，探讨"十四五"文化馆创新发展的重要任务及公共文化及旅游产品供给侧改革的政策、机制与路径，分享各地文化馆的创新实践；召开了省级工作协调会"第七届全国省、自治区、直辖市、副省级城市文化（群艺）馆馆长联席会暨中国文化

馆协会二届一次常务理事会"，明确了"十四五"时期文化馆行业发展方向，部署了2020年重点工作任务；举办了地市级联动活动"群星璀璨耀遵义·百馆联动嘉年华"，全国16个省（市、自治区）60多家文化（群艺）馆相聚遵义互动交流；推出县区级交流新平台"首届全国文化馆百县（市区）馆长论坛"，来自乡村公共服务研究院的专家和全国文化馆馆长代表围绕"新时代县级文化馆高质量发展"主题，交流分享了文化和旅游公共服务功能融合试点典型案例和经验。

（二）举办首届全国公共文化和旅游产品云上采购大会交流展示活动

为深化供给侧改革和社会化发展，护航"六稳"、落实"六保"[1]，促进文化消费，发展中心联合广东省文化和旅游厅、中国文化馆协会等单位，以"互联网＋展会"形式，举办了"2020年全国公共文化和旅游产品云上采购大会"，并于12月在广东东莞举办了首届全国云上线下文采会交流展示活动。首届全国云上文采会交流活动以"展望十四五 共享文化新时代"为主题，邀请行业用户、企业代表和专家学者，共同谋划文化事业和文化产业融合创新之路。同时举办"面向十四五：文化馆行业的创新发展"研讨交流和观摩东莞市文化馆日系列活动，国家文化和旅游公共服务专家、文化馆发展研究院专家、中国文化馆协会理事、各级文化馆代表近200人与会，围绕供给侧结构性改革主线，共商文化和旅游公共服务高质量发展大计。活动期间，全国公共文化和旅游产品云上采购大会以国家公共文化云为主阵地，深度对接各区域公共服务交易活动，推出特色专区，汇集展示国家公共文化服务体系示范区、中国民间文化艺术之乡、文化和旅游公共服务机构功能融合试点单位的特色产品和服务项目，发挥典型示范引领作用，共计8905家单位参展，发布产品信息2万余条，线上平台总访问量710万人次。

---

① "六稳"指的是稳就业、稳金融、稳外贸、稳投资、稳预期。"六保"指的是保居民就业、保基本民生、保市场主体、保粮食能源安全、保产业链供应链稳定、保基层运转。2018年7月，中共中央政治局会议首次提出"六稳方针"。2020年4月，中央又提出"六保"的新任务。

（三）推进城乡公共文化服务体系一体建设

充分依托县区文化馆、乡镇（街道）文化站、村（社区）文化室等基层服务网络，以县域文化馆总分馆制为切入点，加强城乡区域公共文化服务资源整合和互联互通，引导优质文化资源和服务向老少边穷地区倾斜，促进城乡基本公共文化服务均等化。在文化馆发展研究院具体参与的基础上，成立中国文化馆协会基层文化馆（站）建设委员会，组织全国文化馆以及相关研究机构、民族民间文化方面专家学者就开展城乡基层群众文化活动和文艺创作、打造基层特色公共文化品牌深入开展研究。实施"乡村网红"培育计划，以基层公共文化机构为主力，积极发掘、扶持、培育一批优秀乡村网红人才，以网络直播的方式举办的第一轮远程培训获得了 4 万人次在线学习的好成绩，在抖音平台"我是家乡代言人"话题下视频播放量突破了 3.7 亿人次。承办 2020 年全国"乡村村晚"集中展示活动，组织开展全国 9 地联动，征集全国 88 场乡村村晚活动持续线上直播、展播，文化和旅游部官网、央视频、国家公共文化云于 2 月 4 日上线《我的"村晚"我的年》云直播晚会，以一场东西南北中跨区域的"村晚"创意接力式直播，将 2021 年全国"村晚"示范展示活动推向高潮，实时参与人次超过 600 万。承办春雨工程"央视频号·文化志愿者专列"贫困地区文化旅游资源推介活动，国家公共文化云推出的"云上扶贫馆"，全国多地火车站入口、候车大厅、检票口公共屏幕也持续配合宣传，活动通过铁路运输覆盖亿万流动人群。

（四）凝聚各方构建共建共享参与模式

进一步拓宽社会力量参与公共文化建设的渠道，以全民艺术普及为突破口，大幅提升公共文化服务效能，促进公共文化事业发展。先后与国家移民管理局、深圳文化产权交易所、国家开放大学、中外文化交流中心、中演演出院线发展有限责任公司、央视频融媒体发展有限公司、同方知网（北京）技术有限公司签署战略合作协议。联合国家移民管理局深入推进"边疆万里文化长廊"建设、共同开展惠民服务活动、共建共享数字文化网络资源、深入开展文艺骨干培训等，指导并推动地方文化行政部门与移民管理机构开展警民文化融合发展合作；联合深圳文化产权交易所筹备成立全民艺术普及文创中心，探讨全国文化馆文化创意产品开发工作机制，推进文创产品策划开发、品牌培育、推广营销；与国家开放大学培训中心就构建文化馆（站）人才培育体系、推动职业技能认证与学历学位教育、强化实践教学和学科体系建设等开展战略合作；联合中外文化交流中心开展"天涯共此时——中秋节"线上文化周全球联动和"欢乐春节"微春晚活动；联合中演演出院线发展有限责任公司搭建文化馆与国际艺术节交互平台，发起"中演院线＋文化馆剧场"模式，联动开展文化艺术活动；与央视频融媒体发展有限公司在平台互联互通、群众文化活动开展、融媒体节目策划、央视频"群众文化"账号矩阵、宣传推广五个方面开展合作；与同方知网（北京）技术有限公司就共建文化馆业务知识体系、合力推动文化馆行业期刊发展、助力国家公共文化云平台的供需对接、推动文化馆业务创新与理论研究等方面开展深入合作。

好思路、好设计要取得好效果，关键在于实践层面的贯彻执行和落地落实。机构改革为公共文化服务建设提供了前所未有的机遇，也赋予公共文化从业者光荣的使命、艰巨的任务。千里之行，始于足下。在全党、全国庆祝中国共产党百年华诞之际，文化和旅游部全国公共文化发展中心将对照十九届五中全会精神、对标文化强国建设目标，立足新发展阶段、贯彻新发展理念，以社会主义核心价值观为引领，以满足人民文化需求和增强人民精神力量为着力点，以推动高质量发展为主题，以改革创新为动力，努力推出更多优秀文化产品，为人民群众提供更加丰富、更有营养的精神食粮，切实保障好人民基本文化权益、服务好群众基本文化需求，为"十四五"开好局、起好步，以优异成绩庆祝建党100周年。

发挥行业组织作用　推动文化馆事业发展

颜　芳　赵保颖[*]

党的十九届四中全会提出坚持和完善中国特色社会主义制度、推进国家治理体系和治理能力现代化的总体目标。作为我国文化馆领域规模最大、覆盖最广、影响力最强的行业组织，中国文化馆协会（以下简称"文化馆协会"）在文化和旅游部、民政部的正确领导下，充分发挥行业代表、行业协调、行业指导、行业自律作用，与全国各级文化馆携手共进，不断探索行业建设的新理念、新方法、新路径，积极促进文化体制改革和政府职能转移，深入推动文化馆事业发展，为"十三五"的圆满收官和"十四五"的良好开局迈出坚实的步伐。

一、着力搭建平台，大力推动行业内外交流合作

（一）以"新时代文化馆：融合 创新 共享"为主题举办 2019 中国文化馆年会，促进行业建设经验交流与分享

文化馆协会联合烟台市人民政府共同主办的 2019 中国文化馆年会于 2019 年 7 月在烟台举行。年会坚持问题导向、聚焦行业诉求，紧扣新时代文化馆在推动

---

* 颜芳，文化和旅游部全国公共文化发展中心副主任，中国文化馆协会副理事长，全国文化馆标准化技术委员会副主任。

赵保颖，文化和旅游部全国公共文化发展中心文化馆处处长，中国文化馆协会秘书长，全国文化馆标准化技术委员会秘书长，文化馆发展研究院常务副院长。

改革、促进融合、开拓创新过程中面临的重点、热点、难点问题，开展了一系列论坛和交流展示活动。"新时代文化馆：改革 融合 创新"开幕论坛汇集专家学者、政府管理者、各级文化馆站从业者，围绕总分馆制、行业组织建设、乡镇文化站效能提升等改革重点任务进行了深入剖析；"公共数字文化融合背景下的数字文化馆建设与发展"论坛，紧扣公共数字文化工程融合发展，总结进展与突破，探索融合创新背景下数字文化馆的发展路径；"放歌新时代 群星耀中华"论坛邀请了"第十八届群星奖"和历届获奖作品主创人员，畅谈群众文艺作品创作感悟，交流创作经验；"青年说·新力量"论坛，为文化馆青年工作者搭建交流平台，探讨新形势下文化馆如何走近青年、关爱青年、引导青年；"文化馆全民艺术普及社会化发展模式"闭幕论坛，分享各地文化馆调动社会力量参与全民艺术普及的新模式；"文聚民心，艺兴乡村"中国民间文化艺术之乡交流展示活动，挑选不同类型、极具观赏性和推广价值中国民间文化艺术之乡建设项目，讲展结合、图文并茂地分享各地创建经验。

（二）推动全国公共文化和旅游产品采购大会品牌创建，集行业内外之力促进公共文化供给侧改革

文化馆协会与文化和旅游部全国公共文化发展中心（以下简称"发展中心"）合力推动全国文采会创建，发挥行业组织平台作用，促进公共文化服务供给侧改革，形成政府主导、社会力量广泛参与的公共文化服务供给新格局。结合新冠肺炎疫情后公共文化和旅游及其相关领域复工复产，首届文采会以"云上文采会"形式在 2020 年 8 月启动，通过构建"全国聚合＋区域示范""政府＋社会力量"的云上展会平台，汇集全国各地公共服务领域企事业单位、文艺院团、高校等供应方与各级文化和旅游行政部门、基层政府部门、文化和旅游公共服务机构、群团组织等需求方的供需信息，建立全国性公共文化和旅游产品供需信息资源总库，通过制度手段、技术手段建立供给与需求精准对接的桥梁纽带。"云上文采会"期间，国家公共文化云推出"今日文采""文采云播""云上课堂""云端逛展""电子会刊"等栏目，举办专场直播带货、线上沙龙、艺术学堂、品牌推广路演等系列主题活动，云上专题总访问量 776 万人次，报名参展单位 9029 家，参

展资源上线累计 5600 条。为了总结"云上文采会"经验成果，谋划文化馆行业"十四五"，12 月在东莞举办了线下交流展示活动，邀请行业用户、企业代表和专家学者，通过举办"面向十四五：文化馆行业的创新发展"研讨交流和观摩东莞市文化馆日等系列活动，共同谋划文化事业和文化产业融合创新发展之路，向全社会推介文化馆的创新服务，提高全国文采会的品牌影响力。

（三）积极促成跨领域战略合作，提升行业服务能力和水平

文化馆协会面向社会各界开门办会，吸引社会优质机构参与行业建设。与中演演出院线发展有限责任公司签订战略合作协议，积极推动搭建文化馆与国际艺术节交互平台，发起"中演院线＋文化馆剧场"联盟性组织，联动开展文化艺术活动、打造文化馆特色表演艺术作品，构建战略合作框架，共促文化事业和文化产业的深度融合发展；与国家开放大学签订战略合作协议，就构建文化馆（站）人才培育体系、推动职业技能认证与学历学位教育、强化实践教学和学科体系建设等开展战略合作，促进新时代文化馆创新型人才培养与发展。

二、坚持以人民为中心，创新开展全国性群众文化活动

（一）紧扣时代主题，举办"我和我的祖国"——文化新生活全国广场舞展演活动

为隆重庆祝中华人民共和国成立 70 周年，在文化和旅游部公共服务司指导下，文化馆协会联合发展中心等单位共同举办了"我和我的祖国"——文化新生活全国广场舞展演活动。活动于 2019 年 8 月启动，全国各地热烈响应，先后在宁夏银川、黑龙江佳木斯、江苏海安、山东青岛、广东深圳、江西于都举办了 6 场示范展演活动，105 个广场舞团队、9000 余名群众参与演出。河北、辽宁、内蒙古、江苏、浙江、安徽、广西、重庆、陕西等地同期举办了广场舞集中展演，北京天安门广场数万群众与全国人民共同纵情起舞。展演活动创新打造"云上广场舞"，国家公共文化云联合新媒体平台开展优秀作品征集展示、广场舞线上培训、展演活动直播，征集新创广场舞 248 部，推出"百部推荐作品""十部推广

作品""网络人气 TOP10",251 万人次在线学习广场舞教学视频,网络总访问量达 3657 万人次,点赞 142 万人次,网友投票 1374 万票。12 月,展演活动在天津举办了成果汇报演出,来自北京、天津、河北、河南、广东、宁夏等省(自治区、直辖市)的 27 支优秀广场舞团队献上异彩纷呈的广场舞演出。

(二)推动服务下沉,引导行业服务向乡镇基层延伸

文化馆协会与丽水市人民政府长期合作,持续培育"乡村春晚"品牌向"乡村村晚"发展,通过网络联动不断扩大品牌覆盖面和影响力。2019 年全国"乡村村晚"百县万村区域联动于 2019 年 1 月 12 日启动,以浙江青田为主会场,河南新郑、安徽当涂、福建大田等分会场举办了联合展演,观众足不出户就能领略各地精彩纷呈的乡村春节文化和乡村旅游的魅力。2020 年全国"乡村村晚"集中展示活动由文化和旅游部公共服务司主办,国家公共文化云、央视网等联合推广,浙江、安徽、河南、广东、四川、内蒙古、湖南、黑龙江、陕西 9 省(自治区)百县万村精彩节目共聚云端,13 个国家级、省级主流媒体等同步开展直播。

文化馆协会联合发展中心共同策划发起了"乡村网红"培育计划,积极响应国家乡村振兴战略,促进文旅融合,以国家公共文化云为依托,以"乡村网红"培育为抓手,以基层文化馆为主力,广泛发掘、扶持、培育一批优秀乡村网红人才,引领乡风文明建设,扩大基层公共文化服务覆盖面和适用性。2020 年 9 月,"乡村网红"培育计划举办的首次远程培训吸引 4 万人次参加在线学习,11 月通过抖音平台发起的"我是家乡代言人"话题视频播放量突破 3.6 亿次。

三、深入开展理论研究,积极促进行业学术交流和标准化建设

(一)推出"文化馆事业发展的思考与讨论"开放式网络学术交流品牌

2020 年 3、4 月新冠疫情期间公共文化机构闭馆,文化馆协会顺时应势、精心组织,以直播互动方式推出了主题为"文化馆事业发展的思考与讨论"的系列学术交流活动,围绕"十三五"时期文化馆行业发展的 11 个热门话题,邀请专家学者和从业者共同分享、讨论,国家公共文化云支持的讲座和互动交流网上专

题主页浏览量累计达到 350 多万人次，总点赞量 47 万次。直播期间，单场最高在线收看人数 27 万；互动评论总数近万条，单场最高评论数 3031 条。这样的学术交流尝试，成为文化馆站管理者、建设者、研究者凝聚人心、碰撞思想的新时尚，获得业界同人热烈响应，产生了广泛影响。

（二）加大文化馆标准化工作力度

文化馆协会作为全国文化馆标准化技术委员会秘书处承担单位，针对标准化工作这一行业建设短板，着力推动文化馆站领域相关标准的征集、研制、管理和宣贯。2019—2020 年期间，组织开展了"文化馆业务规范"研制和行业标准建立；协调推动《数字文化馆资源和技术基本要求》国标研究以及"数字文化馆虚拟技术规范研究"项目立项；推进公共数字文化融合创新发展标准体系建设，开展了公共数字文化领域已有标准及其体系建设情况调研、公共文化机构公共数字文化标准应用现状及需求调研，推动完成了《公共数字文化资源核心元数据标准》《图片类公共数字文化资源统一对象数据标准》《视频类公共数字文化资源统一对象数据标准》等一系列草案的编制；通过举办论坛、开展培训和工作会议等形式，面向从业人员开展了文化馆站及其相关领域的国家标准、行业标准的宣贯。

（三）着力推动理论研究和学术出版

文化馆协会结合行业创新发展需要，从解决实际问题出发，积极组织专家学者和文化馆理论研究骨干，推动数字文化馆理论研究，承担政府委托的文化建设与军民融合发展、文化和旅游志愿服务建设与管理、全国文化馆评估定级指标体系等课题研究项目，为政府和行业提供决策参考和研究支撑。在东莞举办了第二届"全国文化馆理论体系构建研讨会"，创新开展了一系列开放、互动式交流讨论，十几位专家 60 多位馆员参与交流发言。2019 至 2020 年间，文化馆协会策划出版了《2019 中国文化馆年会论文集》《新时代文化馆事业高质量发展——第二届全国文化馆理论体系构建研讨会获奖论文集》《文化馆蓝皮书：新时代文化馆创新发展（2017—2018）》《文化大视野（第 19 卷）》《文化馆发展十一讲》五部专业书籍。

四、主动承接政府转移职能，努力做好参谋助手

（一）开展人才培训，助力文化馆站队伍培养

在疫情防控形势不断变化的情况下，文化馆协会配合上级部门大力推行网络化远程培训，举办了"2020年全国乡村文旅融合发展师资培育线上培训班""2020年群众文艺创作与普及推广人才培育线上培训班""第五次全国文化馆评估定级专题网络培训""群星奖作品创作与导赏暨优秀群众文艺作品艺术普及线上培训班"，网络访问量达10万人次，注册报名参加在线学习的学员达2700余人。

（二）开展"文化暖心"活动，助力特殊群体公共文化服务

为进一步推动"文化暖心"惠民服务品牌深入人心、创新开展，文化馆协会向全国发起倡议，号召全国各级文化馆站深入基层，面向老年人、未成年人、残疾人、进城务工人员和留守儿童以及老少边穷地区基层群众等特殊群体开展文化需求大调研，创建内容丰富、形式多样的"文化暖心"服务菜单，精准对接文化需求，开展线上线下相结合的文化演出慰问活动，充分利用互联网和新媒体渠道，宣传"文化暖心"服务品牌，弘扬社会主义核心价值观、传递爱心与正能量。通过馆舍阵地服务、流动服务、互联网线上服务，全国涌现出一批先进事迹和优秀案例。

（三）开展文化志愿服务相关工作，助力挖掘基层典型经验

文化馆协会深入参与文化志愿服务制度设计和行业调研，广泛联系行业及相关领域志愿服务团队，发现优秀典型，推广先进经验。2020年由文化馆协会推报的"让文化根脉在生活中流淌——河北省廊坊市非物质文化遗产普及和传播志愿服务项目""文旅服务乡村行——泰州湖润乡土文化艺术团志愿服务项目""'光明影院'无障碍电影制作与传播——中国传媒大学志愿服务项目"参加全国文化和旅游志愿服务项目线上大赛，取得了优异成绩。

五、全面推动体系化建设，凝聚合力扩大影响力

（一）开展"繁荣群众文化，共享美好生活"文化馆事业主题宣传活动，塑造行业整体形象

2019 年 10 月，文化馆协会与光明网合作开展了文化馆主题宣传月活动。活动总结了新中国成立以来，特别是党的十八大以来文化馆事业取得的重要成就，突出文化馆在公共文化服务体系建设中的重要作用，塑造文化馆引领时代风尚、推动全民艺术普及和优秀传统文化传承的鲜明社会形象，彰显文化馆人爱岗敬业、向上向善向美的精神风貌，提振行业精神，激发正能量。宣传月面向全社会发布"文化馆事业光辉历程""中国文化馆协会五年奋进"主题宣传片，面向从业者和基层群众开展"文化馆的幸福生活"故事征集和"文化馆，我想对你说"馆员寄语征集。活动涌现出大量生动、有趣、感人的原创小故事和 vlog，反映了文化馆给基层群众文化生活带来的变化；馆员寄语强烈表达了从业人员对文化馆事业、对文化馆职业理念和职业精神的理解、对群众文化工作者的赞美与鼓励。光明网、新华网、央广网等十几家新媒体和 123 家行业期刊多平台、多渠道联动开展宣传报道，大大提升了文化馆行业的群众知晓度，也提振了从业人员的职业荣誉感。

（二）完善协会组织体系，建立多层级交流机制

2019 年 11 月，文化馆协会成功召开了第二届会员代表大会，选举产生新一届理事会、常务理事会，修订了《中国文化馆协会章程》《中国文化馆协会会费标准及管理办法》《中国文化馆协会会员管理办法》，制定了新的五年发展规划，将事业推向新的征程。在圆满结束第一届八个专业委员会工作的基础上，文化馆协会二届三次理事会审议了《中国文化馆协会专业委员会管理办法》以及第二届专业委员会申办工作，决定设立第二届十三个专业委员会，包括音乐创作、广场舞、小戏小品、曲艺、摄影、书法、文化志愿服务、全民艺术普及推广、数字文化、合唱、基层公共文化服务、期刊与知识服务、青少年美育 13 个方向，按照

专业化、多元化、社会化的思路完善协会组织和业务架构，为文化馆事业新的发展阶段完善组织架构。

此外，2019 年 5 月和 2020 年 9 月，文化馆协会联合发展中心共同组织召开了第六次、第七次全国副省级以上文化（群艺）馆馆长联席会，同期召开了文化馆协会常务理事会，举行了业务联络员培训班，在副省级以上文化馆层面继续巩固和发扬共商大计、共谋发展的开放精神。2020 年文化馆协会参与指导了第八届地市级文化馆百馆联动、首个百县文化馆馆长论坛、第九届琴台音乐节，为推动文化馆行业形成整体化发展、多层面协调联动营造良好的氛围。

文化馆协会始终坚持围绕中心、服务大局、服务行业、服务政府，积极畅通党委、政府与市场、社会之间的联系，强化社会责任，体现价值引领和文化担当，服务会员单位和广大文化工作者，促进公共文化事业全面繁荣、全民艺术普及和优秀传统文化的保护与传承，推进行业自律和诚信建设，规范行业发展秩序，在国家治理体系中，努力成为政府行使行业管理职能的参谋助手、文化馆站凝心聚力的平台构建者。

疫情期间的文化馆服务

金武刚　穆安琦*

2020年初，一场突如其来的新冠病毒疫情席卷全国，各地文化馆根据疫情防控要求暂停馆舍开放，传统阵地服务受到了严重冲击。广大文化馆人在响应党和政府号召积极投身协助疫情防控的同时，仍然坚守"以人民为中心"的初衷，努力开辟新的服务渠道。尤其是文化馆线上服务的创新，为公众带来了多姿多彩的文化服务，丰富了精神文化生活，增强了抗疫必胜的信心和决心。

一、倒悬之危：阵地服务步履维艰

2020年1月22日，在疫情暴发之初，文化和旅游部及时发布了《关于做好新型冠状病毒感染的肺炎疫情防控工作的通知》，对文化馆等公共文化服务机构疫情防控提出了严格要求，按下了馆舍开放的"暂停键"。各地文化馆立即响应要求，建立完善应急处理机制，打响疫情防控战役。

在阵地防控方面，各地文化馆紧急发布闭馆公告，取消了原计划举行的各类培训、展览、演出等活动，从严控制群众文化活动数量和规模；对馆舍落实通风、消毒等措施，加强内部清洁卫生管理，消除病毒传播隐患。在人员管理方面，各地文化馆做到思想上高度重视，工作上紧急调整。全面摸排和上报感染

＊　金武刚，华东师范大学经管学部信息管理系教授，文化馆发展研究院学术委员。
穆安琦，华东师范大学经管学部信息管理系2020级硕士研究生。

者、疑似感染者及密切接触者等情况，对相关人员严格落实隔离要求。及时通过电话、微信、网络等多种方式，开展新冠疫情防治知识普及工作，不断提升疫情防控意识和防控能力。及时调整办公方式，鼓励职工错时上班、居家办公，并按要求及时报告健康情况和行程动向。

根据地方党委政府的统一部署，各地文化馆积极抽调干部职工，投身抗疫一线志愿工作。东莞市文化馆通过馆员自愿报名的方式，组建了一支以党员干部为主力的 24 人队伍，加入了市文化广电旅游体育局抗疫工作队，支援虎门高速公路联合检疫站的工作，对出入车辆及人员进行核查，成为防控检查点的重要力量[①]。湖南省文化馆联合全省 14 个市州文化馆开展慰问志愿活动，为身处一线的医务人员、警察等抗疫工作者及其家属送去抗疫物资和文化产品，表达对他们的敬意和问候[②]。诸如此类举措，在全国各地文化馆比比皆是。

疫情期间文化馆被迫闭馆，群众文化活动被迫停办，相较于过去十多年的高速跨越式发展，我国文化馆阵地服务因疫情影响步入举步维艰的历史低潮。文化馆工作重心，需要从调整服务结构、提升服务效能上入手，进行全新变革[③]。

二、柳暗花明：线上文化服务蔚然成风

在传统阵地服务受阻困境之下，广大文化馆人集思广益，积极拓展线上服务模式，将文化服务搬到云端，"线下闭馆，线上开花"，探索出了一条疫情期间最能贴近公众的服务之路。

（一）群文作品主题创作与征集：以"艺"抗疫传播正能量

疫情期间，各地文化馆纷纷动员馆内文艺工作者投身于群文创作，通过音乐、美术等多种艺术形式，展现众志成城、齐心协力抗击疫情的奉献精神。资阳

---

① 同心抗"疫"——东莞市文化馆人用担当和情怀汇聚抗击疫情力量[EB/OL].（2020-02-18）[2021-03-04].http://wglt.dg.gov.cn/zxfw/tpxw/content/post_3031993.html.

② 湖南省文化馆：艺抗疫情 传播法治之光[EB/OL].（2020-12-16）[2021-03-04].http://moment.rednet.cn/pc/content/2020/12/16/8707677.html.

③ 李国新.疫情对公共文化服务发展影响的思考[J].图书与情报,2020(2):43-49,119.

市文化馆创作了《你为了谁》《最美逆行者》等抗疫主题的歌曲，受到公众喜爱，被"学习强国"平台收录展示①。青岛市文化馆创作快板、快书联唱《同舟共济防"疫情"》和歌曲《愿望》等作品讴歌中国人民在抗击疫情过程中众志成城的精神，创作书法《最美逆行者》，画作《医护夫妻档 把关东大门》《中国脊梁》等作品讴歌疫情下抗疫一线工作者的自我牺牲精神②。烟台市文化馆③、武汉市文化馆④、扬州市文化馆⑤等全国各地文化馆，都以自己专业能力创作书法、绘画、音乐等各种作品，体现文化馆人"守望相助、守土尽责"的使命担当。

同时，各地文化馆还向社会文艺工作者和群众文化爱好者，公开征集抗疫防疫作品。上海市群众艺术馆向全市群文美术工作者发出号召、参与抗疫防疫宣传绘画创作，举办了以"战'疫'·我们同在"为主题的上海群文美术特别展。该展览以线上为载体，展出了包括国画、油画、水彩画、漫画等多种绘画形式在内的优秀美术作品，讲述抗疫故事和抗疫英雄人物⑥。广东省文化馆以"抗击疫情，团结一心，广东省群文创作者与你同行"为主题，面向全省群众文艺骨干征集音乐、舞蹈、戏剧、诗歌、绘画、书法等文艺作品，并从 768 件作品中精选出 46件优秀作品，在线上推送展出，总阅读量超过了 20 万次⑦。

疫情期间，各地文化馆还与非遗传承人合作，用非遗作品传递情感、助力抗疫工作。天长市文化馆与图书馆合作，利用省级非遗项目《天官画》创作了一组

---

① 资阳市文化馆疫情期间大力开展线上文化服务[EB/OL].（2020-02-20）[2021-03-04].http://swgxj.ziyang.gov.cn/News/View.asp?ID=3374.

② 战疫情·暖人心——青岛文化馆人在行动[EB/OL].（2020-02-02）[2021-03-04].http://www.qingdaonews.com/content/2020-02/02/content_21213782.htm.

③ 烟台文艺抗"疫"进行时 原创歌曲致敬抗疫英雄[EB/OL].（2020-02-05）[2021-03-04].https://www.thepaper.cn/newsDetail_forward_5797394.

④ 湖北武汉众志成城抗大疫 公共文化服务暖心怀[EB/OL].（2020-03-31）[2021-03-07].https://www.mct.gov.cn/whzx/qgwhxxlb/hb_7730/202003/t20200331_852213.htm.

⑤ 扬州市文化馆多措并举积极应对疫情[EB/OL].（2020-03-09）[2021-03-07].http://www.sxjszx.com.cn/portal.php?mod=view&aid=1769156.

⑥ 上海市群众艺术馆.线上展览 战"疫"·我们同在——上海群文美术特别展[EB/OL].（2020-02-04）[2021-03-07].https://m.sohu.com/a/370635710_660767.

⑦ 广东省文化馆.抗击疫情 文化馆人勇担当[EB/OL].（2020-02-26）[2021-03-07].http://whly.gd.gov.cn/special_newzt/yq/wlxd/content/post_2909027.html.

宣传画，以当地群众喜闻乐见的形式有效宣传疫情防控[①]。孝义市文化馆[②]、固原市文化馆[③]向全市非遗剪纸传承人征集以"疫情防控"为主题的非遗剪纸作品，创作出了一批高质量的剪纸作品，从艺术视角讴歌白衣战士、致敬抗疫英雄，彰显了文化人家国情怀和文化担当。

这些群文抗疫作品的创作和宣传，令公众凝聚力量、坚定信心，成为抗击新冠疫情战役中不可或缺的精神力量。

（二）文化活动在线组织与举办：文化节庆赛事激发全民参与

疫情期间，各地文化馆将无法进行的阵地文化活动和重大节庆赛事，转移到线上开展，为公众居家隔离生活带来了精神文化滋养，激发了全民学习知识、欣赏艺术的热情。

西宁市文化馆在 2020 年元宵节期间推出了以"宅在家，别着急，西宁市文化馆邀您猜灯谜"为主题的线上文化活动，灯谜谜语融合了传统文化知识和疫情防控知识，让传统文化和抗疫防疫知识深入人心[④]。昌吉州文化馆联合州太极拳协会、健身气功协会举办了网络线上太极拳及健身气功比赛，倡导市民居家不忘科学健身，营造了全民健身的良好氛围[⑤]。郑州市文化馆与旗袍会联合组织了"众志酬春来'疫'战唤绿行"网络朗诵会，诗歌爱好者们汇聚在一起线上诵读经典，交流感悟，为抗疫战斗加油鼓劲，贡献文化力量[⑥]。

---

① 天长市文化馆战"疫"记[EB/OL].（2020-02-28）[2021-03-07].http://www.czswhg.com/e/action/ShowInfo.php?classid=7&id=2548.

② 孝义市文化馆以"艺"战"疫"助力全民抗疫[EB/OL].（2020-03-22）[2021-03-11].http://www.xiaoyi.gov.cn/xwzx/xyyw/202003/t20200322_1382969.shtml.

③ 固原市文化馆组织剪纸传承人创作剪纸作品助力疫情防控宣传[EB/OL].（2020-02-09）[2021-03-11].https://www.meipian.cn/2orf0owk.

④ 宅在家，别着急，西宁市文化馆邀您猜灯谜！[EB/OL].（2020-02-08）[2021-03-11].https://m.thepaper.cn/newsDetail_forward_5863398.

⑤ 昌吉州举办首届太极拳、健身气功网络大赛[EB/OL].（2020-03-05）[2021-03-11].http://news.ts.cn/system/2020/03/05/036132719.shtml?kfknophlnglnopph.

⑥ 众志酬春来"疫"战唤绿行——郑州市文化志愿者致敬植树节主题诗歌朗诵会网上启动[EB/OL].（2020-03-16）[2021-03-11].http://www.zhengzhou.gov.cn/news4/116020.jhtml.

由上海市群艺馆承办的每年一度的市民文化节，在 2020 年疫情期间全部转到线上举行。上海市群艺馆专门策划了 3 月 28 日"云上文化服务日"作为市民文化节启动日，在"文化上海云"全市公共文化服务综合性平台上推出文化赛事、文化资源、文化剧场、文化产品等项目，形成了集"域精彩""云赛场""云剧场""云展厅""云讲堂""大美育""长三角""云集市"在内的八大文化频道。启动日当天，短短 12 个小时便有超过 1000 万人次上线观赏、学习、参与 ①。由吉林省文化馆承办的 2020 年吉林省群众戏剧曲艺大赛，在网络上进行全程播出，集中展示了疫情期间吉林省公共文化建设成果 ②。

文化活动的线上组织开展，让公众足不出户就享受到了高品质公共文化服务，是疫情期间文化馆在丰富群众文化生活、展示群众文化成果的重要手段。

（三）展览演出云上播放与观赏：在线视听丰富文化生活

由于文化馆线下闭馆，展览、演出活动也受到了阻碍。各地文化馆积极寻找对策，打通在线服务通道，为公众提供云上观赏新方式，"云展播"成为疫情期间文化馆提供展览活动、欣赏演出的新方式和新潮流。

安徽省文化馆主办的"艺心抗疫·相约云端"群众文艺优秀作品展演在国家公共文化云、安徽公共文化云进行展播，展演以抗疫为主题，以歌曲、太和清音、青阳腔、剪纸动漫、手语表演、坠子戏、扁担戏等丰富多彩的形式，表现了"开展防疫宣传""致敬白衣天使""群众同心抗疫""共同期许未来"等内容，吸引了 118.6 万余人次通过互联网同步在线观看 ③。天津市群众艺术馆利用"津抖云"这一原创短视频平台开展网络直播，邀请了天津籍相声演员在群众艺术馆的直播间里进行文艺展演活动，并在"津城群艺在线"微博平台同步直播，还与其他省

---

① 1009 万人次昨天共赴春之约,2020 年上海市民文化节云上全年天天见[EB/OL].（2020-03-30）[2021-03-18].http://smwhj.eastday.com/eastday/enjoy1/smwhj/n967872/n967881/u1ai20451167_K27069.html.

② 2020 年吉林省群众戏剧曲艺大赛在省文化馆成功举办[EB/OL].（2020-11-10）[2021-03-18].https://www.mct.gov.cn/whzx/qgwhxxlb/jl/202011/t20201110_901021.htm.

③ 2020 年安徽省群众文艺优秀作品展演圆满落幕[EB/OL].（2020-05-22）[2021-03-18].https://www.mct.gov.cn/whzx/qgwhxxlb/ah/202005/t20200522_853520.htm.

市文化馆数字平台合作直播，各平台总观看量超过了 70 万余次，取得了良好的展演效果[①]。江苏省文化馆联合省内文化馆举办了"众志成城·同心战疫"群众美术摄影作品展，通过省文化云平台打造 24 小时不打烊展览，既有静态的展览活动又有动态的导览直播，公众通过手机即可进行"云观展"[②]。宁夏、天津、内蒙古、青海、贵州、湖南、西藏七省（自治区、直辖市）群艺馆、文化馆联合举办了"凝心聚力·抗击疫情"美术、书法、摄影网络微展，收集各地优秀书画和摄影作品，在各省市文化馆官方网站进行展出，通过这些艺术作品讴歌了各行各业工作者抗击疫情的英勇精神，展现了文艺工作者以艺抗疫的文化力量[③]。泰州市文化馆[④]、茂名市文化馆[⑤]等各地文化馆，还积极打造"非遗 VR 云展厅"，用 VR 技术生动还原真实场景，带给公众全新的线上游览体验。

将展览、演出活动从线下搬到线上，是文化馆数字化服务的一大突破。"云展览""云展演"方式不仅符合疫情防控要求，而且方便快捷赢得了公众的喜爱；它们不只是文化馆在新冠疫情下的无奈之举，更是科技洪流带动下的发展必然，线上线下互动的观展、观演，将成为文化馆未来服务的重要方式。

（四）艺术培训在线讲授与学习：网络教育赋能全民艺术普及

开展艺术培训服务，是文化馆履行全民艺术普及职能的重要实现方式。疫情期间，各地文化馆积极探索在线微课堂、网络直播、艺术慕课等线上艺术培训新模式，帮助广大公众居家隔离期间能够继续提升文化艺术素养，掌握文化艺术技

---

① "五一"小长假天津市群众艺术馆玩出新花样[EB/OL].（2020-05-07）[2021-03-18]. https://www.thepaper.cn/newsDetail_forward_7293062.

② "众志成城·同心战疫"江苏群众美术摄影作品展线上线下齐开幕[EB/OL].（2020-04-28）[2021-03-18].https://www.mct.gov.cn/whzx/qgwhxxlb/js/202004/t20200428_852814.htm.

③ "凝心聚力 抗击疫情"七省（区）市美术、书法、摄影网络微展（宁夏·二）[EB/OL].（2020-03-13）[2021-03-19].https://www.sohu.com/a/379942313_739186.

④ 已上线！足不出户，VR 全景看泰州非遗[EB/OL].（2020-06-13）[2021-03-19]. http://www.mytaizhou.net/folder114/folder44/folder51/2020-06-13/417110.html.

⑤ 抗击疫情，茂名市文化馆在行动！[EB/OL].（2020-02-01）[2021-03-28].http:// www.maoming.gov.cn/zwgk/zwzl/zdlyxxgkzl/gzdt/content/post_748118.html.

能，打开了文化馆"闭馆不停工，停课不停学"线上服务新局面。

疫情期间，各地文化馆推出了以"短小、精炼"为特点的"10分钟""15分钟"微课堂，主动适应公众的移动互联网络利用习惯。敦煌市文化馆推出了具有敦煌特色的文化微课堂，将敦煌舞、敦煌曲子戏录制成教学视频，供市民足不出户进行舞蹈和歌唱学习[①]。开封市文化馆推出了线上非遗微课，邀请非遗传承人讲授非遗项目的制作工艺，增进公众对优秀地方文化的了解[②]。深圳市光明区文化馆根据青少年儿童特点打造了以"神秘宇宙、探秘之旅"为主题的"线上美学微课堂"系列视频，供青少年儿童在线学习绘画的同时学习自然科学知识，并在结课后组织主题作品征集和展览，巩固课程学习成效[③]。

网络直播也日渐成为文化馆线上艺术培训服务的重要形式。台州市文化馆的"文化超市"公益艺术培训一直以来深得公众喜爱，曾获得中国文化志愿服务优秀典型案例称号。疫情期间，台州市文化馆将线下公益培训课堂搬至线上，开通钉钉直播授课服务，推出"文化超市4.0云课堂"系列，报名人数络绎不绝[④]。大庆市文化馆的艺术培训则是通过抖音平台开展声乐等直播课，结合微信群进行学员交流和课程指导[⑤]。河南省文化馆的舞蹈专家专门为武汉方舱医院开设了"方舱舞蹈直播课程"，通过抖音直播，深受方舱患者、医护人员和志愿者喜爱，网络学习人数达850万人次[⑥]。

艺术慕课作为艺术领域的开放性在线教学方式，也在疫情期间文化馆线上

---

① 敦煌市文化馆推出文化微课堂[EB/OL].（2020-04-01）[2021-03-28].http://szkb.gansudaily.com.cn/system/2020/04/01/017396895.shtml?from=singlemessage.

② 开封市文化馆线上非遗微课受欢迎[EB/OL].（2020-04-24）[2021-03-28].https://feiyi.gmw.cn/2020-04/24/content_33766382.htm.

③ 创新"云端"文化服务,打造"线上"持续精彩[EB/OL].（2020-05-26）[2021-03-28].http://www.rmsznet.com/video/d190687.html.

④ 台州市文化馆"云课堂"登上《人民日报》,一起来上课！[EB/OL].（2020-04-22）[2021-03-28].http://zj.news.163.com/taizhou/20/0422/09/FAQE30PJ04099C64.html.

⑤ 许道琳.公共文化机构媒体融合服务创新研究[J].大庆社会科学,2020（4）:143-146.

⑥ 河南省各级公共文化服务单位 同心协力"战"疫情[EB/OL].（2020-04-15）[2021-03-28].https://www.mct.gov.cn/whzx/qgwhxxlb/hn/202004/t20200415_852512.htm.

艺术培训服务中异军突起。苏州市公共文化中心（市文化馆）在疫情期间推出的"心手相传——苏作手艺慕课""吴门古琴"等 70 节慕课内容，带领人们鉴赏古琴、苏绣、嶂村砚、苏作家具等优秀江南文化。自 2020 年 1 月 23 日到 2 月 9 日的短短 18 天，线上点击访问量突破 450 万人次，有 51.33 万人次在线学习。大数据采样分析表明，来自北京的 IP 点击访问量高达近 179 万人次，占总访问量的 51%，来自苏州、上海的 IP 点击访问量分列二、三位。此外，还有来自美国、德国、加拿大等许多国外网友点击访问[①]。成都市文化馆依托自建的"文化天府"App，在闭馆期间推出了 35 个艺术慕课学习班次，将直播与网络社群服务融合在一起，学习名额供不应求；同时，也积极利用大数据分析对用户画像进行采集和描绘，为各业务部门开展线上活动的方向给予精准指引，使得文化馆的服务更贴近大众需求[②]。

三、大地春回：传统阵地服务开云见日

随着我国疫情防控取得阶段性胜利，文化馆的阵地服务也开始逐步恢复。2020 年 2 月 25 日，文化和旅游部发布了《公共图书馆、文化馆（站）恢复开放工作指南》，要求各级文化馆坚持防疫优先，在持续做好线上服务的同时，做好恢复开放的预案和准备工作，根据实际分区域分项目逐步恢复馆舍开放[③]。2020 年 9 月 22 日，文化和旅游部发布了《公共图书馆、文化馆（站）恢复开放疫情防控措施指南（第二版）》，要求各级文化馆根据当地党委政府要求，科学动态调整恢复开放的时间和项目，逐步恢复场馆线下服务，不断扩大举办文化活动规模，开

[①] 宅家鉴赏古琴、苏绣、嶂村砚等博大精深的江南文化……这一系列艺术慕课火到了海外[EB/OL].（2012-02-12）[2021-03-28].http://www.whb.cn/zhuzhan/xinwen/20200212/323826.html.

[②] "文化天府"变身服务主阵地 成都市文化馆获《人民日报》点赞[EB/OL].（2020-04-23）[2021-03-28].http://sc.china.com.cn/2020/zonglan_0423/368051.html.

[③] 文化和旅游部公共服务司关于印发《公共图书馆、文化馆（站）恢复开放工作指南》的通知[EB/OL].（2020-02-25）[2021-03-28].http://zwgk.mct.gov.cn/zfxxgkml/ggfw/202012/t20201205_916619.html.

展形式多样、规模适当的群众文艺活动、文化培训辅导和展览展示等线下服务[①]。因地制宜做好线下服务工作,标志着文化馆传统阵地服务开始逐渐回春。

恢复开放后的文化馆阵地服务以文艺展演类的群众性文化活动为主,不仅通过开放部分场馆供市民预约进馆参观线下展览、演出活动,有的还同时提供线上直录播服务,将丰富多彩的文化活动推送到公众身边。北京海淀区文化馆开放了馆内一层剧场作为线下交响音乐会的开展阵地,根据疫情防控要求开设了 30 席座位供市民预约[②]。南宁市群众艺术馆策划实施了"迎中秋、庆国庆大型杂技魔术专场晚会",并将晚会场地设置在南宁标志性建筑"民歌湖",为市民带来了丰富的魔术杂技表演[③]。金湖县文化馆在做好疫情防控工作的前提下,开展了"文化进万家"的群众文艺活动,馆内文艺工作队伍深入基层,为市民带来文化精品,让群文活动随着城市一起复苏[④]。

四、涅槃重生:"互联网 + 文化馆"方兴未艾

随着各文化场馆相继开放,公众的文化生活也逐渐复苏,虽然在疫情防控前提下可以开展线下活动,但在疫情之下,线上参与已然成为人们喜闻乐见的形式。数字化和网络化服务是提升文化馆服务效能的重要手段,是新时代文化馆履行公共文化服务职能的有力抓手。因此,涅槃重生后的文化馆,也正式开启了"互联网 + 文化馆"的新型服务模式。

---

① 文化和旅游部公共服务司关于印发《公共图书馆、文化馆(站)恢复开放疫情防控措施指南(第二版)》的通知[EB/OL].(2020-09-22)[2021-04-02].http://zwgk.mct.gov.cn/zfxxgkml/zcfg/gfxwj/202012/t20201204_906355.html.

② 海淀区文化馆(北馆)线下演出强势回归[EB/OL].(2020-08-28)[2021-04-02].https://www.sohu.com/a/415387683_120209831.

③ 民歌湖上演"奇迹之夜"——南宁市迎中秋、庆国庆大型杂技魔术专场晚会在民歌湖举行[EB/OL].(2020-10-02)[2021-04-02].http://www.nanning.gov.cn/ywzx/nnyw/2020nzwdt/t4484800.html.

④ 金湖县文化馆让群文活动随城市一起复苏[EB/OL].(2020-05-27)[2021-04-02].http://zgmzgsx.com/wap/news/?38668.html.

（一）建设文化馆数字平台，推进线上线下互动服务机制

在疫情期间，文化馆自建平台的作用突出。文化馆通过自建官网、公共文化云等平台，在线提供知识普及服务和丰富的文化资源，并将线下活动拓展到线上开展，精准对接百姓需求。

宁波市文化馆早在 2016 年就打造了"一人一艺"公共文化云平台。疫情期间，宁波市文化馆引导文艺工作者利用云平台进行"云创作"，鼓励广大人民群众使用云平台参与"云培训"，充分发挥了"一人一艺"云平台全民艺术普及的作用[①]。泰州市文化馆不仅注重自有平台和网页的建设，还注重自有平台的协同运作。2020 年 9 月，泰州数字文化馆平台融合建设项目正式启动，对泰州市文化馆官网、泰州市文化惠民服务平台及泰州公共文化云平台三大平台进行融合，打造集信息发布、资源融合、服务惠民等全方位多功能于一体的"掌上文化馆"，以满足群众对全市公共文化服务资源的优化整合、共建共享、便捷惠民等线上服务需求[②]。

（二）与公共传播平台合作，扩大文化传播影响

在疫情期间，各地文化馆除了采用打造自有平台的方式进行公共文化服务之外，也积极探索利用公共传播平台创新服务供给渠道，扩大艺术普及覆盖面。微信公众号、微博、抖音等多种类型的新媒体平台成为文化馆开展活动、进行宣传的重要渠道。

温州市文化馆依托微信公众号平台打造"掌上文化馆"服务品牌，推出掌上微课堂、掌上音乐厅等艺术欣赏、知识学习、文化体验等在线活动，市民通过关注"温州市文化馆"官方微信号即可享受各类文化服务[③]。北京文化艺术活动中心

---

① 宁波市"一人一艺"逆"疫"而上共筑精神新家园点亮群众新生活[EB/OL].（2020-03-18）[2021-04-02].https://www.mct.gov.cn/whzx/qgwhxxlb/zj/202003/t20200318_851962.htm.

② 泰州融合公共文化云平台资源打造"掌上文化馆"[EB/OL].（2020-08-31）[2021-04-02].http://wlt.jiangsu.gov.cn/art/2020/8/31/art_695_9479075.html.

③ 新场馆 新起点 新期待——温州市文化馆全力打造公共文化服务网络[EB/OL].（2020-07-22）[2021-04-02].http://wl.wenzhou.gov.cn/art/2020/7/22/art_1660367_51964782.html.

建立了新浪微博官方账号，将疫情期间征集到的优秀作品通过多各新媒体端口发布，截止到 2020 年 3 月 15 日，这些作品获得了超过 220 万次的阅读量①。上海市17 家文化馆则统一在抖音短视频平台完成了注册认证，将带有本馆特色的抖音视频推广到千家万户，使更多市民了解和利用文化馆服务②。

（三）与专业媒体平台合作，丰富文化服务渠道

疫情期间，文化馆与专业媒体、专业平台合作，共享受众资源，进一步扩大了文化馆服务的传播渠道和覆盖受益面。

内蒙古自治区文化馆与中国知网合作，开展了"足不出户学文艺"活动，充分利用中国知网的《CNKI 群艺学堂》平台，免费提供中华传统文化和艺术知识服务等相关课程③。扬州市文化馆联合超星数字文化馆文雅慕课平台，向公众提供涵盖文学、艺术、影视、历史、国学、非遗知识在内的高校名师慕课资源④。中山市文化馆与有线电视"文化中山"电视门户合作，推出由"文艺创作讲堂""非遗讲堂""艺术普及讲堂"三大讲堂组成的云课堂服务，市民可以通过电视收看课程在线直播和回放，这拓宽了文化馆全民艺术普及的新通道⑤。东莞市文化馆与南方日报社、"南方+"客户端联合共建，打造了媒体文化馆"南方+东莞云上文化馆"，通过馆媒共建打破行业壁垒，用品牌化思维将文化馆线下文化服务打造成具有流量的网络产品进行线上发布和推送，进一步扩大了文化馆活动影响力，

---

① 北京数字义化馆丰富宅家生活[EB/OL].（2020-03-23）[2021-04-02].http://www.cac.gov.cn/2020-03/23/c_1586509343844679.htm.

② 从小白到抖粉，上海17家文化馆"艺"起亮出抖音 style[EB/OL].（2020-03-06）[2021-04-02].http://www.whb.cn/zhuzhan/xinwen/20200306/331100.html.

③ "创新与合作"——内蒙古文化馆在疫情期间不断提高公共文化服务质量和改进服务方式[EB/OL].（2020-03-04）[2021-04-02].http://www.cyzq.gov.cn/information/cyzqrmzf11620/msg1994158102048.html.

④ 扬州市文化馆多措并举积极应对疫情[EB/OL].（2020-03-09）[2021-04-04].http://www.sxjszx.com.cn/portal.php?mod=view&aid=1769156.

⑤ 中山市文化馆开启全民艺术普及云课堂[EB/OL].（2020-04-01）[2021-04-04].http://www.zsnews.cn/edu/index/view/cateid/47/id/639267.html.

让更多公众享受到高品质的公共文化服务 ①。

五、疫后反思：进一步推动文化馆线上服务提升

文化馆推出线上服务，原本是适应新时代公共文化需求，扩大服务覆盖面和适用性的重要举措。此次新冠疫情大爆发，公众响应政府号召、共同抗疫被迫居家减少外出。线上观看演出、屏上云游万里，或者线上线下互动，跳上一支舞蹈、学上一门手艺，成为舒缓压力、学习新知的重要方式。

疫情期间，文化馆线上各类服务，有些意外地成为公众共同抗疫的重要精神食粮，发挥了不可估量的重要作用。但是其过程也反映出部分线上产品有供需不对接、内容同质化的不足，文化馆对线上产品的互动性、独特性需要提出更高的要求。

一是线上服务的内容扩展与范围延伸。根据《中华人民共和国公共文化服务保障法》要求，文化馆作为公共文化机构之一，应当支持开展全民阅读、全民普法、全民健身、全民科普和艺术普及、优秀传统文化传承活动。从此次疫情公众使用的线上产品来看，文化馆在线上的艺术普及，甚至线上阅读等方面，都做得相当不错。但对法治宣传、健康方面的知识普及做得还远远不够。在疫情之下，广大公众最迫切需要的是科学防疫的正确知识，健康卫生习惯的科学养成。文化馆应当反思如何在服务中，特别是线上产品中扩展范围，提供法律知识普及、健康常识普及等内容。疫情终将会过去，但文化馆要完成全民科普的职责和使命，任重道远。

二是线上产品的内容选择与呈现。此次疫情期间，文化馆提供了大量的在线产品，公众也有时间充分点击利用，这也是检验文化馆线上产品适用性的重要时刻。苏州市公共文化中心（文化馆）艺术慕课传播效果火爆的原因之一是以地方文化为核心打造的线上产品，独一无二，能吸外各地人群关注利用；原因之二是以短视频、连续性的慕课方式加以呈现，适应了现代公众线上产品利用习惯和特

---

① 从数字化到智慧化,南方+"东莞云上文化馆"启动![EB/OL].（2020-04-26）[2021-04-04].https://new.qq.com/rain/a/20200426a0cxxf00.

点。反观有些文化馆购买了一些商业数据库、做了一些通用性的电视片视频，放到线上传播，则效果一般。可见，线上服务的内容选择和呈现方式都至关重要，疫情更加放大了服务效能的差异。

三是线上服务平台的融合与推送。虽然时代在不断发展，但仍然有很多公众在利用线上服务时，存在一定的技术障碍，如 App 的下载安装。如果线上服务平台能够无缝融入微信、抖音等平台，用户只要打开微信、用上抖音，就能看到文化馆的产品与服务的推送，那么此类服务自然就会受到用户欢迎。疫情期间，刷手机已经成了"全民通病"，但刷文化馆产品的还为数不多。这就需要文化馆人改变思路，改变做法，加强平台融合，做好内容推广，并在疫情结束之后，仍能提供适用的内容与服务。

六、未来展望：后疫情时期文化馆服务变化趋势

随着疫情缓解，全国各地文化馆有序恢复开放，在预约限流等措施下，文化馆服务步入后疫情新阶段，无论是内容还是形式都将发生新变化。

一是疫情期间文化馆因场馆空间关闭而开辟的各类线上、网上、云上服务，如线上读书看报、网上活动参与、云上观展看戏，甚至漫游景区等，这将成为疫后期间文化馆服务新常态，为公众继续提供便捷、可及的数字资源与线上活动，扩大服务的覆盖面和适用性。

二是文化馆线上产品的特色化内容、短视频呈现形式将显著加强。疫情期间，线上服务传播效果火爆的原因主要有两点：其一是以地方文化为核心打造内容特色鲜明的线上产品，独一无二，能吸外各类人群广泛利用；其二是以专题片、微电影、慕课等短视频形式加以呈现，适应了移动互联时代公众碎片化利用信息的特征和习惯。

三是公共传播平台的融合与利用，将成为文化馆线上服务渠道首选。疫情期间，各地文化馆主动在微信、抖音等拥有大量受众的公共平台上，开设直播间，推送服务内容，开疆拓土，占领新阵地，传播效果显著。

四是网络直播将成为文化馆从业人员业务培训的常规手段。疫情期间，由中

国文化馆协会组织的 11 场"文化馆事业发展思考与讨论"等全国名家讲座网络直录播，在线收看＋回放收看累计达数百万人次，大受欢迎。

五是线上线下相结合的文化馆服务将更加到位。如群众文化艺术培训，先在线上开展普惠式教学，再通过线下预约形式开展个性化指导，两者结合将成为文化馆服务品质化发展新模式。

六是"无接触服务"将成为文化馆线下服务的重要方式。如展览展示的扫码讲解、数字实体空间的交互体验等适合公众自主利用的、非群体聚集性的服务项目供给，将越来越多。

七是文化馆的馆外广场文化活动率先正常化。在空气流通条件较好的各类文化广场、公园绿地，在公众保持适当的社交距离前提下，各类文化活动将普遍开展、逐步回归正常。

八是公众规范养成文化馆利用新习惯。入馆先预约、进门戴口罩、配合测体温、出示健康码、馆内勤洗手，将成为一段时期内公众利用文化馆线下服务的基本行为和卫生习惯，相应地文化馆也提供相关配套服务。

九是文化馆服务效能考核指标将作适当调整。由于入馆人数受控，短期内"到馆人数"指标考核失去了原有价值。而线上服务评价应当更加精准化，在挤掉"点击率"水分的基础上，点赞数、弹幕数、留言评论、利用时长等将成为重要的考核要素。

十是文化馆防疫需求激发文化企业生产新动力。各类防疫文化产品，如无接触服务新装置、智能服务机器人、自助消毒机等，为文化企业新产品生产提供了新市场。

群众文化活动品牌建设

王全吉 *

面对人民群众多样化、品质化的文化需要和新时代文化馆高质量发展的新要求，我国各级文化馆人积极作为，开拓创新，组织开展遍及城乡的群众文化活动，在不断丰富人民群众精神文化生活的同时，打造了一批富有社会影响力、公众美誉度的群众文化活动品牌，展示了新时代文化馆群众文化活动品牌建设的蓬勃活力。

一、我国群众文化活动品牌建设现状

2019—2020 年间，有几个大事件对群众文化活动产生了重要的影响。一是 2019 年是新中国成立 70 周年，各级文化馆组织开展多种艺术形式、场面壮观的"我和我的祖国"主题性群众文化活动，热情歌颂祖国、礼赞建设成就；二是在 2020 年初新冠疫情暴发、疫情防控常态化背景下，我国文化馆大力推进数字化服务，策划开展线上线下相结合的群众文化活动，讴歌抗疫人员等最美"逆行者"，弘扬强烈的爱国主义精神。这两个主题性的群众文化活动，成为这两年里震撼人心、感动中国的群众文化新景观。

综观 2019—2020 年我国群众文化活动品牌建设，所取得的成效可以概括为：

---

* 王全吉，中国文化馆协会副理事长，浙江省文化馆首席专家，文化馆发展研究院学术委员。

群众文化活动品牌影响力不断增强，群众文化活动品牌覆盖面不断拓宽，群众文化活动品牌创新力不断提高，群众文化活动新品牌不断涌现。

（一）群众文化活动品牌影响力不断增强

群众文化活动品牌社会影响力，主要体现在活动品牌的社会知名度与公众美誉度。我国各地群众文化活动经过多年打造，已经成为深受群众喜爱、具有艺术感染力和公众认知度的文化品牌，在社会上具有较强影响力。遍布全国各地的群众文化活动品牌，以其品牌号召力和艺术感染力，成为弘扬社会主义核心价值观、展示社会主义先进文化的重要载体，丰富了人民群众的精神文化生活。

2019 年是新中国成立 70 周年，全国各地广泛开展国庆 70 周年"我和我的祖国"主题群众文化活动，成为 2019 年振奋人心、印象深刻的文化景象。各地群众文化活动品牌大力弘扬以爱国主义为核心的伟大民族精神，热情讴歌新中国 70 周年来沧桑巨变和辉煌成就，展现各地精神文化建设成果，展示了群众文化活动品牌的独特魅力。典型案例有北京文化艺术活动中心承办的 2019 年首都系列文化活动"歌唱北京"合唱大赛、"舞动北京"群众广场舞蹈大赛，"出彩河南人"河南省第五届优秀群众文艺精品展演、"欢乐潇湘"湖南省群众文艺汇演等群众文化品牌活动。这些由全国各地文化馆组织的群众文化品牌活动，受到广大人民群众欢迎和新闻媒体普遍关注，社会影响力不断增强。

2020 年受到疫情防控的影响，各地群众文化活动的开展受到了一定的制约。但各级文化馆利用数字化手段，拓展群众文化活动品牌的新空间。最为出色的是上海市群众艺术馆策划组织的 2020 年上海市民文化节，立足市民大众疫情防控期间的文化需求，创新活动样式，提升活动品质，继续贯穿全年举办丰富多彩的活动，十项全民赛事为市民大众提供充分展示交流的平台，富有区域特色的各类活动尽情展示城市的"小美好·大幸福"，受到央视等国家级新闻媒体持续宣传，品牌影响力大幅提升。

（二）群众文化活动品牌覆盖面不断拓宽

群众文化活动重在参与，让广大人民群众共享文化发展成果。我国各地文化馆精心打造的群众文化活动品牌，因其品牌的号召力和凝聚力，群众参与度日益提高，成为当地群众展示文化风采、享受文化服务的重要载体。

一是全民舞动新时代。2019 年 8—9 月，"我和我的祖国——文化新生活全国广场舞展演活动"在全国各地蓬勃开展，文化和旅游部在宁夏银川、黑龙江佳木斯、江苏海安、广东深圳、江西于都、山东青岛开展了六场示范性展演。国家公共文化云开辟"云上广场舞"专题，用网络直播、活动展播、活动资讯、作品展示等多个栏目全景展示全国广场舞活动，参与面广，影响空前。

二是 2020 年初新冠肺炎疫情暴发期间，当线下群众文化活动因为疫情防控而暂停的时候，各级文化馆积极拓展线上服务，借助于互联网数字化平台，开展群众文化活动直播，拓宽群众文化活动品牌的覆盖面，使更多的人民群众共享数字化服务。2020 年 4 月 8 日武汉解封那一天，深圳市文化馆联盟将征集的优秀抗疫文艺作品，策划举办专题文艺晚会，网络直播吸引了数十万市民观看。

2020 年文化馆系统最有影响力的网上群众文化活动，莫过于上海市民文化节启动日的网络直播。因为疫情防控的要求，不能举办大规模集聚性的线下活动，上海市群众艺术馆把文化活动搬到网络平台上。2020 年 3 月 28 日，从 10：00—22：00 的 12 个小时，域精彩、云赛场、云剧场、云展厅、云讲堂、大美育、长三角、云市集 8 大频道，上千个优质公共文化资源，在网上精彩亮相，1009 万人次参与上海市民文化节启动日的各类文化活动。上海市民文化节启动日 12 个小时的网络大数据显示，点赞量 3134209 人次，转发量 924926 人次。

2020 年疫情防控背景下，各级文化馆充分发挥多年来在数字化服务方面积聚的优势，以数字化提高群众文化活动品牌的受益面，将文化活动品牌线下展演与线上直播有机结合，通过网站和新媒体平台的推广，提高了文化馆公共文化服务效能，扩大了群众文化活动品牌的覆盖面，成效显著。

（三）群众文化活动品牌创新力不断提高

群众文化活动品牌要走得更远，就离不开品牌创新能力。品牌创新能力，决定了群众文化活动品牌是否可持续。这需要各级文化馆人始终以饱满的激情，投身于群众文化活动品牌建设，以创新的思维进行品牌策划，利用现代技术推进品牌创新，赋予群众文化活动品牌新的形式，拓展群众文化活动品牌新的内涵。

2019—2020 年，各级文化馆原有的群众文化活动品牌，有了新的拓展，取得了新的成效，最有代表性的是福建省艺术馆的"艺术扶贫工程"文化志愿服务项目，从 2004 年开展以来，福建全省共有 88 个文化馆、15000 余名文化志愿者参与，设立 526 个艺术扶贫基地，577 个校外辅导点，受益人数超过 1000 多万人次。福建省艺术馆的"艺术扶贫工程"已成为全省开展规模最大、范围最广、时间最长、影响深远的文化惠民工程。这个群众文化活动品牌在 2019 年又有创新举措，福建省艺术馆与西藏昌都文化部门合作，在西藏昌都举办闽藏漆画技艺培训班，将福建农民漆画的艺术扶贫模式推广到西藏，10 位唐卡画师参加培训，创作完成了 20 幅唐卡漆画作品，2019 年 11 月，唐卡漆画参展第二届中国国际进口博览会，被上海进口博览局收藏。2020 年 5 月，闽藏唐卡漆画培训班第二次在西藏昌都举行，期间分别在福州、昌都两地举行"福建非遗之花高原绽放"唐卡漆画跨界碰撞连线直播活动。从农民漆画到唐卡漆画培训推广，从面向福建到辐射西藏，福建"艺术扶贫工程"品牌有了新的突破、新的精彩。

乡村春晚借助于互联网和新媒体，也有了创新的进展。2019 年 1 月，全国 227 个县、49607 个村开展了"全国乡村春晚百县万村网络联动"活动，除主会场外，设置了 10 个分会场，通过网络直播，同时在全国观众面前亮相。线上线下有机结合，天南海北各展风采。2020 年 1 月，2020 年全国乡村春晚集中展示活动启动仪式以"乡村振兴、文化引领"为主题，主会场设在浙江丽水，安徽、四川、广东、河南等 8 省同步启动，通过线下乡村春晚年俗展示、线上互动形式，展示了 2020 年全国乡村春晚"百县万村"区域联动的精彩景象。乡村春晚逐渐演变为乡村村晚，从春节乡村文化活动演变为一年四季的乡村文化活动，2020 年 12 月 30 日，"欢乐过大年·迈向新征程"——我们的小康生活 2021 年全国"村晚"示范展示活动，在央视频正式启动。

福建"艺术扶贫工程"的农民漆画拓展到唐卡漆画，从沿海辐射到边疆；乡村春晚从现场展演到线上发力，从云平台到央视频新媒体。诸如此类的案例层出不穷，全国各地群众文化活动品牌不断创新发展，充满着蓬勃的生机活力。

（四）群众文化活动新品牌不断涌现

在各级文化馆人精心策划、用心打造下，全国各地涌现了一批群众文化活动新品牌。这些群众文化活动新品牌，源于对人民群众新时代精神文化需求的精准把握，源于文化馆人对公共文化服务品质的执着追求。

一是助力脱贫攻坚，推进乡村振兴。文化和旅游部组织开展的 2020 年全国文化和旅游志愿服务项目线上大赛中，涌现了一批具有创新亮点、成效显著的文化和旅游志愿服务项目，具有很强的示范引领作用和推广价值，其中值得关注且非常有创意的是 2020 年 8 月 23 日启动的"央视频号·文化志愿者专列"项目，文化志愿者专列陆续开进贵州、甘肃等地的全国 52 个贫困县，以"移动直播 + 短视频"方式，带人们看绿水青山，品家乡美食，享地域风俗，传承非遗文化，助力贫困地区文化旅游资源推介。这个志愿服务项目品牌，把文旅志愿服务与互联网直播相结合，与乡村振兴、脱贫攻坚相结合，把优质文艺演出与直播带货、推动贫困地区脱贫致富相结合，是我国文旅志愿服务创新实践的最新样本。

二是关注青年文化需求，帮助青年艺术家圆梦。东莞市文化馆策划开展的青年艺术家圆梦行动始于 2017 年，以青年艺术家为服务核心，培养东莞优秀青年艺术人才。2019 年最终共评选出 16 人（组）入围圆梦行动；2020 年共评选出青年艺术家 17 人（组）。东莞市文化馆为入围圆梦行动的青年艺术家组织专场演出、展览，展示青年艺术家的艺术才华和文化风采。东莞市青年艺术家圆梦行动使青年艺术家在展示和交流中提升了艺术水平，获得了更高的知名度，影响更多的年轻人爱上艺术、投身艺术。与东莞市青年艺术家圆梦行动品牌的策划初心相同，天津市群众艺术馆面向大学生等青年群体，策划开展"青年梦想家"系列活动，内容涉及话剧、舞蹈、动漫、民谣、曲艺、电竞等，"梦想家"系列活动就是为年轻人打造专属舞台，打造深受京津地区大学生等青年群体喜爱的群众文化活动品牌。2019 年，梦想青年欢乐季之京津冀大学生相声展演季和大学生戏剧节专场演出合计 23 场，累积了深厚的观众基础和良好口碑。

三是借力新媒体，培育乡村网红。在全民摄影时代，手机摄影赛事逐渐兴起，浙江省文化馆"美好生活"手机摄影大赛等延续多年的赛事活动，成为群众文化活动品牌。在新媒体迅速发展的今天，乡村艺术网红的培育，对于各级文化馆来说，是一项全新的任务，湖南省文化馆 2020 年策划开展的"文旅乡村好韵味、网红带你逛潇湘"乡村网红赛事，东莞市文化馆 2020 年策划开展"抖音流量王"网红才艺大赛，虽然都是近年来策划开展的乡村网红才艺展示活动，作为品牌来说还需要时间的淬炼，但几年之后它们是否能孵化成在线上线下都具有影响力的群众文化活动品牌，值得期待。

二、我国群众文化活动品牌的特点

2019—2020 年我国群众文化活动品牌，既有群众文化活动品牌固有的显著特色，也有新时代特有的品质特征。

（一）从表现主题看，具有配合中心、服务大局的特点

配合中心、服务大局，以文艺形式宣传党和国家的方针政策，宣传我国政治经济文化社会各方面取得的重大成就，是我国文化馆重要的工作职能，也是群众文化活动品牌的鲜明特点。

2019 年正值新中国成立 70 周年，各级文化馆紧紧围绕国庆这个主题，将群众文化活动品牌与新中国 70 华诞有机结合，用文艺形式生动展现在中国共产党领导下国家取得的辉煌成就，生动展示中国人民追求幸福生活拼搏进取的精神风貌。无论是首都，还是在边疆，2019 年群众文化活动的最强音，是歌唱祖国，以文艺表达人民群众热爱祖国的赤子之情。由内蒙古、广西、宁夏、新疆、西藏五个少数民族自治区共同参与的第四届"民族之花别样红"文化活动品牌，以航拍摄影展和文艺汇演，展示新中国成立 70 年来边疆民族地区取得的辉煌成就，生动展现出各少数民族文艺事业取得的巨大进步，抒发各民族儿女对于祖国的热爱之情。

2020 年初新冠肺炎疫情暴发，疫情防控下，我国各级文化馆人在活动主题策划上，把致敬逆行的抗疫英雄、弘扬伟大的爱国主义精神，作为许多群众文化活动的主题，创作了数量可观的专题文艺作品，展现了众志成城、共克时艰的磅礴

力量。

群众文化活动品牌在表现主题与内容策划中，紧密结合党和政府的中心工作，既是各级文化馆人的责任担当，也是群众文化活动品牌的优良传统。弘扬主旋律、提倡正能量，是群众文化活动品牌历久弥新的表现主题。

（二）从表现形式看，具有线上线下紧密结合的特点

2020 年初新冠肺炎疫情暴发的最初几个月里，出于疫情防控的要求，全国各地文化馆场馆服务暂停，着力拓展基于网站和新媒体平台的公共文化服务，取得了显著的成效。以往文化馆大多以组织开展大型群众性文化活动见长，群众文化活动品牌以群众广泛参与、活动场面壮观取胜，疫情防控的要求使得群众文化活动品牌的组织策划者，将过去的现场活动与线上直播相结合的形式转型为在线的网络直播。

在活动现场不能人群集聚的情况下，群众文化活动品牌探索互联网直播，丰富疫情防控期间人们宅家的精神文化生活。2020 年 3 月上海市民文化节启动日的所有文化活动，全部在互联网平台上展示，12 个小时互联网直播，吸引了超过千万的市民在网上观赏与参与。浙江台州、四川成都、广东惠州等市文化馆，在疫情防控时期利用钉钉直播、抖音直播等手段，进行网络艺术培训；艺术慕课结合文化社群的运行，孵化了不少优秀的群众文艺团队。群众文化活动品牌借助于数字化手段，经过这一特殊时期的催化，形成了新的品牌亮点。

2020 年疫情防控的特殊背景，各级文化馆对数字化服务重要性有了很深刻的认识，促进了群众文化活动品牌现场展示与网络直播相结合，并逐渐成为常态化的现象。

（三）从发展走向看，具有文化和旅游有机融合的特点

文化和旅游部成立后，坚持"宜融则融，能融尽融"原则，大力推进文化和旅游融合高质量发展。文化和旅游融合发展，既是时代大课题，又是发展新任务。各级文化馆既看到文化事业与旅游业有各自的发展规律，又从实际出发，做到科学融合、有序融合，以文化丰富旅游内涵，以旅游扩大文化传播。2019—

2020 年，我国群众文化活动品牌在文化旅游融合方面，进行积极的探索。

宁波市文化馆策划举办的阿拉音乐节之"阿拉宁波欢迎您"大型文艺晚会，以裸眼 3D 全景方式，向近万名长三角游客和旅游商推介宁波旅游的精华。成都市文化馆着眼文旅融合趋势，2018 年 4 月策划推出的"街头艺人展演"，项目在旅游景区、音乐小镇、音乐园区设置表演点位，丰富市民和游客的文化体验，成为旅游城市独特的文化风景，增添成都的城市文化内涵，推动文化和旅游融合发展。

云南省丽江市文化馆策划的"百名摄影家拍丽江""百名画家画丽江"，青岛市文化馆的"艺术彩虹"文化志愿服务进景区系列活动，湖南省文化馆的"乡村文旅好韵味，网红带你逛潇湘"等一批群众文化活动品牌，则是将全民艺术普及与旅游宣传推广有机结合，也体现了群众文化活动品牌与旅游融合的新动向。

（四）从审美趋势看，具有文化艺术品质引领的特点

群众文化活动以人民群众为主体，是人民群众自娱自乐、展示自我的文化舞台，展演的节目有着鲜明的草根性，是全民艺术普及活动的重要组成部分。然而在新时代，人民群众多样化、个性化、品质化的文化需求，使这一阶段的群众文化活动品牌，在审美趋势上，越来越突显出文化艺术品质引领的特点。

文化馆组织优秀艺术分享活动，在优秀传统文化分享和高雅艺术欣赏的过程中，让广大群众在潜移默化中接受文化艺术的熏陶，提升传统文化素养，提高艺术鉴赏能力。在不断推进艺术普及的基础上，各地文化馆越来越重视艺术提高，在群众文化活动品牌建设中，把文化艺术品质作为文化活动品牌策划与持续发展的重要考量。台州市文化馆的"周二艺术影院"精选国内外优秀艺术电影，举办欣赏分享活动，提高青年人的艺术鉴赏能力；深圳市南山区文化馆的"诗与城"诗歌艺术系列活动，每期邀请 1—2 位嘉宾，通过诗歌分享、对谈、朗诵，探寻诗人与城市、诗歌与城市的情感关系，结合现场音乐或书画摄影等艺术手段，为观众呈现一个诗意的空间，让人们在诗情画意的氛围中，提高艺术审美品位。东莞市文化馆的"青年艺术家圆梦行动"，在 2019 年、2020 年通过规范的申报、评审机制，为 33 个（组）青年艺术家搭建艺术展示的平台，展示了这些青年艺术

家在艺术创作与表演方面的最新探索，具有典型的示范性，体现了文化艺术品质引领的特点。

（五）从供给主体看，具有政府主导社会参与的特点

公共文化服务是由政府主导、社会力量参与，以满足公民基本文化需求为主要目的而提供的公共文化设施、文化产品、文化活动以及其他相关服务。打造全方位、多层次、广覆盖的公共文化服务体系，满足人民群众多样化、个性化和高品质的文化需求，仅仅依靠政府的力量是远远不够的，只有社会力量参与的积极性被充分激发，公共文化服务才能真正发挥出强大的活力。

从群众文化活动品牌供给主体来考察，越来越呈现出政府主导下社会力量积极参与的特点。社会力量的积极参与，缓解了人民群众美好生活的需求与公共文化机构人员编制有限的矛盾，为人民群众多样化、个性化的文化需求，提供了更多的服务可能性。在文化志愿服务活动品牌方面，社会力量积极参与最为突出。浙江省文化馆的"丝路心语爱心桥"文旅国际志愿服务系列活动品牌，参与文化志愿服务活动的志愿者来自在浙江的外国青年留学生；山东省文化馆的新时代文明实践"暖阳春苗"文化志愿服务走进乡村学校少年宫项目，曾获得文化和旅游部2020年志愿服务项目大赛的奖项，文化志愿者都来自面向社会的公开招募，这些文化志愿者深入乡村少年宫进行艺术辅导，帮助乡村孩子们圆一个文艺梦，缓解了乡村学校艺术师资缺乏的问题，在促进城乡少年儿童公共文化服务均等化方面，起到了积极的作用。正是社会力量的参与，成就了文化志愿服务活动品牌。

群众文化活动品牌的社会力量参与，还体现在公共文化空间的拓展上。"美好生活"长三角公共文化空间评选活动中，获奖的百佳公共文化空间，其中就有不少是公共文化服务机构之外的社会力量打造的；温州市社会力量参与的"文化驿站"建设，把全民艺术普及的空间从文化馆向社会拓展，整合社会文化人才资源，在有颜值、有品位的"文化驿站"，开展艺术分享活动，使广大市民就近便捷地享受公共文化服务。

社会力量的积极参与，使得群众文化活动品牌越来越显示出蓬勃的活力。从2019—2020年群众文化活动品牌发展态势来考察，这一趋势愈发明显。

三、我国群众文化活动品牌发展趋势

群众文化活动品牌根植于人民群众火热的生活，深受人民群众的普遍喜爱，有着强大的生命力。展望未来，在大力推进现代公共文化服务体系建设中，在奋力建设社会主义文化强国的征程中，我国群众文化活动品牌将得到进一步的创新发展。

我国群众文化活动品牌发展的趋势，可以概括为几个方面：价值引领、不忘初心，自觉弘扬核心价值观；数字赋能、发力新媒体，扩大品牌影响力；促进均等、普及提高并重，成就品牌美誉度。

（一）价值引领、不忘初心，自觉弘扬核心价值观

群众文化领域是意识形态工作的重要领域，群众文化活动是弘扬社会主义核心价值观、传播社会主义先进文化的重要载体。各级文化馆人将不忘初心、牢记使命、勇于担当、守土有责，在意识形态工作中继续发挥主力军的作用，使群众文化活动成为开展意识形态建设的重要阵地。

群众文化活动品牌的未来发展趋势，是继续高扬中国特色社会主义理论，弘扬社会主义核心价值观，唱响主旋律，传播正能量。群众文化活动品牌扎根人民群众，贴近生活、贴近实际，通过优秀文艺作品的展演展示和传统文化分享，传承中华民族优秀传统文化和价值观念，展示中国人民在民族复兴之路上积极进取的精神风貌，在潜移默化中向人民群众传播社会主义核心价值观。

2021年恰逢中国共产党成立100周年，各地群众文化活动品牌将聚焦建党百年文艺庆祝活动，根据各个文化活动品牌特点策划开展一系列群众文化活动，以丰富的艺术形式和饱满的精神内涵，礼赞中国共产党百年的光辉历程与历史成就，展现共产党人信仰的力量、真理的力量、人格的力量、奋斗的力量，引导广大党员干部群众充分认识中国共产党的领导是历史的选择、人民的选择，进一步增强中华民族的凝聚力和向心力，凝聚起全国各族人民开启全面建设社会主义现代化国家新征程，向着第二个百年目标奋进的精神力量。

旗帜鲜明坚持正确的政治方向、舆论导向、价值取向，这是群众文化活动品牌的传统优势，也是群众文化活动品牌发展方向性的趋势。

（二）数字赋能、发力新媒体，扩大品牌影响力

互联网是当今最具发展活力的领域，推进数字化是公共文化服务提质增效的重要路径。数字化传播方式为公共文化服务打开了新的发展空间，特别是 2020 年初的疫情，使各级文化馆充分认识到数字化服务的极其重要性，改变传统的文化馆服务模式，公共文化服务呈现出数字化的发展态势。

在移动互联网时代，文化馆网站的效能发挥有一定的局限，微博、微信公众号，还有抖音、快手、央视频、B 站等视频类新媒体的崛起，为群众文化活动品牌的效能提升，提供了更多的可能性。尤其是视频类的新媒体，更适合群众文化活动的视觉呈现，更有助于群众文化活动品牌的传播。

群众文化活动品牌的未来发展趋势，将是充分发挥数字化服务的优势，发力新媒体，持续扩大文化活动品牌的影响力，拓宽文化活动品牌的覆盖面各级文化馆将主动把握新媒体时代的新机遇，逐渐探索全媒体传播方式，发挥移动互联网的信息传播优势，建立群众文化活动品牌的新传播模式。

相信我国各地文化馆未来将更有意识运用新媒体，探索全媒体的传播推广，根据不同新媒体平台的运营特点，进行平台运营、品牌运行和内容运营，着力构建富有吸引力、感染力的群众文化活动品牌传播体系，扩大群众文化活动品牌的新媒体传播，不断提高用户的黏性，提高文化活动品牌的群众参与度，增加人民群众的文化获得感。

（三）促进均等、普及提高并重，成就品牌美誉度

公共文化服务均等化，促进全民艺术普及，是文化馆文化服务公益性的体现。在公共文化服务现代化的进程中，以标准化推进公共文化服务均等化，以数字化提升公共文化服务效能，促进全民共享公共文化发展成果，这是文化馆的职责和使命。

公共文化服务均等化的导向，与群众文化活动品牌的服务指向不谋而合。未

来群众文化活动品牌策划与建设，在聚焦文化活动受益群体的时候，将会进一步重视留守儿童、进城务工人员、残疾人、老年人等不同群体的文化需求，重视农村群众的文化需求，开展精准化、个性化的群众文化活动，丰富广大群众的精神文化生活。在文化志愿服务活动中，这一特点体现得更为显著，在实践中形成富有特色、充满关爱的文化志愿服务活动品牌。

公共文化服务均等化的导向，将促进群众文化活动品牌建设与数字化的融合，以数字化平台、数字化手段，扩大优质文化资源、数字文化服务的受益人群，激发文化活动品牌的群众参与，促进城乡文化均等，促进不同地区的公共文化服务均等化，促进群众文化活动品牌的共享。

公共文化服务的均等化，不仅仅意味着公共文化服务的广覆盖，还意味着新时代的文化馆必须从人民群众美好生活需要出发，以社会主义先进文化为引领，通过群众文化活动品牌建设，提高公共文化服务品质，提升人民群众的审美能力与艺术鉴赏水平。

"十四五"期间，我国文化馆事业进入高质量发展的新阶段，立足新发展阶段，贯彻新发展理念，构建新发展格局，相信我国群众文化活动品牌会有更高质量的发展。

文化馆总分馆制建设的新进展、新特点

彭泽明 *

文化馆总分馆制建设是中央确定的公共文化领域重点改革工作任务。2016年12月文化部等五部门印发《关于推进县级文化馆图书馆总分馆制建设的指导意见》，从国家层面对以县为单位，推进文化馆总分馆制建设作出总体部署。2019—2020年间，全国文化馆总分馆制建设持续推进，取得了新的积极成效，呈现了新的发展特点。

一、文化馆总分馆制建设的新进展

全国县级文化馆总分馆制规划建设任务数量为2454个。截至2019年3月底，已建有1530个，完成任务数的62%。在县级文化馆总分馆制建设总体稳步推进的态势下，文化和旅游部审时度势，在重庆市召开了全国公共文化领域重点改革任务暨旅游厕所革命工作现场推进会，通报了各地县级文化馆总分馆制建设进度，推出了一批文化馆总分馆制建设典型，分析了总分馆制建设存在的困难和原因，提出建设路径，加大推进力度，压实主体责任，下决心改革攻坚，这次会议后全国各地再发动、再落实，县级文化馆总分馆制建设快速推进。

---

* 彭泽明，西南政法大学政治与公共管理学院研究员，西南政法大学国家文化和旅游研究基地常务副主任兼秘书长，国家文化和旅游公共服务专家委员会委员，文化馆发展研究院学术委员。

截至 2020 年 12 月，全国有 2578 个县（市、区）建立了文化馆总分馆制，比图书馆总分馆制建立数 2397 个多 181 个，全面完成了县级文化馆总分馆制 2454 个的规划建设任务数，超出规划建设数 124 个，建成文化馆分馆数量超过 2 万个。我国广泛建立了县级文化馆总分馆制，实现了原文化部等五部门印发《关于推进县级文化馆图书馆总分馆制建设的指导意见》提出的"到 2020 年，全国具备条件的地区因地制宜建立起上下联通、服务优质、有效覆盖的县级文化馆总分馆制，广大基层群众享受的基本公共文化服务内容更加丰富，途径更加便捷，质量显著提升，均等化水平稳步提高"的工作目标。

县级文化馆总分馆制建设的实践，推动了城乡文化馆（站）公共文化服务一体建设，丰富了群众性文化活动，提高了文化馆（站）服务效能，扩大了文化馆（站）的社会影响力，不断提高广大人民群众对文化馆（站）的文化获得感、幸福感。

二、文化馆总分馆制建设的新特点

原文化部等五部门印发《关于推进县级文化馆图书馆总分馆制建设的指导意见》明确提出，"坚持因地制宜、试点先行，根据东中西地区实际，稳步推进、分类指导，及时总结建设经验，发挥典型示范作用，探索具有不同区域特点的总分馆制"。总结 2019—2020 年各地实践案例，文化馆总分馆制建设呈现以下新特点。

（一）建设区域分馆，强化总分馆组织体系的中间环节

文化馆总分馆制的基本架构是以县级文化馆为总馆，乡镇（街道）综合文化站为分馆，村（社区）基层综合性文化服务中心等为基层服务点。由于受乡镇（街道）行政建制的调整，乡镇（街道）越并越大，服务半径和服务人口不断增大。同时，就全国总体来说，县级文化馆人均每馆接近 14 人，有的文化馆仅有 5 人，人财物等资源"溢出效应"不够，加上有的地方受地理和交通的影响，总馆统筹管理分馆、总馆联动分馆发展存在困难，尤其是中西部地区更显突出。

以贵州省毕节市所辖的黔西市为例，黔西市文化馆从业人员 15 名（含在编人员 10 名），作为总馆，需一体建设 30 个乡镇（街道）分馆，加上黔西多山，总分馆之间实际山路距离往往数倍于直线距离。因此对于如何高效地完成对分馆的统一指导、统一培训、统一服务、统一管理，总馆"心有余而力不足"。恰好钟山镇综合文化站建筑面积达 920 平方米，室外文化活动广场 1.32 万平方米，处于国道旁，交通便利，连通周边 5 个乡镇，拥有在编文化工作者 5 名，所辖范围内共招募文化志愿者 50 名（其中 20 名享受财政补贴），馆藏图书 20531 册、电子图书 12000 册，有文体协会 5 个，具备辐射服务多个乡镇的硬件和软件条件。同时钟山镇是汉、彝、苗、白、布依、仡佬六个民族聚居乡镇，民族民俗节庆活动丰富，群众文化素养较高，对周边乡镇带动力强。面对这种情况，黔西市因地制宜，打破行政区划界线，在钟山镇试点设置区域分馆，亦称"区域分中心"。在总馆的统筹管理下，由钟山镇区域分馆承担对包括自己在内的 5 个乡镇分馆业务工作的统一指导、统一培训、统一服务、统一管理，要求区域分馆每周向总馆统计并汇报各分馆工作开展情况，定期组织区域内分馆召开工作会议和开展业务技能培训。同时，县级总馆定期派出专业人员到区域分馆指导，并担任"第一馆长"，加强区域分馆对分馆的调配权限；充分用好区域分馆较为充裕的人员力量，加强对分馆人员的培训，指导和充实分馆管理力量；区域分馆汇总区域内群众文化需求和设施设备需要，把区域内不能解决的问题提交总馆统筹解决，以人员、节目、设备按需配置为导向，最大限度地实现总分馆之间公共文化服务资源的合理流动。区域分馆切实发挥承上启下的作用，成为总分馆制的"枢纽"，弥补了总馆人员、资源的不足，有效畅通了总分馆制的良性运行，切实破解了县级文化馆总馆对乡镇分馆服务能力有限、可及性不够的难题。该做法符合《关于推动公共文化服务高质量发展的意见》所提出的"合理布局分馆建设，鼓励将若干人口集中，工作基础好的乡镇（街道）的综合文化站建设为覆盖周边乡镇（街道）的区域分中心"的要求，毕节市也将在全市推广钟山建立区域分馆的做法。

（二）建设特色分馆，加强总分馆公共文化服务供给有效对接

特色分馆，也称"主题分馆"，主要是根据区域内的经济、民族、教育、文化特色等状况，尤其是以受众人群的文化需求为导向，差异化设置各类型分馆，使分馆实现分众化。与总馆相比，特色分馆提供的公共文化服务更接地气，让更多的群众愿意、乐于享受和参与，并与人民群众的生产生活紧密相连，能够切实提高公共文化服务的覆盖面和适用性，提升分馆的公共文化服务效能。

四川省成都市武侯区文化馆建立了 5 个"特色分馆"，即簧门街 75 号国学分馆、倪家桥社区音乐分馆、蜀宫琴台国风分馆、师古堂琴社古琴分馆、秋拾书苑花艺分馆。簧门街 75 号国学分馆坚持发展传统文化精髓与非遗文传大师体验相结合的公益型文化聚落，既是文化活动中心，又超越于传统的文化模式——聚落文化、聚而落地；倪家桥社区音乐分馆根据居民的需求，以"微课堂"的方式开展活动，形成了"榕树下的课堂""花间诵读"等活动，还与小酒馆联合打造了院子文创园；蜀宫琴台国风分馆是以中国古乐为核心，以成都历史文化及自然资源为原创 IP 的具有创作交流、品鉴培训、展示服务功能的综合型文创产业及文创场景特色的体验馆；师古堂琴社古琴分馆以"一曲流水洗心，几多凡心师古，传承千年文化，抚弄素琴抱朴"为发展理念，以公益古琴教学为路径，将棋、书、画、诗、花、茶等传承融入其中，传承古琴文化、弘扬巴蜀文明；秋拾书苑花艺分馆是集中式插花、茶艺、古琴、古筝、中国香文化、书法为一体的文化服务培训中心，旨在传播中华优秀传统文化，为传统文化爱好者提供文艺服务培训。

河南省长葛市推进"一分馆一特色"建设，全市 16 个镇都结合本地实际打造各具特色的主题文化分馆，如坡胡镇红色教育文化馆、增福镇乡愁文化馆、南席镇老虎舞文化馆、佛尔湖镇蜂业文化馆等，为群众提供特色文化服务。重庆市江津区文化馆坚持政府主导，社会力量参与，打造了广场舞、戏剧、民俗等 10 个特色分馆。浙江省温州市把文化驿站作为特色分馆纳入文化馆总分馆体系建设，建立了以高雅艺术分享为主体内容的温州大剧院文化驿站，以体验传统节日习俗为主体内容的池上楼文化驿站，以电影介绍为主体内容的鹿城区文化馆文化驿站，以打造"廿四节气课堂"为主题内容的市少儿图书馆文化驿站，以弘扬传承当地诗歌文化为主体内容的乐清图书馆文化驿站等。四川省成都市金牛区依托学校建立特色分馆，如茶店子小学清音分馆、奥林小学书法分馆、人民北路小学武术分馆。广东省深圳市宝安区文化馆建立麦轩文化分馆、再生资源回收创意分馆。广东省广州市黄埔区文化馆在全省成立了首个儿童主题性的瑜源儿童分馆。为儿童和家长提供教育、观演、交流、体验的场地。

无特色就无生命力，特色分馆的建设是总分馆制的源头活水。特色分馆提供的服务就是"菜单式""订单式"服务，能够最大化地实现供需有效对接，使有限的财政资金发挥最大的效益。特色分馆是解决公共文化服务供需有效对接、增加公共文化产品和服务供给的重要举措。

（三）建设社会分馆，增强总分馆制建设活力

随着人民群众对美好生活的向往，原有的文化馆公共文化服务供给模式难以满足人民群众日益增长的精神文化需求。客观上讲，由于文化馆总分馆制建设受体制机制、人财物的制约，需要采取多种方式，大力引导和鼓励社会力量参与总分馆制建设。社会力量参与文化馆总分馆制建设，可以发挥"第三部门"的功能，它们在资源动员、服务提供、运营管理、扩大宣传等方面具有专业化的能力和独特的优势，能弥补政府在这方面的不足。政府通过购买服务、合作经营、减免税费、表彰奖励等方式，能调动社会力量参与文化馆总分馆制建设的积极性，有助于形成开放多元、充满活力的文化馆总分馆制供给体系，增强总分馆制建设活力和新动能。

目前，各地在探索社会分馆建设上取得了较好成效。深圳市盐田区文化馆社会分馆建设实行申报评选产生，其申报条件和要求包括：（1）辖区内有条件的学校、科研机构、企业、社会组织等设立的，提供公共文化产品和公共文化服务的文化场馆可提出申报。（2）用于开展公共文化服务的场馆面积应不少于 200 平方米，基本功能空间设置合理，配置开展公共文化服务必需的设备、器材和相关文化资源。（3）场馆实施免费开放，免费开放时间需向社会公告。（4）场馆应具备至少一项下列功能或服务，即：①举办各类展览、讲座培训等，普及科学文化知识，开展社会教育，提高群众文化素质，促进精神文明建设；②组织开展丰富多彩的、群众喜闻乐见的文化活动；③指导群众开展艺术普及工作，促进"全民艺术普及"。盐田区文化馆建立了社会化的"环保文化分馆""健康文化分馆""钱币文化分馆""习学文化分馆""传统文化分馆"等。盐田区文化馆还将各社会分

馆列入盐田全域全景旅游地图、盐田手绘文化地图，让文化资源产生引流效应，助推社会分馆与辖区文化旅游、工业、健康等产业有机融合、联动发展。

四川省成都高新区在文化馆总分馆制建设的社会化实践中，吸引"三类社会力量"参与分馆建设，形成"三种办馆模式"：（1）成都高新区引入社会组织全面参与分馆运营，为进城务工青年打造了轻松愉悦的城市文化空间；（2）吸引国有文化企业出资运营分馆，为社区居民提供了资源丰富、服务优质的文化超市；（3）动员社会民营企业运营分馆，打造政府并联企业力量、精准对接文化需求的文化家园。文化馆总分馆制建设盘活了政府公建配套和社会闲置场馆两类设施，提高了高新区公共文化服务的专业化水平。此外，成都高新区通过政府搭建平台，鼓励和引导社会力量参与公共文化服务，既确保了分馆服务的专业性，又赋予了市场活力，大大拉近了政府与群众、政府与企业、企业与员工、社区居民邻里之间的四种情感距离，增强了市民的归属感、参与感、获得感、幸福感。

重庆市大渡口区是我国最早提出建设文化馆总分馆制的地区。他们在继续深化文化馆总分馆制建设中，积极探索"合作共营"模式，本着总馆和分馆自愿、平等、融合、协商的原则，建立了万达广场文化分馆、兄弟装饰创意工场文化分馆、海天艺术学校分馆等民营文化分馆和消防支队、武警中队、重庆旅游学校、万家燕医院等行业文化分馆25个。安徽省马鞍山市文化馆面向基层征集"文化馆社会分馆"资源，经过层层推荐和现场查看，本着自愿互赢的原则，建立了"岁月之家"民俗档案馆、惊鸿美术馆、修存堂文化艺术中心、舞世家专业舞蹈培训中心社会分馆。

（四）总分馆建设与数字化结合，提高总分馆服务的可及性

随着数字化的快速发展，总分馆建设与数字化结合是深入推进文化馆总分馆制建设的需要。文化和旅游部、国家发展改革委、财政部《关于推动公共文化服务高质量发展的意见》把提升数字文化馆网络化、智能化服务水平，作为加快推进公共文化服务数字化的重要措施。文化馆总分馆数字化建设，一方面实现了分馆面向基层群众提供与总馆水平相当的基本服务，另一方面大大提高了分馆服务的可及性、覆盖面和适用性。

广东省东莞市文化馆作为全国第一批数字文化馆建设试点单位，通过建设一站式数字服务共享平台"文化莞家"，将推进数字文化馆与总分馆建设工作"合二为一"。通过线上活动带动线下活动，将以往各镇（街道）的闭合的活动"内循环"，转变为上下联通、全市一盘棋的全域活动"大循环"，形成共建共享的数字化服务新模式。积极推动各分馆利用"文化莞家"平台和微信公众号，提前做好活动信息的线上预告、门票预订和培训在线报名、签到等，做好展览资源和活动视频的收集整理和上线展示。利用大数据统计功能，做好"文化莞家"平台总分馆服务情况的数据统计和展示，做好线上交互数据和场馆到馆人次统计等数据的汇总。截至 2020 年 12 月，"文化莞家"网站平台访问量达 1135.7 万次，注册用户约 8.9 万人，活动发布 4884 场次，发布培训 1924 场次，文化资讯已发布 1147 篇，音视频资源发布 1295 个。与此同时，2020 年 4 月，推进建设"南方＋东莞云上文化馆"，东莞市文化馆联合"南方＋"，在拥有 6500 万用户的"南方＋"新闻客户端上，创新开通"东莞云上文化馆"频道，推出文化馆 2020 年十大品牌项目线上服务，包括文化四季、走进艺术、圆梦东莞、云赏非遗、艺起看展、莞艺之声等，通过这一信息平台，广大群众只需要运用手机、电脑终端，就可以一站式了解全市各类文化活动信息，预约文化活动，享受文化服务，并进行评价和意见反馈，打通了文化馆公共文化服务的"最后一公里"。截至 2020 年 12 月底，"南方＋东莞云上文化馆"已开展直播、投票、活动报道等 172 场次，浏览量超过 206 万次。

江西省宜丰县文化馆数字总分馆服务平台按照《数字文化建设标准规范》，以全民艺术普及为重点，通过文化馆总分馆制，整合区域内群众文化艺术资源，加强对县域内文化活动、文艺创作、文艺辅导、送戏下乡、队伍培训以及演出设备调配等方面的统筹。建立起以宜丰县文化馆为总馆，16 个乡镇综合文化站为分馆的包含信息资讯、资源展示、活动展示、文化直播、全民艺术普及平台以及总分馆文化地图集群、总分馆微信端等的服务平台。

浙江省宁波市鄞州区从硬件设施、软件服务、资源建设和科学管理 4 个方面着手，创新构建了"总分馆＋"模式，以数字化、网络化、实体化为建设导向，联通区、镇、村和社会机构的文化馆数字化资源，融合线上线下，实现阵地、平台、资源、人员整合，成功打造出数字文化馆总分馆体系。以总馆"中央课堂"为统领，推进基于"云平台"的视频、图像、音频、文字等信息在线传输，建立区文化馆总馆"数字文化教室"，实现总分馆优质公共文化教学资源"同步共享、同时共享、反复共享"。对总馆开播的教学课程，各分馆实时同步放送，学员可在各分馆参与学习交流，相关教学资料可在课后永久存储于云端，供随时下载学习。"中央课堂"自 2020 年 3 月以来，每周开播两期，涉及甬剧、越剧、琵琶、舞蹈等多种门类，已播出直播课程 50 期，首播观看量即达 3000 余人，单次最高观看量超过 4000 人，线上直播课堂累计实时观看人数总量超过 10 万，互动量超过 30 万条，此外还建立了 7 个微信粉丝群，累计粉丝近 2500 个。以总馆为中心枢纽，对上实现与中央、省、市各级文化部门数字文化资源平台全面衔接，对下实现与各分馆数字资源的畅通对接，横向实现与其他政府部门、工青妇群团组织及相关社会力量的融合对接。将总馆及各分馆的优质文化服务项目、培训课程、活动内容等数字化整合至本地文化资源库，形成纵横交错、全面覆盖、特色明显的数字文化资源体系，方便群众随时浏览、下载、学习。

（五）创新管理模式，推动总分馆制由传统管理向现代管理转型

管理就是服务，管理出效益。由于无学科支撑，相比图书馆、博物馆而言，我国文化馆（站、室）管理显得薄弱，管理内容、手段和制度显得较为传统，与文化馆（站、室）的治理体系和治理能力现代化还有较大差距。从文化馆总分馆制建设的实践来看，文化馆总分馆制建设促进了管理模式的创新，各地创新探索出多种办法，推动了总分馆制由传统管理向现代管理转型，提升了总分馆制建设的管理水平。

强化总分馆工作制度建设。为有效保障文化馆总分馆制的落实，加强总分馆之间的有效交流及统一全市公共文化服务标准，广东省东莞市文化馆制定了《东莞市文化馆总分馆馆长联席会议制度》《东莞市文化馆总分馆服务标准》《文化支馆和基层服务点服务标准》等制度标准，规范管理，整合资源，形成品牌共建、业务联动的总分馆运行体系。深圳市盐田区文化馆制定出台《盐田区文化馆社会分馆暂行管理办法》，促进社会分馆服务规范化、标准化。上海嘉定区、河北沧

州市等地配套出台了分馆建设标准、管理办法，编制了操作手册，强化政策的实用性，解决了基层操作层面的难题。

加强分馆下派人员的管理。浙江省宁波市鄞州区文化馆制定出台《基层公共文化下派员服务规范》，下派员与各镇（街道）综合文化站签订结对服务合约，以量化的形式明确每位文化下派员的服务内容和职责，通过与所联文化站每周一次的实地蹲点服务和每周数次的网络平台沟通两种形式，与各镇（街道）文化站建立常态沟通机制。定期召开下派员联席会议，共同对文化下派员的服务绩效进行考核。

实行总馆对分馆集团式指导。基于总馆业务人员有限的实际情况，重庆市巴南区通过实施文化馆总分馆制"阳光计划"，成立了 4 个由总馆业务干部、文艺骨干、志愿者等人员组成的"阳光使者"小组，分片区对分馆进行业务指导。

建立总馆向分馆提供活动项目清单制。四川省成都市武侯区文化馆总馆年初制定全年工作规划，召集各街道分馆举办群文工作研讨会，安排部署全年群众文化活动开展情况，制定出下沉文化活动清单，各分馆、支馆根据自身情况，向总馆提出申请，将有意向的文化活动引入基层，与总馆共同举办，提升分馆开展文化活动的水平，促进公共文化服务一体发展。

加大对分馆的投入保障。广东省东莞市财政对开展总分馆制建设的镇（街）、园区分馆给予一次性经费补助，补助资金主要用于分馆装修和设施设备购建。补助分为四个档次。第一档：分馆面积在 4000 平方米以上且新增投入大于等于 150 万元（含装修和设施设备），市财政补助 75 万元；第二档：分馆面积在 3000—4000（含）平方米且新增投入大于等于 100 万元（含装修和设施设备），市财政补助 50 万元；第三档：分馆面积在 2000—3000（含）平方米且新增投入大于等于 50 万元（含装修和设施设备），市财政补助 25 万元；第四档：分馆面积在 2000 平方米及以下的，市财政补助 10 万元；面积和新增投入无法同时满足相应档次条件时，按照下一档次进行补助。广东省深圳市盐田区将各社会分馆开展群众文化活动的经费列入盐田区文化馆年度预算，确保社会分馆有效运行。

实行总分馆制建设社会化运营。武侯区文化馆针对编制紧张、无力承担总分馆制建设运营的客观实际，构建以"政府主导、社会力量运营、第三方监督"为模式，以区文化馆为总馆，街道综合文化活动中心、社会化公共文化服务设施、公建配套阵地为分馆，重点建设具有武侯区特色的"普惠分馆""特色分馆""直属分馆"的文化馆总分馆服务体系，形成"设施成网、资源共享、人员互通、服务联动"的网络体系。

加强文化馆总分馆"互联网+"管理。2017年7月，文化部印发《"十三五"时期公共数字文化建设规划》明确提出：建立业务管理信息化系统，并纳入公共数字文化建设的重要内容。加强文化馆总分馆"互联网+"管理，是文化馆总分馆制建设的根基，是总馆对分馆有效管理的必然选择，对于促进分馆提质增效有着十分重要的作用。河南省许昌市结合深入贯彻落实《文化和旅游部办公厅关于开展乡镇综合文化站专项治理工作的通知》精神，绕开分馆的管理体制，以数字化为抓手，以管理业务活动为核心，探索文化馆总分馆"互联网+管理"新路子，构建了专业性强、标准统一、互联互通、数据真实的文化馆总分馆"互联网+"管理平台。平台通过建设"活动方案、领导审批、活动实施、活动总结、满意度测评"等数据，推动了分馆业务工作的流程化、规范化、标准化建设；各级总馆通过电脑和手机，随时可以进入分馆平台，对分馆开展的业务工作进行线上巡查指导，发现问题及时沟通处理，减少了会务和现场检查，极大地节约了行政成本，真正做到了让数据多"跑腿"，让分馆少"跑路"，有效促使各分馆设施开放正常化、业务活动常态化。按照平台对分馆数据自动排序的情况，总馆每季度通报分馆服务情况，使分馆产生工作压力，"无活动无数据，无数据无服务，无服务无效能"，从而使分馆自加压力，促进了公共文化服务效能的明显提高。

文化馆总分馆制建设尽管取得了明显成效，但仍在路上。在新阶段、新理念、新格局背景下，文化馆总分馆制建设依然要砥砺前行，要进一步结合新时代文化馆发展规律，因地制宜，分类指导，勇于创新，敢于克难。要综合考虑当地经济社会发展水平、自然条件、人口分布和文化基础等因素，合理确定分馆的布局、规模和标准，不搞乡乡全覆盖，严禁"挂牌式"分馆，探索具有不同区域特点的总分馆制，提高分馆建设实效，注重内涵品质，促进文化馆（站）高质量发展，不断满足广大群众对美好生活的新期待。

文化馆社会化发展的亮点与特点

张广钦　余　慧　王维波[*]

自 2015 年中办、国办出台《关于加快构建现代公共文化服务体系的意见》以及国务院办公厅转发原文化部等部门制定的《并于做好政府向社会力量购买公共文化服务工作的意见》（国办发〔2015〕37 号）以来，文化馆社会化建设进程稳步推进。2019 年，中国共产党十九届四中全会审议通过的《中共中央关于坚持和完善中国特色社会主义制度、推进国家治理体系和治理能力现代化若干重大问题的决定》中，再次提出"鼓励社会力量参与公共文化服务体系建设"，为文化馆社会化建设指明了新的发展方向。同年，国家发展改革委等部门发布《加大力度推动社会领域公共服务补短板强弱项提质量促进形成强大国内市场的行动方案》（发改社会〔2019〕0160 号）明确指出要"提高公共文化服务效能……引入社会化机制，以政府购买服务等方式引导更多主体参与公共文化服务，定期开展全国性公共文化产品采购大会，实现供需对接"。这些政策为文化馆持续推进社会化发展提供了保证。

2018 年底之前，文化馆社会化发展从无到有、从少到多、由点到面，可以说是"遍地开花"，覆盖政府购买、志愿服务、社会捐助、政社合作、文旅融合等

---

[*]　张广钦,北京大学信息管理系副教授,北京大学国家现代公共文化研究中心副主任,文化馆发展研究院学术委员。

余慧,北京大学信息管理系硕士研究生。

王维波,北京市文化馆馆长。

方面，主要涉及文化馆场馆的运营管理、部分业务外包、数字文化服务的提供、文化馆服务网络建设（总分馆制以及"文化驿站"等）、搭建公共文化产品交易平台、第三方评估等领域。可以看出，文化馆社会化的范围非常广泛，为深入开展社会化建设积累了经验。2019—2020 年间，文化馆社会化稳步推进，呈现出从量到质的变化，社会化重点向内涵式、高质量发展转移。

一、文化馆社会化发展的亮点

以高质量发展为目标，文化馆社会化建设不再追求面上的扩大，而是在原有基础上注重内涵挖掘，通过社会化手段提升文化馆业务品质、构建高品质的设施网络与服务体系、开展质量评估以及搭建公共文化产品和服务供需对接平台。

（一）基层公共文化设施社会化管理运营向规范化、品位化纵深发展

基层公共文化设施社会化管理运营是文化馆社会化最早开始的实践领域之一，2019—2020 年稳步推进，全国各地开展部分或者整体外包管理运营的基层综合性文化服务中心也越来越多，重点关注资源导入问题，将设施空间、人员、服务等市场要素引入文化设施，尚属初步尝试。随着公共文化服务高质量发展的新要求，有的地区配合城市发展在盘活资源、场景打造、制度建设等方面加大社会化改革力度，使基层综合性文化服务中心社会化不再是"是不是、有没有"的问题，而向"（环境与服务）好不好、（水平）高不高"发展，向提升服务效能、打造最美空间与服务的目标进发。

北京市东城区于 2020 年着手制定《北京市东城区公共文化设施社会化运营指导意见》，对政府购买公共文化服务"一年一申报、一年一招标"的规定、公益服务与优惠服务设计等方面进一步尝试政策突破，致力于激发各类社会主体参与公共文化服务的积极性和创造力，增强公共文化机构的活力。在城市更新中，结合北京市老城区、核心区的特点，盘活空间资源、整合服务资源，利用各类腾退空间，引入社会力量进行创意、运营，打造文化服务新场景，催生了一批"最北京"特色的百姓身边的公共文化空间。以美后肆时、角楼图书馆、27 号院社会

活力空间、朝阳门社区文化生活馆等各具特色的公共文化空间为代表的基层文化设施，遍布北京东城大地，高质量的公共文化设施网络基本实现全覆盖。

以高质量的设施为基础，东城区积极探索新时期基层公共文化设施管理运营质量提升的新思路、新举措，以创新发展为统领，以文化综合体为建设目标，突出文化聚合能力建设，以跨界思维优化资源配置，强化现代化传播理念运用，重塑公共文化空间，营造跨区域服务的"市民文化活力空间"和文化美学场所。利用大数据、互联网等手段扩大受众群体范围，建立多样化的需求表达机制和多渠道的供给参与机制。以美后肆时（景山街道综合文化中心）运营团队为代表的新型社会化承接主体，提出基层公共文化中心管理运营体系，为科学管理、品质服务提供了理论遵循。这套管理运营体系包括：建立模块化、标准化、流程化的方法体系，实现高效率全价值链运营服务；建立多渠道、标签化、品牌化的传播体系，实现广泛化全矩阵品牌辐射；建立集成式、高层次、品牌化的合作体系，建立共创共建的文化生态社区；建立 IP 化、板块化、主题化的活动体系，提供场景式特色化文化体验服务；建立互联网、智慧化、智能化的工具体系，及时数据反馈保障运营效率；建立精准化、分时段、全覆盖的服务体系，提高公共文化服务供给质量。

正确的理念、明确的目标、清晰的思路、科学的体系为东城不断提升基层公共文化设施社会化管理运营水平，建设高品质的基层公共文化设施网络、服务体系奠定了坚实基础。

（二）依托社会力量提供高品质的公共文化服务

文化馆充分发挥本地区高级文艺人才以及优秀文艺培训机构荟萃的优势，积极吸引社会力量参与，整合社会文化资源，为公众提供免费或公益性的高品质文化惠民服务。

1. 升级打造跨地域式艺术家下基层培育基地

2018 年 7 月 10 日，北京市朝阳区五乡一街文化联盟将现有艺术资源进行整合，在堡头地区创建了首个市级"中国艺术家基层惠民培育孵化基地"。基地成立后，通过慕课、成果交流展示、大师讲堂等多种形式，不断引导更多艺术家走进朝阳，更加广泛直接地服务大众，使朝阳更多的基层文艺爱好者得到高端艺术培育的惠民服务[①]。2019 年 12 月，第三家中国艺术家基层惠民培育孵化基地落户朝阳东风地区。东风地区的中部基地主要采取线上线下相结合的方式，为周边群众提供高质量的公共文化产品和公共文化服务。除了利用孵化基地专家资源库，带领艺术名家与百姓面对面交流，中部基地还特别引入了一台智能孵化器，包含了"戴你唱歌"项目团队多年研发的如公益讲堂、素养讲堂、大师讲堂等文化产品。通过一系列的大师讲堂等文化活动，让普通居民有了鉴赏和学习高端艺术的机会，提升了朝阳区中部地区的公共文化服务水平[②]。

除了在本地区设立惠民培育孵化基地外，朝阳区还与昆明市合作成立了"朝阳区中国艺术家基层惠民培育孵化基地"昆明文化中心，双方通过共享文化机制和资源，以政府主导、朝阳模式复制、社会力量参与、推动共赢发展的合作方式，引进戴玉强、张华敏等朝阳区文化人才库国家级、市级艺术家团队，在昆明开展区域全民艺术普及，包括人才培育、艺术培训、作品创作、成果展演等，加强昆明地区公共文化服务供给和队伍建设，带动地区艺术家资源库和人才队伍不断充实，活动不断丰富，推动双方共赢发展[③]。

2. 公益培训联盟评选优秀示范基地，疫情期间提供数字化课程

2018 年广州市文化馆整合群众文化艺术资源，联合全市 11 个区文化馆，把各种培训机构组织起来，推出了广州市公益培训联盟计划，为群众提供免费的公益文化培训，这是文化馆与社会力量相互合作、共同发展的一次新尝试。2019 年，广州市文化馆在联盟里评选出海珠区文化馆 SPEED 流行舞分馆 SPEED DANCE GROUP 广州极速街舞机构、黄埔雄鹰培训中心、番禺区哈街、增城区琴之岛文

---

① 朝阳区文化馆. 中国艺术家基层惠民培育孵化基地落户堡头地区文化中心 [EB/OL]. (2018-07-13) [2021-04-15]. https://mp.weixin.qq.com/s/Ztav6tAs-4minkcjO1k9sw.

② 第三批中国艺术家基层惠民培育孵化基地落户东风 [EB/OL]. (2019-12-09) [2021-03-25]. http://www.bjchy.gov.cn/dynamic/zwhd/8a24fe836e8810aa016ee892ea4346b9.html.

③ 昆明信息港. 中国艺术家基层惠民培育孵化基地昆明中心揭牌 [EB/OL]. (2020-07-29) [2021-04-25]. http://k.sina.com.cn/article_1667821284_6368eee402000svlb.html.

杨普慧. 中国艺术家基层惠民培育孵化基地昆明中心大展台大讲堂活动启动 [EB/OL]. (2020-12-02) [2021-04-25]. http://wl.km.gov.cn/c/2020-12-02/3763577.shtml.

化艺术培训中心四个优秀示范基地，打造特色化社会力量成员馆，一方面可以创出联盟品牌，引起社会公众的注意，另一方面可以为联盟成员机构树立榜样，提高联盟的品质。

2020 年疫情期间，广州市公益培训联盟创新公益课程开展的形式，以"线上＋线下"相结合，仍坚持不断地输送公益培训课程，保证特殊时期文化服务不停歇。线上联合 11 家机构开发出 88 节课程，线下则与 20 多家机构合作开展了 100 多次培训，服务市民近万人次；以创新的形式、活泼的教学，为市民搭建起了学习成长的良好平台，更是实践了"打通为民服务'最后一公里'"的理念，让群众能足不出户学本领，在家门口体验到优质的公共文化服务 [①]。

（三）为文化类社会组织搭建从孵化到推广的一站式服务平台

培育和规范文化类社会组织是扩大公共文化服务社会化参与主体的基础性工作，是创新公共文化服务的重要渠道。针对社会力量弱小、专业性不强等问题，以东莞市文化馆为代表的公共文化机构扶持文化类社会组织，成立社会组织孵化中心，免费提供场地设施、培训与交流的平台以及推广途径。为壮大社会力量，培育公共文化服务社会化承接主体提供了新的路径。

2020 年 11 月 26 日，由东莞市文化广电旅游体育局、东莞市社会组织事务中心指导，东莞市文化馆管理，东莞市文化志愿者协会执行运作的东莞市公共文化服务社会组织孵化中心成立，它是以东莞市文化馆为阵地而搭建起的东莞市公共文化服务社会组织"研究＋学习＋交流＋实践"平台。以培育优质合格公共文化社会服务主体为目标，孵化中心为入驻组织定制了全方位成长方案。

场地设施：东莞市文化馆提供 3 个中小型剧场和 30 间功能室。每年每个入驻孵化中心的社会组织有 3 次机会，可以申请免费使用场地，开展公共文化服务活动和相关工作。

业务培训：每年邀请国内公共文化服务领域专家、文化艺术名家等专业人士，为入驻组织开展系列公共文化服务政策解读、文化艺术、活动策划、宣传推

① 许晓蕾. 惠及近万人! 广州公益培训联盟创新课让百姓体验多元文化服务[EB / OL].（2020-12-02）[2021-03-25]. https://www.sohu.com/a/435774425_161795.

广、基层文化团队建设、艺术普及教育等与公共文化服务相关的业务技能培训，帮助社会组织了解公共文化服务行业、提高服务供给能力。

交流空间：定期在东莞市文化馆"汇合点当代艺术空间"举办入驻组织分享交流沙龙活动，了解社会组织参与公共文化服务困难和建议，促进社会组织之间的交流和碰撞，推动公共文化服务社会化项目创新发展。

实践项目：当年入驻组织可以学以致用，在东莞市文化馆专业人士指导下根据自身资源和特点，策划有特色的公共文化产品和服务，依托东莞市全民艺术普及行动计划和共享文化节等全市性品牌项目，以基层为重点广泛开展服务实践。

推广平台：推荐最终孵化合格的社会组织作为年底公共文化产品采购会优质参展商，在市级乃至省级"文采会"平台进行重点展示推广，助力社会组织后续常态化发展。

在一年的孵化期中，社会组织接受孵化中心为期一年的监管，东莞市文化馆要为孵化组织开展标准化、规范化、系统化的培训指导，使之全面掌握现代公共文化服务的各项标准和要求，并开展公共文化服务实践。社会组织在孵化合格后，需要在相关部门进行注册登记，成功注册发证后即被授予资质证书，纳入"合格社会文化服务主体推荐目录"，供社会及各单位主体进行选择[①]。

（四）通过社会化织密织美文化馆总分馆服务体系

依托社会力量拓展文化馆总分馆服务网络是公共文化服务高质量发展的必然选择。2019—2020年，文化馆在完善总分馆制、创新服务内容与形式、打造有特色、有品位的公共文化空间，扩大公共文化服务覆盖面，增强实效性方面，利用社会力量深化探索路径，创出一个个鲜活生动的案例。

1. 中山市"共享文化馆"与"邻里文化家"助力总分馆制建设

2019年，中山市出台《中山市共享文化馆试点建设实施方案》和《中山市住宅小区配套公共文化设施"邻里文化家"试点工作方案》，建立"共享文化馆"，引导特色的主题文化休闲场馆加入总分馆体系，为公众提供公共文化服务；打造

---

① 赵水平. 助力打造"品质文化之都"！东莞市公共文化服务社会组织孵化中心正式启动[EB/OL].（2020-11-27）[2021-04-16]. http://idg.timedg.com/p/21162986.html

"邻里文化家"，在社区内嵌入公共文化空间，打通公共文化服务"最后一面墙"。

（1）共享文化馆

2017年，中山市文化馆总分馆服务体系开始建设，依托市镇村三级公共文化服务机构建立覆盖全市24个镇区270个社区村居的纵向总分馆结构。2019年以来，中山市注重吸收社会力量，出台《中山市共享文化馆试点建设实施方案》，引导社会各具特色的主题文化休闲场馆参与公共文化服务供给，贯通体制内外资源，将一大批特色文化机构、社会组织纳入文化馆"朋友圈"，推进公共文化走向多元共享，从而建立起以市文化馆为总馆、共享文化馆为分馆、文化馆之友为服务点的横向总分馆结构，构成"一张网""全城通"的共享型纵横结构文化馆总分馆服务体系。

中山市还出台了相关补助资金管理办法，经过对各场馆的建设运营、服务提供、群众满意度等情况的综合评估，最终评选出A级共享文化馆6个、B级共享文化馆2个、C级共享文化馆3个。这11家首批共享文化馆试点，主要为特色化、主题化文化馆场馆，由市文化馆与他们签订服务协议，约定服务期限为两年，并根据评级给予相应的补助资金。他们在总馆的指导下结合自身经营业务、功能、特点，因地制宜提供个性化、主题式公共文化服务。

（2）邻里文化家

中山市于2019年出台《中山市住宅小区配套公共文化设施"邻里文化家"试点工作方案》，选取市内符合条件的居民住宅小区，利用其公建配套设施，通过政府主导、社会参与的方式建设新型嵌入式公共文化空间——邻里文化家，将公共文化服务资源延伸至住宅小区，打通公共文化服务"最后一面墙"，提高公共文化覆盖面，满足现代居住形态下居民就近参与公共文化活动、享受公益文化产品的需求。

邻里文化家主要由邻里自助图书馆、邻里文苑、邻里闲庭三个功能区组成，根据全市统一要求为小区住户和周边群众提供便捷、综合的公共文化服务项目。其中，邻里自助图书馆全天候为小区住户及群众提供借书、阅览、免费 Wi-Fi 等公共图书馆服务；邻里文苑是综合性文化活动场室，为居民提供文化交流、艺术培训、小微讲座等服务；邻里闲庭为住宅小区结合实际选择建设的项目，利用楼幢的架空层进行建设，用于小区邻里交流和文化休闲[①]。

2. 广州市营造小而美的基层公共文化服务空间

广州市文化广电旅游局整合社会资源，培育打造了融合公共阅读、文博艺术、跨界文化、餐饮休憩等功能，兼具公益性、开放性、现代性、便利性，富有科技感和设计感的复合型城市公共文化"样板间"，推动全市基层文化设施的"品质化、景点化、网红化、亲民化"升级，让公共空间更具艺术性，让公共服务深入城市肌理。2020年12月，为了扩大广州市特色群众文化服务的影响力，广州市文化馆携手广州日报举办了"广州最美基层公共文化服务空间评选"活动，评选出百姓身边最美基层公共文化服务空间，这些公共文化空间不但"好用"而且"好看"，达到内外兼修，功能性、审美性和公共性三者合一，真正做到了"小而美""小而精"，达到了公共文化设施的高品质化要求。

（五）全域基层综合文化中心全方位开展"社会化运营 + 评估"

基层公共文化设施社会化管理运营是文化馆社会化最早开展的领域，最近几年都在平稳发展。全域性的基层综合文化中心委托社会力量管理运营最早出现在成都市武侯区，但在2019—2020年间，北京市石景山区在全区9个街道同时开展社会化管理运营，并委托第三方机构定期进行服务效能评估，加强监管，建立起全方位的"社会化运营 + 评估"模式。这一方面得益于石景山区区域面积较小，全区仅有9个街道；另一方面受益于该区当时正在创建全国第四批公共文化服务体系示范区。

2018年4月，石景山获得第四批国家公共文化服务体系示范区创建资格。在创建第四批国家公共文化服务体系示范区进程中，石景山区将基层公共文化设施社会化运营作为推动现代公共文化服务体系建设提质增效、实现高质量发展的重要方式，引进专业机构运营全区各街道综合文化中心和部分社区文化室。截至2020年6月，石景山全区9个街道综合文化中心已全面启动社会化运营，每周开

---

① 广东省文化和旅游厅. 中山市开展共享文化馆和邻里文化家创新项目试点建设[EB/OL].（2020-01-06）[2021-04-16]. http://whly.gd.gov.cn/gkmlpt/content/2/2852/post_2852803.html#2628.

放时间平均达到 71.5 小时，错时开放时间平均 29 小时，达到开放时长的 40%，吸引了各个年龄层的人群尤其是工作一族走进公共文化设施，参与享受公共文化服务。全区各级公共文化设施每年直接服务人次超过 100 万，较创建前增长70%，群众文化获得感和满意度得到了全面提升。通过引入高品质的社会文化资源，石景山区老百姓享有的公共文化产品和服务质量提升，参与文化活动的热情高涨①。

为了切实发挥社会力量运营基层公共文化设施的活力，石景山区的政府主导建立起科学规范的社会化运营绩效评价机制，形成一套完整的基层公共文化设施社会化运营绩效评估方案——《石景山公共文化设施社会化运营工作绩效评价指标体系》，制定科学的评价指标，定期对运营公共文化设施的单位进行评估，将评估结果发布到微信公众号上，向群众公开。

2020 年疫情期间，区文旅局将以往对社会化运营单位的线下日常监测转换为线上开展公共文化服务情况考核，涵盖服务类型、服务时长、服务形式、服务人次、服务渠道等方面内容。依据评价体系，以"明察＋暗访＋大数据平台监测"和通过材料提交的方式，对各社会化运营团队年度服务开展情况进行评价。

石景山对社会化运营管理单位开展评估，实现了分享经验做法，营造良性竞争环境，引导规范运营承接主体的服务行为，督促社会力量全力运营，创新活动方式，提升运营水平，为广大居民提供更好服务的目的，从而也达到了让管文化者心中有数，办文化者的努力更有方向的目标。

（六）公共文化和旅游产品供需云上对接

"文采会"是近年来国内文化和旅游公共服务领域供给侧改革的创新探索，通过为文化和旅游公共服务产品供需双方搭建对接平台，鼓励引导优质社会力量参与公共文化服务，从而促进公共文化服务多元化、高质量发展。"自 2017 年起，为促进公共文化服务供需双方有效对接，上海浦东、广东东莞、四川成都等多地

---

① 左颖.石景山街道综合文化中心实现社会化运营全覆盖 每周平均开放71.5小时[EB/OL].（2019-08-05）[2021-04-16]. https://www.takefoto.cn/viewnews-1861990.html.

陆续创新举办区域性文采会，为推动公共文化和旅游产品供给侧改革作出积极有益尝试。2020 年 8 月，为深化供给侧改革和社会化发展，结合新冠肺炎疫情常态化防控形势，在文化和旅游部公共服务司指导下，全国公共文化发展中心联合广东省文化和旅游厅、北京师范大学国家公共文化发展研究中心、中国文化馆协会等单位，以"互联网＋展会"形式，启动"2020 年全国公共文化和旅游产品云上采购大会"①。

社会力量踊跃参与这次"云上文采会"，包括喜马拉雅、谢馥春、果壳网、凯叔讲故事等知名品牌在内的 2317 家供应商及其提供的 3700 多种产品报名参展。国家公共文化云作为这次"云上文采会"的主发布平台，为文化和旅游公共服务采购、供给双方搭建供需对接平台，开辟展示交易通道，为基层群众提供云上逛展览、学才艺、购好物的网络开放空间，创造集推荐、展示、交流、交易为一体的新型展会服务模式。

"云上文采会"通过"全国聚合＋区域示范"，发挥公共文化服务领域"国家队"引领、示范、聚合作用，汇集全国公共文化服务、文化与科技融合产品等，建立全国性公共文化和旅游产品资源总库。通过"政府＋社会力量"，在全国文化和旅游公共服务领域企事业单位、文艺院团、高校等供应方与各级文化和旅游行政部门、基层政府部门、文化和旅游公共服务机构、群团组织等需求方之间，搭建供给与需求精准对接的桥梁纽带，构建公共文化和旅游产品供需高效对接机制。通过"互联网＋展会"联动各地方公共文化云平台以及学习强国、央视频、人民网、抖音等新媒体平台，形成新媒体矩阵，对展会活动、参展商品和项目进行全网推介。

借本届云上"文采会"之机，还举办了以"展望十四五 共享文化新时代"为主题的全国首届"全国云上文采会交流展示活动"。展示活动由文化和旅游部全国公共文化发展中心、广东省文化和旅游厅指导，中国文化馆协会、东莞市人民政府主办，东莞市文化广电旅游体育局承办，东莞市文化馆（文化和旅游研究基地）、东莞市文化馆沙田分馆执行。展示会向全国宣传了广东省作为改革开放的

---

① 全国"文采会"经验交流成果展 聚集供给侧改革机制创新[EB/OL].（2020-12-06）[2021-04-18].https://mp.weixin.qq.com/s/i7UKy1a8djmPm-Iq7AQWrw.

先行区，近 3 年特色公共文化和旅游领域建设亮点。

这是一届由数字化驱动，移动互联网赋能的大会，全面总结了公共文化和旅游产品采购大会经验成果，展望了"十四五"文化馆行业高质量发展新路径。通过全国联动地方、政府带动社会，线上结合线下方式，实现了推荐、展示、交流、交易全链条的"云融合"[①]。

二、文化馆社会化发展的特点

（一）全面铺开、突出重点，走内涵式发展道路

文化馆社会化在 2019 年之前已经取得了很大的进展，涉及领域基本覆盖了文化工作的各个方面。但在 2019—2020 年期间，以政府购买为主体的社会化方式继续扮演着重要角色，在各领域的社会化工作中发挥着主导作用，充分体现出了公共文化服务的政府主导特点。在各项工作社会化全面铺开的同时，以总分馆制建设、基层公共文化设施社会化管理运营、文化馆产品与服务供需对接平台、文化类社会组织培育、群众文化培训等主要方面重点发力，不再拘泥于形式，而更加重视质量，开始走内涵式发展之路，推动文化馆社会化纵深发展。

突破基层公共文化设施社会化管理运营单纯导入市场要素的藩篱，而从政策破题、科学管理、盘活资源、场景导入等多个角度，强调政府监管，深挖基层公共文化设施社会化管理运营的潜力，不断激活基层文化机构的活力，提升服务品质与效能。利用社会力量提升全民艺术普及的专业性、高雅性，扩大群众参与力度。对文化类社会组织从其"婴儿"阶段开始培育，到将其培养成可以走向市场"独挡一面"的全过程，克服了以往"蜻蜓点水"式培育，为壮大社会力量作出了大胆的尝试。依托各类社会资源及其他机构的文化资源，织密文化馆服务网络，打造"小而美"、功能完善的综合文化空间，提升基层公共文化设施品质。利用社会力量助力政府加强对文化馆社会化的监管，探索全域基层综合性文化服

---

① 业界专家学者汇聚首届全国云上文采会交流展示活动，共谋"十四五"时期文化馆行业的创新发展[EB/OL].（2020-12-08）[2021-04-18]. https://mp.weixin.qq.com/s/gTloIsdzzcqnz_Ic17qlyA.

务中心的社会化运营与评估相结合的模式，突破了以往只重外包而轻视监督管理的陈旧机制。充分利用数字化技术手段，将原来开展的"现实版""文采会"变身为"云端文采会"，既克服了疫情带来的问题，又提高了供需对接的效率。所有这些2019—2020年文化馆社会化的亮点工作，都是对原有社会化模式与做法的突破，同时又是沿着事物发展的自身规律向深层次挖掘的实践；既是对原有做法的继承性发扬，又在发扬中保持了对文化馆社会化本质的追寻。

（二）品质优先，提升文化空间的质量

党的十八届三中全会以来，政府对文化馆事业发展高度重视，使我国全民艺术普及发生了全新的变化。党的十九大确立了社会主义建设新时代的新任务，不断满足人民群众对美好文化生活的追求是文化馆义不容辞的新责任。在各级文化场馆基本全面覆盖的基础上，高品质的文化空间建设成为新时期的新任务。引入社会力量完成这个新的使命，成为文化馆的不二选择。2019到2020年间，全国文化馆作出了大胆尝试，北京市东城区从政策层面开始突破，在优惠服务与免费服务关系、以现代化思维推动基层公共文化设施社会化管理运营、打造符合时代与社会需求的"城市公共文化新空间"方面有所突破，取得较好效果。以广州市文化馆、中山市文化馆为代表，努力构建本地区完善的文化馆服务网络体系以及建设优美空间。广州市文化馆动员全社会力量，选出"小而美"的基层品质化文化空间，一方面引起了公众对文化馆事业的认识，另一方面为打造优美的公共文化空间打出了"样板"。中山市则通过"共享文化馆"和"邻里文化家"的建设，利用社会空间资源，拓展了文化馆的活动空间，开创了特色化、高品质公共文化空间建设的社会化道路。

（三）因地制宜、融合社会资源，开展高品位活动

结合本地资源优势开展有特色的群众文化活动是文化馆业务工作的遵循。各地历史文化天然禀赋、经济社会发展水平、人才资源荟萃程度等各不相同，所拥有的资源优势也不尽一致。利用社会化手段吸纳本地各类资源，共建共享，挖掘优势，是文化馆社会化高水平发展的必由之路。北京市朝阳区拥有着得天独厚的

人才、设施等资源优势，将顶级艺术家团结起来为群众提供高雅艺术培训，打造新时代高素质的群众文化队伍，引领当地群众文化工作迈向新高度。广州市区域广大、财力雄厚，联合 11 家区文化馆以及数量众多的社会艺术培训机构，共同为人民群众提供数量众多、需求对接的服务活动，丰富了文化馆的服务内容，扩大了社会美誉度，提高了服务效能。东莞市结合本地外来人员多的特点，发挥社会组织的文化社会职能，从其产生开始培育，提高社会组织的专业化水平，增强它们服务大众的能力，直至孵化成熟，再"扶上马送一程"，将其推荐到全国或地区的文化供需对接平台，替它们打开市场、做好宣传。这样一条龙的服务，壮大和规范了文化类社会组织，增强了它们的生命力，也扩大文化馆通过政府购买等社会化手段开展服务时，对社会化承接主体的选择范围及质量保证。

（四）因势利导、突出数字技术优势，实现精准对接

开始于 2019 年底 2020 年初的新冠疫情给文化馆数字化应用带来了压力与动力。在无法开展传统阵地服务的情况下，文化馆必须通过数字化手段开展线上与线下相结合的服务，在一定程度上推动了文化馆行业的数字化应用水平。在这两年时间里，文化馆社会化在数字化建设方面的表现最突出的就是举办了全国首届云上文采大会，吸引了全国数量众多的公共文化类资源提供商、公共文化机构的参与，一方面为提供商提供了广阔的市场空间，另一方面为公共文化机构提供了展示自我以及选择资源的更大范围、更多机会，真正通过"云"实现了供需对接。在疫情的大形势下，全国各文化馆也充分利用了数字化技术保证服务的不间断，数字文化馆、公共文化服务平台、抖音等新媒体工具得到了最大限度的使用，其功能的发挥与产生的效果也非常明显，出现了文化馆"网红"现象，这说明了文化馆抓住了群众的真正需求，广泛运用社会化的新媒体手段，发挥了自身的特点与优势，显示了文化馆因疫情而利用数字化技术、社会化工具取得了成功，为"后疫情"的文化馆工作打下了良好的技术基础，提供了宝贵的经验。

（五）政府主导，提高社会化监管水平

公共文化服务社会化的最大特点就是政府主导下的社会力量参与，绝对不能

成为"甩包袱""推责任"的理由与机制。恰恰相反,在文化馆社会化过程中,一是要不断提高社会化水平,二是要提高监管的力度,将社会化承接主体的行为"装在笼子"里,要充分体现出文化馆服务的基本属性,发挥出更高的服务效率与效能。2019—2020年文化馆社会化在内涵式发展的道路上,已经体现出了社会化覆盖面不但越来越广,在全域范围内对基层文化服务中心实行社会化组织管理运营的探索,而且也形成了制度完善的全监管模式,引入第三方社会力量,依据体系完备的监管标准,对社会化承接组织开展全方位的监管,为政府进行文化馆社会化的政策制定、实践探索提供了借鉴与示范。

文化志愿服务发展与创新

毛凌文　邓芸芸[*]

毛凌文　邓芸芸[*]

　　志愿服务是现代社会文明进步的重要标志，是加强精神文明建设、培育和践行社会主义核心价值观的重要内容。习近平总书记充分肯定志愿服务的重要意义，勉励广大志愿者、志愿服务组织和志愿服务工作者书写新时代雷锋故事，明确要求各级党委和政府要为志愿服务搭建更多平台，给予更多支持，推进志愿服务制度化常态化。

　　文化志愿服务是我国志愿服务体系和现代公共文化服务体系建设的重要组成部分。近年来，在党和国家高度重视下，文化工作者深入学习贯彻习近平总书记有关志愿服务工作的重要指示精神，积极推动文化志愿服务事业探索创新，文化志愿者队伍不断壮大，志愿服务方式不断拓展，志愿服务水平不断提高，服务成效愈加显著。

一、顶层设计指引发展方向

　　党的十九大以来，文化体制改革进一步深入推进，文化和旅游深度融合发展，2019年，文化和旅游部、中央文明办联合印发了首次以"文化和旅游志愿服务"命名的工作方案——《2019年文化和旅游志愿服务工作方案》（以下简称"新

---

　　*　毛凌文,广东省文化馆馆长、研究馆员,文化馆发展研究院学术委员。
邓芸芸,广东省文化馆事业发展部副主任。

方案"），标志着我国"文化志愿服务"向"文化和旅游志愿服务"的正式转型。

与往年文化志愿服务的工作部署相比，新方案强调促进文化和旅游志愿服务制度化、规范化、常态化发展，对文化和旅游志愿服务的参与主体、服务地区、服务项目和服务方式等方面都进行调整和完善。一是在参与主体方面，除了各类公共文化机构，新方案要求"广泛动员企事业单位、旅游景区、社会团体等各方力量，组织志愿服务团队和志愿者"，突出文化和旅游志愿服务体系的社会参与广度。二是在服务地区方面，明确将新时代文明实践中心建设试点、贫困地区农村作为重点服务区域，推动志愿服务在助力脱贫攻坚和乡村振兴、助推新时代文明实践中心建设中发挥积极作用。三是在实施服务项目方面，继续实施"春雨工程""圆梦工程""阳光工程"，但"春雨工程"改名为"全国文化和旅游志愿服务行动计划"，整合新时代文明实践中心志愿服务、边疆民族地区志愿服务、基层公共文化机构志愿服务、文明旅游志愿服务，加大对中西部地区特别是边疆地区、少数民族地区、贫困地区和革命老区的志愿服务供给，进一步发挥文化和旅游志愿服务在支持基层文化建设和旅游发展中的重要作用，努力推动基本公共文化服务均等化。

2020年，突如其来的新冠肺炎疫情对公共文化服务产生了直接的冲击性影响，从国家级的图书馆、博物馆到基层的乡镇社区文化站室，公共文化机构场馆全面关闭、阵地服务全部停止。疫情防控期间，文化和旅游志愿服务也面临着如何转变服务方式、整合资源配置、提高服务效能的挑战。2020年6月，文化和旅游部、中央文明办共同印发《2020年文化和旅游志愿服务工作方案》，要求在坚决抓好常态化疫情防控的前提下，动员公共文化机构、企事业单位、旅游景区、社会团体等各方力量开展示范性、操作性强的志愿服务项目。"春雨工程"实施项目调整为以全国尚未脱贫摘帽的52个贫困县为工作重点，明确以脱贫攻坚为工作重心，加强对52个贫困县结对帮扶，辐射到1113个贫困村开展全覆盖、多形式、务实效的志愿服务活动，推动志愿服务与扶志扶智相结合、与乡村振兴相结合。这一年尤其强调为志愿者提供安全、卫生等必要保障，以及充分利用新媒体技术平台做好志愿服务推广和宣传。

二、文化志愿服务转型发展的新探索

（一）文化志愿服务制度化建设取得突破性进展

2019 年以来，各地文化志愿服务工作进一步深入开展，制度化、规范化建设迈上新阶段。譬如，浙江省杭州市 2019 年 1 月 30 日正式实施的地方标准《文化志愿服务管理规范》，规定了文化志愿服务管理的术语和定义、管理组织、基本要求、文化志愿者权利与义务、文化志愿服务活动、服务评价等内容。河北省文化志愿者协会 2019 年 11 月通过了《河北省文化和旅游志愿服务协会章程》修订案，广东省中山市文化广电旅游局 2020 年 8 月重新修订印发了《中山市文化和旅游志愿者管理制度》。2020 年 9 月 1 日起正式施行的《广西壮族自治区志愿服务条例》，将每年 3 月 5 日定为广西志愿者日，每年 3 月为广西志愿服务月，设立专门条款支持志愿服务专业化发展，鼓励志愿服务组织、志愿者在公共文化、文明旅游、文明创建等方面开展志愿服务活动。此外，《四川省文化旅游志愿服务工作指南》、《文化志愿者管理和服务规范》、《福建省文化馆志愿者章程》、新修订的《江苏省志愿服务条例》等规范性文件立足实践经验、积极适应志愿服务发展新形势，完善文化志愿者注册招募、服务记录、管理评价和激励保障机制，为壮大志愿者队伍、提升志愿服务规范化水平提供了较好的制度基础。

（二）文化志愿服务组织网络不断探索创新

党的十九届四中全会提出了健全志愿服务体系的要求。在文化和旅游融合发展的背景下，构建参与广泛、形式多样、机制健全、灵活高效的文化志愿服务体系，对于健全志愿服务体系，实现国家治理体系和治理能力现代化具有重要意义。

各地文化志愿服务组织纷纷向文化和旅游志愿服务组织转型发展，逐步建立"纵向到底、横向到边"志愿服务网格体系，不断探索创新文化和旅游志愿服务组织管理模式。譬如，广东省文化和旅游厅于 2019 年 11 月将广东省文化志愿者总队正式更名为广东省文化和旅游志愿者总队，调整组织架构，吸纳部分艺术院团和原旅游行业直属单位进入总队；广东省茂名市文化和旅游志愿者分队秘书处与茂名市文化志愿者办公室联合成立茂名市文化公益协会；福建省各设区市文化馆（艺术馆、群艺馆）及平潭综合实验区文化馆共同组成的福建省文化馆志愿者联盟不断完善壮大，现已有文化馆志愿者队伍 363 支。2019 年 11 月，河北省文化志愿者协会完成换届选举，讨论通过了《河北省文化和旅游志愿服务协会章程》修订案，并明确以"有传承、敢创新、创品牌"为目标建立具有河北文旅特色的志愿者服务工作模式。

文化志愿服务人才队伍建设得到加强，志愿者队伍不断壮大，目前全国注册文化志愿者超过 200 万人，各地广泛建立起文化志愿服务组织。2020 年 7 月，上海市文化和旅游局召开文化志愿服务培训暨工作推进会，以培训和会议相结合的方式，交流各总队、基地的具体做法和案例，发挥上海市文化志愿服务联盟的组织管理优势，推动志愿服务工作常态长效发展。据统计，目前广东省文化志愿服务队伍共有 2107 支，网上注册文化志愿者超过 24 万人；上海市共有 5200 支文化志愿服务队伍，近 20 万注册文化志愿者。

（三）文化志愿服务项目品牌化建设成效显著

2019 年以来，"春雨工程""阳光工程""圆梦工程"等文化志愿服务品牌项目持续发挥示范带动作用，各级文化和旅游行政部门依托新时代文明实践中心、公共文化设施、旅游景点等，积极开展新时代文明实践中心志愿服务、边疆民族地区志愿服务、基层公共文化机构志愿服务、文明旅游志愿服务。

据统计，"十三五"期间，"春雨工程"组织志愿者大约 27.56 万人，开展活动 1700 多场，服务群众 2000 多万人次。2020 年"春雨工程"共评选出示范项目 130 个，有效搭建内地公共文化机构与边疆、发达地区与欠发达地区文化交流平台，加快促进公共文化服务标准化、均等化。典型的工作案例包括：2019 年 6 月，"湘新两地情 文旅一家亲"——2019 年"春雨工程"湖南省文化和旅游志愿服务走进新疆系列活动先后在新疆 5 地举行，140 余名文旅志愿者跨越 3000 多公里的距离，为当地群众送去了湖湘味浓、情谊真挚的文化大餐。2019 年 8 月，广东省文化和旅游厅党组书记、厅长汪一洋带领广东省文化志愿者赴内蒙古自治区开展

"春雨工程"文化交流活动，以"大舞台""大讲堂""大展台"为形式举办了 4 场文艺演出、1 场展览、2 场讲座，并向内蒙古自治区赠送了一批文化器材。同月，江苏省文化和旅游厅组织"春雨工程"江苏文化志愿者走进青海，开展大舞台文艺演出。

"阳光工程"重点在中西部 22 个省（自治区、直辖市）和新疆生产建设兵团新时代文明实践中心建设试点县（市、区）实施，招募符合条件的文化志愿者组成志愿服务团队，深入基层文明实践所、站，开展面对面、心贴心的文明实践志愿服务。2020 年"阳光工程"共有 480 名文化志愿者，在中西部 342 个新时代文明实践中心试点县（市、区）开展农村文化志愿服务工作。

"圆梦工程"同样也是在中西部 22 个省（自治区、直辖市）和新疆生产建设兵团实施开展，招募有一定教学能力且热心社会公益的当地文化能人、文艺骨干、非遗传承人作为文化志愿者，根据乡村学校少年宫的活动安排和具体需求，定期对乡村学校少年宫学生开展艺术培训和辅导，提高贫困地区未成年人的文化艺术素养，丰富其精神文化生活。2019 年，"圆梦工程"为中西部 22 省（自治区、直辖市）及新疆生产建设兵团共计配备了 610 名文化志愿者，覆盖了中西部地区 112 个市、271 个县（区）、573 个乡镇的学校。各省志愿者累计服务 4124 次，累计服务时长达 13630 小时。

（四）文化志愿服务范围和领域不断拓展、服务形式不断创新

全国各地立足新时代基层群众的新需求，探索推动按项目类别策划实施志愿服务活动，培育具有地方特性与行业特点的志愿服务品牌。以庆祝中华人民共和国成立 70 周年为契机，北京市于 2019 年成立了公共文化机构志愿者指挥部，确立了 38 个志愿服务站点，创建了各站点的志愿服务项目，招募注册了 6000 名志愿者。各责任单位签订《国庆北京市公共文化机构志愿者服务工作安全目标管理任务责任书》，对骨干志愿者开展集中培训，对上岗志愿者进行相应的岗位培训，用优质的文化志愿服务，为国庆 70 周年增添了特别的光彩。河南省文化和旅游厅于 2019 年 8 月启动了"寻找村宝——河南省首届大型文化志愿公益活动"，依托"乡村音乐厅"志愿团队，"阳光工程""圆梦工程"示范性项目，招募有文化

特长的志愿者，深入乡村开展服务，丰富基层文化活动，助力乡村文化振兴。截至 2019 年 12 月，全省各县（市、区）518 个试点村选出"村宝"1707 名，全省开展"寻找村宝"文艺展演活动近 3000 场。

2020 年，文化和旅游志愿服务的一大亮点是积极应对疫情带来的影响，创新服务方式和载体。多年来一直倡导和推动的网上文化服务"一站式""一键通"便民模式，在疫情期间取得了突破。文化和旅游部官网开辟了"文化艺术服务专题"，实现了对全国主要图书馆、博物馆、文化馆、美术馆、剧院、非遗展示场馆、文化艺术精品的汇聚和同一窗口利用。各地文化和旅游行政部门迅速调集和整合线上数字文化资源，开设了"在线非遗展示""在线少儿文化艺术""在线群众文化""抗'疫'文艺作品"等在线文化艺术服务平台，各级公共文化机构网上公共数字文化服务全面发力，各地积极组织广大文化和旅游志愿者参加到抗击疫情的战斗中来，创作多种形式的文艺作品，向白衣天使致敬、为英雄而歌、为逆行者点赞。2020 年 2 月湖南省文化和旅游厅举办了"艺抗疫情·云游湖南"主题作品创作和征集活动，全省广大文艺工作者、文化和旅游志愿者们积极响应，引起社会各界的广泛关注。全省共征集到书法、美术、音乐等 8 个艺术门类共5087 件作品，线上展示的总访问量高达 8575.5 万人次。同年 5 月开展的"风雨同行 绽放美丽"——"艺抗疫情·云游湖南"优秀文艺作品惠民展演活动，以线下展演、线上直播的形式，向全国推广湖湘文化旅游资源。活动现场还发放文明旅游、安全出行、疫情防控等宣传资料，开展"锦绣潇湘文明旅游"咨询等志愿服务活动。

随着疫情防控取得阶段性成果，文化和旅游志愿服务转为线上线下结合模式。2020 年 8 月，文化和旅游部联合中央广播电视总台、中央文明办创新推出春雨工程"央视频号·文化志愿者专列"贫困地区文化旅游资源推介活动，由文化和旅游部直属艺术院团的艺术家作为文化志愿者，通过央视 5G 新媒体平台"央视频"进行展示与传播，艺术家、当红明星带人们看绿水青山、品家乡美食、享地域民俗、传承非遗文化，通过与众多播出平台和电商的联动，构建了精准扶贫的文旅 IP。12 月，在中山市举办的 2020 年全国文化和旅游志愿服务项目交流展示活动以"文明实践 美好生活"为主题，汇集了来自全国各地的优秀代表项目。广东省文化馆"美好生活"广东公共数字文化进万家服务推广活动以"互联网＋公共文化服务"为主要手段，为广大群众提供"活动配送""数字影院""艺术公社""周末学堂"等综合性公共数字文化服务。中山市"'山与海的对唱'乌蒙山的文化慕课"2019 年开始打造"线上＋线下"立体文化志愿者扶贫模式，线上通过举办云课堂、慕课等将网络资源和经验免费送到云南昭通；线下通过送专家与专业志愿者文艺演出、教学、巡展等形式，服务昭通 12 个文化馆、146 个文化站、4 所援建学校。武汉旅游志愿服务总队充分运用 H5、新媒体、视频媒体直播、抖音小视频等网络技术手段开展活动、强化宣传，"青年节致敬抗疫英雄，金牌导游带您云游武汉"12 小时直播活动吸引 420 万名观众在线观看，在中共五大会址开展的红色教育活动中共有 153 万人"同上一堂党课，同走一段红色旅程"。

（五）文化志愿服务培训管理体系化，专业化水平不断提升

2019 年以来，全国文化志愿服务培训管理体系不断完善，文化和旅游志愿者的专业水平和服务能力进一步加强。文化和旅游部通过举办全国性的专题培训和经验交流分享活动，在有效提升学员们的政策水平、服务能力的同时，也增进了文化志愿服务同行的交流与互鉴。其中影响较大的如 2019 年 3 月在上海市举办的 2019 年文化和旅游志愿服务工作培训班，12 月在重庆市举办的 2019 年全国文化和旅游志愿服务培训班，2020 年 9 月举办的全国文化和旅游志愿服务工作培训班等。

全国各地也结合人才培训工程，公共文化设施培训平台、培训基地，网络培训平台等，以及"春雨工程"等示范性项目要求，积极开展培训辅导。2019 年 6 月，甘肃省文化和旅游厅在兰州市举办了"2019 年甘肃省文化和旅游志愿服务培训班"；河南省文化和旅游厅于同年 12 月举办了河南省"阳光工程""圆梦工程"文化志愿者暨文化和旅游志愿服务管理人员培训班；2020 年 11 月，山东省文化馆举办了新时代文明实践"暖阳春苗"文化志愿服务培训班；2020 年 11 月，由四川省文化和旅游厅主办，四川省文化馆承办的 2020 年"春雨工程"志愿服务培训班在凉州举办。此外，内蒙古、海南、福建、云南、广东、吉林等省（自治

区）也开展了相关培训。

（六）文化志愿服务实践和理论研究不断深化

2019 年以来，各地通过会议交流研讨、课题研究、论文征集等形式，大力推动文化志愿服务理论研究工作。

会议研讨方面，2019 年 9 月，中国文化馆协会理论委员会在广东省东莞市举办第二届全国文化馆理论体系构建研讨会，以"新时代文化馆事业高质量发展"为主题，将文化馆服务社会化发展和志愿服务纳入新时代文化馆四大重点任务之一，展开了深入研讨。2020 年 9 月，贵州省六盘水市文化馆举办志愿服务队伍"订单式""菜单式"服务座谈研讨会，同年 12 月，山东省济宁市举办新时代文明实践志愿服务研讨会。

课题研究方面，省级文化馆作为课题研究主体承接并完成了省级专项研究课题，如河北省承担了河北省人力资源和社会保障课题"河北文化志愿者人才队伍现状及未来发展研究"，广东省文化馆完成了广东省文化和旅游厅课题"基层文化志愿服务规范化与标准化研究"，并提出了《关于进一步推动广东省基层文化志愿服务规范化与标准化的若干措施建议》。除此之外，广东省文化馆还受文化和旅游部公共服务司委托开展了"面向特殊群体的文化志愿服务机制建设研究"课题，形成 10 万字研究成果，被认为"对于推进我国公共文化服务体系建设具有较好的参考价值"。

2019 年以来，中国文化馆协会每年举办年会征文活动，各地文化和旅游行政部门围绕征文活动，进一步推动本地区文化志愿服务理论研究不断深化。2020 年 7 月，文化和旅游部全国公共文化发展中心启动实施了"文化馆事业高质量发展研究计划"，资助相关单位围绕文化馆事业发展中的重大现实性理论和实践问题开展课题研究。"文化馆服务社会化发展""文化馆（站）志愿服务常态化机制与创新实践"分别列入重点项目和青年项目指导性选题。广州市文化馆以《新时代文化和旅游志愿服务融合发展研究——以广州市为例》为题申报，顺利通过立项评审并开展了相关课题研究。

三、文化志愿服务发展存在的问题

2019 年以来，我国文化志愿服务事业稳步发展，各地文化志愿服务活动蓬勃开展，取得显著成效，但在以下方面还存在不足和短板。

一是文化志愿服务发展仍然存在不均衡、不充分的现象。文化志愿服务的不均衡体现在东中西部、边疆与内地、城乡地区等区域间的差异，不充分体现在文化志愿服务开展中还存在培训内容单一、保障机制不够健全、活动开展形式不够丰富、激励机制不够完善等问题。

二是文化志愿服务管理制度和服务标准规范亟须健全完善。我国正逐步建立起由宏观到微观的一整套志愿服务政策体系，但这一政策体系还处于一个较为粗略和基础的状态，与文化志愿者和文化志愿服务有关的政策往往只是落脚于志愿服务组织、志愿者队伍建设和管理等方面，没有构建起涵盖文化志愿服务全方位、具有文化志愿服务独有特征的规范化内容。此外，政策文本以"管理规范""管理指南"等为主，更具指引性的标准仍非常少见，地方对政策体系的细化和落实力度也还有待加强。

三是高素质、专业化志愿者比例较低，人员构成有待进一步优化。一方面各地缺乏吸引高素质人才加入的具体措施，另一方面，志愿者整体力量薄弱、专业化程度较低，且针对文化和旅游志愿者的专业化培训力度不够。

四是社会化参与度不高。文化志愿服务作为社会力量参与公共文化服务的重要形式之一，现阶段仍为各级文化和旅游行政部门主管，尚未形成以文化志愿者协会等社会组织推动文化志愿服务发展的路径。调查结果显示，当前基层文化机构与社会化组织的合作比例较低，仅有 19.6% 的基层文化馆（站）对外开展合作，合作内容也处于较浅层次，亟须推动更广泛的社会组织和更多元的社会力量融入文化志愿服务。

四、文化志愿服务发展的对策建议

（一）加强顶层设计，修订完善相关政策性指导文件

在文化和旅游融合的新形势下，各级文化和旅游行政部门亟须修订相关规章制度，制定体系化、适用基层的文化志愿服务行业标准，明确规范培训、保障、激励等环节，如培训的内容、文化志愿者参与培训的比例和次数、开展活动的经费来源和使用、活动品牌的打造、激励形式的多元化等，使基层公共文化机构能够有章可循、有据可依，能够顺应新时代志愿服务发展要求，不断推动文化和旅游志愿服务创新发展。

（二）形成多元投入，夯实文化志愿服务发展保障基础

积极推进政府购买服务，鼓励社会各方力量积极参与，建立健全文化志愿服务体系多元投入机制。着力引导和拓宽社会力量参与的渠道，通过政府采购服务、社会组织合作、鼓励公益创投和企业赞助等形式，重视加强项目化、社会化运作，整合社会资源，动员社会各界积极为文化志愿服务事业提供必要的人力、财力、物力及场馆支持，为文化志愿服务事业发展提供有力保障。充分调动乡村文化能人和"文化新乡贤"积极参与文化志愿服务，为推动基层文化志愿者和新时代文明实践中心志愿者的融合发展提供人才保障。

（三）提升专业化水平，加大志愿服务队伍培训力度

提升文化志愿服务专业化水平，相关培训需要从两个层面着手，一是面向志愿服务工作组织管理者的培训，加强对标准、规范的推广、普及，提高规范意识；二是面向基层文化志愿者的培训，从通用培训、岗位培训以及专业培训等三个层次入手，提升志愿者专业化水平。

提升文化志愿服务专业化水平，还需不断探索新的培训方式和手段。一是利用网络载体，通过录制慕课、播客等在线课程，在各级公共文化服务数字平台开设培训视频专栏，丰富网络数字化培训资料，提供在线学习、自主选择、累积学

分的新培训模式。二是在各地设立文化志愿者培训基地，组织专家学者出版专业培训教材，加大对文化志愿服务工作骨干进行培训，提升管理人员业务水平。三是广泛探索利用社会资源，建立合作培训模式，譬如争取行业组织专门机构支持，提高对文化志愿者培训的针对性和有效性。

（四）加强数字化建设，提高文化志愿服务信息化水平

后疫情时代，文化和旅游志愿服务体系建设对于提升数字化志愿服务能力与管理能力提出了新的要求。各地亟须拓展数字化服务形式和服务内容，培育数字化文化志愿服务队伍，提升数字化志愿服务能力。在疫情防控期间，各级公共文化机构成立数字文化志愿者服务队，运用新媒体创新志愿服务方式，拓展线上志愿服务新阵地，扩大了文化志愿服务的覆盖面，提高了文化志愿服务效能。当前全国文化和旅游志愿服务信息管理平台已基本完成，还需发挥大数据在统计分析情况、反馈群众需求、评估服务效能等方面的作用，促进全国志愿服务资源的互联互通，线上线下互动，实现供给与需求的有效对接。

广场舞的理论提升与实践进展

曹锦扬[*]

　　广场舞，是一种集健身与舞蹈为一体，以大众百姓为主体，配以富有节奏感的音乐，适合在广场、公园、社区等宽敞场地开展的群众性健身舞蹈活动。广场舞将传统舞蹈给人们带来的审美感觉与体育运动带来的健身功效结合在一起，既体现出舞蹈的审美情趣，又表现出运动的健身功能。近年来，文化、体育等部门研究出台了一系列政策文件，将广场舞的扶持、引导、规范、普及作为繁荣群众文化体育工作的重点，2015 年 9 月，文化部、国家体育总局、民政部、住房和城乡建设部联合印发了《关于引导广场舞活动健康开展的通知》，这是我国首个针对引导广场舞活动发布的部委级政策指导性文件。2017 年 11 月，国家体育总局印发《关于进一步规范广场舞健身活动的通知》，贯彻落实党的十九大提出"广泛开展全民健身活动，加快推进体育强国建设"要求。2016—2017 年广场舞被纳入国家发展战略和部门行业规划，国务院《全民建设计划（2016—2020 年）》、国务院办公厅《关于加快发展健身休闲产业的指导意见》、文化部《"十三五"时期繁荣群众文艺发展规划》、国家体育总局《体育发展"十三五"规划》相继出台，将广场舞作为大力发展的重点项目，加强顶层设计，提出了总体目标和具体要求。这些政策文件充分体现了国家对发展广场舞活动的高度重视，为进一步加强广场舞工作的组织领导，积极推动各级政府和有关部门将广场舞工作纳入各地

　　*　曹锦扬，江苏省南通市文化馆馆长、研究馆员，中国文化馆协会广场舞委员会主任委员，文化馆发展研究院学术委员。

现代公共文化服务体系建设和群众体育事业发展的总体规划，提供了有力的组织保障和政策依据。

广场舞的开展贯彻落实了"将全民健身上升为国家战略"，是提高国民身体素质的有效途径之一，是全面贯彻落实全民健身计划的具体体现，在促进群众体育快速发展，提高人民群众的生活质量，提升城市的精神文明，构建和谐社会，全面建成小康社会等方面具有重要的理论和现实意义。广场舞作为群众舞蹈的新兴项目，目前还处于发展的初级阶段。以广场舞参与人群和群众喜欢的广场舞音乐为研究对象，挖掘广场舞开展过程中存在的问题，并提出相应的对策，可以更好地促进大众健身和文化娱乐的发展，促进我国广场舞大众健身事业的全面均衡发展。

一、广场舞基本理论进一步理顺

2019 年以来，全国各地研究者就广场舞理论问题进行了多轮探讨，在广场舞的概念、作用和特点等方面形成了基本共识。

广场舞并非某一种或者某一类舞蹈，而是一种集健身与舞蹈为一体，配以富有节奏感的音乐，适合在广场、公园、社区等宽敞场地开展的群众性健身舞蹈活动。广场舞内容丰富，除了所占比例较多的民间舞之外，还包括排舞、拉丁舞、踢踏舞、街舞、健美操、有氧拉丁、民族舞、民间舞、芭蕾舞、现代舞等多种形式。广场舞是多种舞蹈的综合体，由欢快简单地音乐与动作组合而成，有独特的表演形式和结构特征。广场舞不受场地、人数、时间的限制，简单易学，且具有健身功效，适合当前我国大众文化体育的特点和要求。

广场舞具有强身健体的作用，能够促进人的新陈代谢，消除身体的疲劳，改善心肺功能，提高人体免疫力。广场舞还能够调节人的心理健康，如缓解心理压力，消除紧张情绪，让人感到身心愉快。与此同时，广场舞能帮助舞者修身塑形并提升大众的美感。广场舞的锻炼不仅改善参与者的姿态和形体，更能通过舞蹈、音乐、社交等提升大众认识美、鉴赏美的能力，对于构建和谐社会具有积极作用。

在我国，广场舞具有比较明显的自发性、集体性、娱乐性、灵活性、广泛性等特征。其中自发性是指广场舞多由群众自发组织、自带设备、自发学习、自发锻炼，以约定俗成的方式和时间进行练习；集体性则是指广场舞以集体舞的表演方式出现，表演人数相对较多，气氛活跃，场面热闹；娱乐性则强调广场舞从娱乐和健身的目的出发，彼此平等，修养身心，在体现自身价值的同时为观赏者带来精神享受；灵活性是广场舞在空间、时间、内容选择方面的特征，表演环境不需要专业布景和舞美，无时间限制，舞蹈内容和结构简单易学，可随时到场、离场，适合各类群体参与；广泛性表现在舞者涵盖各年龄段人群，舞蹈和音乐类型广泛，气氛带动性强，能有效吸引大众参与，是真正意义上的全民舞蹈。

二、我国广场舞发展现状

为了促进广场舞活动健康、文明、有序开展，更好地满足人民群众日益增长的精神文化需求，中国文化馆协会广场舞委员面向北京、内蒙古、河南、河北、重庆、贵州、海南、福建、上海、江苏等 10 余个省（市、区）的部分市（区）发放了万余份调查问卷，对 2019 年至 2020 年全国广场舞发展现状进行了相对翔实的抽样剖析，以期为我国广场舞的发展提供强有力的政策指导和技术支持。

（一）参与广场舞的主要群体

调研结果显示，中年人是广场舞的参与主体，其中 30 岁以下的人占 23.2%，30—50 岁的占 53.3%，50 岁以上的占 23.2%。其主要原因在于，30—50 岁的中年群体中的参与者，空闲时间较为固定和集中，愿意在闲暇时选择休闲方式充实生活。广场舞能够有效缓解身心疲劳，展现优美舞姿，在强身健体的同时又达到了较好的休闲娱乐的效果，还可以增进邻里交流，成为中年人的普遍选择。

广场舞的参与者主要为女性，其中离退休人员占总人数的 80% 以上。参与者男女人数差别很大，比例严重不协调。究其原因，一方面在于女性相对更偏好舞蹈这一运动形式且更关注个人的相貌体重，其在广场舞活动中的主动性、积极性、参与性和创新性都明显高于男性。另一方面，男性工作和事业任务相对较重，休闲时间不足，而舞蹈不是大部分男性的主要休闲娱乐方式，男士普遍参与度较低的情况也让部分有参与欲望的男性望而却步。

（二）广场舞活动场地和设施

近年来，参与广场舞活动的人员数量不断增加，活动场地也呈现出多元化特征，主要包括以下三种类型。一是各类公共场所，包括广场、公园和文化中心等，这是广场舞活动最集中的区域。此类场地分时段、分区域服务团体成员和周边居民，使用此类场地的广场舞队伍普遍规模较大，组织较严密，所使用的音响、服装等设备一般由所属的团体配备或牵头购买，成员自愿交纳一定费用。二是社区文体小广场，此类场地多服务社区居委会同意设立和管理的广场舞队伍，组织者多为队伍推选的专门人员，此类队伍规模比较大，活动比较规范。队伍所使用的音响、服装等设备一般由社区提供，活动费用由成员交纳和社区补贴相结合。三是各类室内活动场地，主要是各级文化馆（站）舞蹈室、活动室、职工俱乐部、工人文化宫等，此类场地一般是广场舞培训、展演、比赛、训练场地，有时也用于日常活动。这些地方的广场舞队伍，一般由各级文化、体育、妇联、工会等部门负责管理，活动规范，制度健全，比较专业，多由挂靠相关部门的社会团体来组织。队伍的活动设备由所在的公共场馆提供，开展活动所需费用一般由所属的社会团体负责落实。

（三）百姓最喜爱的广场舞种类

调查发现，广场舞参与者喜欢的舞蹈类型多样，其中 31.25% 的人喜欢民间舞蹈，喜欢健美操的占调查人数的 26.92%，喜欢有氧拉丁的约为 18.75%，爵士、街舞等受欢迎程度也较高。由此可见，动作相对简单，重复性高，简单易学的舞蹈更受参与者喜欢。

三、我国广场舞的突出特点

经过多年的发展，我国的广场舞实现了从星星之火到燎原之势的快速发展。

全国各省、自治区、直辖市每年都有三到四场大型广场舞大赛或展演活动，居民自发的健身文化活动更是不计其数。广场舞蓬勃发展的过程中，也呈现出以下特点。

（一）广场舞的层次化发展

我国的广场舞在若干年的实践中根据参与者的需求不同逐渐分化为两大门类：一是普及性广场舞，所有的老百姓都能参与进来，它起到促进身心健康的作用；二是审美价值、艺术价值较高的广场舞，具有示范、引领的作用。在尊重差异化的基础上，两大门类齐头并进共同发展，取得了非常好的效果，各地广场舞展演的规模越来越大，广场舞的审美水平越来越高，发展势态也越来越好。

针对这种发展实际，广场舞的培训也分为不同的层次，基础性的就是教会某些特定的舞蹈，推广性的是对舞步、形体、节奏、表情等进行培训，更高层次的则是对广场舞的音乐、编排等进行培训，参与群众可以根据自己的需求进行自主选择。培训过程中也加强了行为规范内容，比如活动时间、场地选择、音乐分贝等，树立广场舞更加积极、正面的形象。

这种区分层次的策略取得了较好的效果。以湖北省为例，第一届全省广场舞展演活动，即组织各级广场舞骨干培训 3205 个班次，培训人员近 10 万人次，参加各级广场舞展演的团队达 14956 支，31 支队伍参加了省级展演，参演群众近35 万人次，观众人数逾 200 万次。第二届全省广场舞展演共组织各级各类广场舞骨干培训 3478 个班次，培训广场舞爱好者近 14 万人次，全省参加各级展演的群众广场舞团队 1.6 万支，观众人数逾 212 万人次，其中参加省级展演的队伍 31 支。令人欣喜的是，展演中涌现出了越来越多的集健身性、审美性、文化性于一体的广场舞作品，在城市宣传、当地的文化建设中起到越来越重要的作用。

（二）广场舞的本土化创编

《关于引导广场舞活动健康开展的通知》要求广泛开展原创作品征集评选等普及推广活动，引导基层群众结合地域、民族文化特色，充分挖掘和利用本地优秀文化资源创作符合群众审美品位的广场舞作品。我国的广场舞展演活动在评分环节也都强调"奖励原创"，原创不仅包括舞蹈动作也包括音乐。各地也因此涌现出了很多以本地民情民俗、生产劳动等为主题的广场舞作品。在历届的全国广场舞展演活动中，有 80% 的节目是老百姓原创的舞蹈，不仅各具新意，在音乐或动作编排上都注重融合地域文化元素。例如，贵州省少数民族众多，随着广场舞的普及，贵州各县区乡镇的广场舞多与当地民族文化融合，很多民歌、山歌、民族舞蹈都成为广场舞素材，丰富了广场舞资源。2019 年，贵州还举办了"首届贵州民族广场舞大赛"，从比赛情况看，包含民族服装、民族舞蹈、乡土乐曲元素的广场舞都能收到很好的演出效果。民间的文化滋养了广场舞，而广场舞又以一种全新的面貌阐释了当地的文化，让参与者在锻炼身体、愉悦身心的同时，还能参与当地文化的展示，这对广场舞来说，是有开拓意义的。

2019 年，由重庆市委宣传部、重庆市文旅委主办的"我爱你中国"——"欢跃四季·舞动巴渝"2019 重庆市广场舞全市集中展演历时 4 个月，共举办 337 场基层海选与区县选拔展演，吸引了 2274 支队伍的 5 万多名广场舞爱好者参加。2020 年，"奋进新时代·共圆小康梦"——2020"欢跃四季·舞动巴渝"重庆市广场舞全市集中展演吸引了来自全市各地的 1842 支队伍、49000 多名广场舞爱好者参加选拔。广场舞比赛的举办打造了一大批百姓喜闻乐见的重庆特色广场舞蹈，展现了重庆沉稳厚重的文化底蕴，凸显重庆强大文化软实力，传承了巴渝文化，引领群众性广场舞活动的蓬勃发展，展现人民群众对美好生活的向往和积极向上的精神风貌。

在传播地方特色文化的基础上，如何把广场舞与非遗文化结合起来，也是这些年各地广场舞编导们一直在思考的问题。我国非遗文化资源丰富，很多广场舞把很多非遗元素融合于编排与创作中，起到了很好的效果。尤其是在少数民族地区广场舞展演活动中，改编自非遗项目的节目占 90% 以上，民歌、花鼓戏、吹打乐等都走上了舞台，观众在轻快的舞步中就不知不觉把当地的非遗文化了解了一遍。

（三）广场舞的规范化培训

近年来，各地的广场舞活动通过统筹指导、规范各项制度流程，逐步走上了有组织、有计划、成规模、品牌化的发展之路。一是活动场所合理使用。与公共活动场所、文化场馆管理者达成协议，在规定时间内活动不影响周围居民正常生活。二是活动队伍规范组织。各级文化主管部门以及文化馆（站）对辖区内的群众舞蹈队伍进行组织，提供专业指导和培训，并给予一定的经费支持，建立群众文化队伍档案，使活动规范有序。三是活动流程规范科学。在各级各类比赛中，坚持专业评委和群众代表共同评审，现场打分、亮分、评奖，确保了各类赛事活动客观、公开、公正、公平、安全、有序。部分省（市、区）的文化馆还在乡镇（街道）文化站（中心）和村（社区）文化活动室设立群众艺术培训点，组织专业师资面向市民开展广场舞的专业公益培训，活动中涌现出的精品广场舞可在基层进行层层展演和推广。充分发挥文化志愿者的作用，积极将各级文化名人、专业文化人士发展为文化志愿者和广场舞活动的带头人，使全国广场舞活动的水平有了极大的提升，节目正向专业水准靠拢看齐。以江苏省为例，近年来，全省各级文化体育部门和各级广场舞协会深入开展省广场舞公益培训进社区进乡村活动，把培训的广场当作爱党爱国爱社会主义"三热爱"思想教育的课堂；全省"五级培训体系"逐步完善；各级协会坚持送舞、送教、送方法、送思想、送精神到社区乡村；公益培训坚持"五个程序""六个统一"，方法科学规范，促进了江苏广场舞大普及、大推广、大提升，2020 年培训广场舞骨干 35 万余人，辐射人群 1200 万余人。做到了广场舞公益培训与党的群众工作相结合，与新时代精神文明实践相结合，与社区治理、促进社会和谐相结合，与全民健身相结合，与丰富群众文化生活相结合。团结奋进积极向上的正能量在广场舞活动中不断凝聚。全省广场舞公益培训进社区进乡村活动有影响、有动力、有成效，深受百姓喜爱，并受到全省各方充分肯定。

四、当前广场舞发展存在的问题

当前，广场舞已成为一种社会现象，这一社会现象的产生、发展及兴盛也不可避免地衍生出一些社会问题，这些问题在很大程度上阻碍了广场舞的进一步发展。

（一）缺乏必要的组织和指导

目前，各地特别是基层社区广场舞活动的开展仍多以居民自发组织为主，队伍较为松散，规范化管理水平较低。由于缺乏必要的组织和指导，各团队的排练时间、场地选择、舞蹈类型等随意性较大，导致广场舞随意占地和争抢"地盘"的情况时有发生。部分广场舞团队在停车场、小区绿化带等开展活动，既存在安全隐患，又影响他人的正常生活。部分广场舞爱好者自律意识较差，随地丢弃生活垃圾，这些现象都对广场舞的良性发展造成影响。

（二）存在噪声扰民现象

由于广场舞群体大、团队多，广场舞教学和练习时音量过大，会对场地周围的居民住户带来噪声污染，干扰其正常休息和生活，引起不少市民的反感。特别是跳舞时间多集中在清晨或晚饭后，而这个时段多数居民和学生则在家休息或学习，如果广场舞音乐音量和时间不能得到有效控制，就易引发矛盾纠纷。

（三）师资力量相对薄弱

广场舞领队人员大多数没有接受过系统化、专业化培训，理论知识和专业训练方面存在着极大的不足，对舞蹈内容的选择和动作编排存在随意性，造成部分舞蹈动作过于复杂或健身效果不佳，影响广场舞的实际效果。虽然各地区文化馆或基层文化站也会组织免费培训，但主动报名学习人数有限，地区和人口覆盖率不高。从调研情况看，各级文化馆及基层文化站、社区文化中心受制于人员编制数量，舞蹈干部和辅导人员不足且经费保障不到位，无法面向服务区域所有团队开展专业性、针对性辅导，影响了群众广场舞整体水平的提升。另一方面，广场舞教学培训缺乏系统性，部分优秀广场舞作品在推广过程中严重走样，部分专业舞蹈演员创编的广场舞作品难学又难记，一定程度上打击了群众学习和参与广场舞的热情。

五、广场舞高质量发展的建议

现如今，广场舞是公认的老百姓喜爱的娱乐活动之一，已经成为我国最普及、最广泛的全民文化健身娱乐活动。未来，实现广场舞的高质量发展应从以下三个方面加强努力：

（一）注重顶层设计

中国文化馆协会作为全国公共文化行业组织，需积极落实党和国家对广场舞的宏观指导和战略规划，以活跃基层群众文化生活、提高公民身体素质和道德素质、促进基层社会和谐稳定为根本，以扶持、引导、规范为重点，实现城乡基层广场舞活动健康、文明、有序开展。

要坚持正确导向。把握社会主义先进文化前进方向，体现社会主义核心价值观要求，倡导积极健康向上，倡导美丽清新典雅，抵制低俗媚俗，丰富人民精神世界，增强人民精神力量。

要重视群众参与。充分发挥群众积极性和创造性，以基层群众为服务对象和表现主体，坚持重心下移，搭建群众便于参与的展示平台，引导群众在参与中自我表现、自我教育、自我提高，不断提升广大人民群众的获得感和幸福感。持续举办"欢跃四季"全国百姓广场舞展演活动，丰富城乡基层群众精神文化生活，展示群众良好精神风貌。积极引导和推动各地分级建立广场舞协会，充分发挥参与者的自我管理、自我教育、自我服务、自我监督作用，提升广场舞活动的管理水平。

要坚持示范带动。推荐优秀团队，展示优秀团队，总结推广好做法好经验，带动各地群众性文体活动蓬勃开展，带动基层群众文艺团队和体育组织发展壮大，推动广场舞活动不断提升。组织国家级专家团队就提升广场舞的文化内涵、审美品位、健身功能等课题，巡回到各省（自治区、直辖市）文化馆举办讲座，并对广场舞品牌活动的导向性、示范性以及如何文明有序、健康发展，从理论层面上加以科学阐释，全面推动全民艺术普及活动的良性开展。

要坚持因地制宜。注重各地文化多样性，积极发挥本地区民族、民间文化优势，将优秀民族、民间舞文化资源与群众文化活动充分融合，让广大人民群众用别具风采的亮丽舞姿展示时代新风貌。举办广场舞编导提高班，编排出更多易于接受、又具有鲜明地域文化特色和一定艺术品位的好作品，制作教学视频，免费发放到全国各省、市、县文化馆，同时通过国家数字文化网、中国文化网络电视进行广泛传播。

（二）鼓励基层探索

广场舞源于百姓，源于基层，其发展探索的动力也在基层。广场舞有着扎实而又广泛的基础与受众，因此基层广场舞活动的管理、骨干及团队的培养、经费的落实与保障就显得至关重要，这也是引导广场舞正确发展的重要抓手。

一是管理科学化。充分发挥政府的管理作用，因地制宜，探索制定科学管理广场舞的有效机制，以政策化、制度化手段推动广场舞的规范化。

二是活动品牌化。充分发挥各地文化馆、广场舞协会的桥梁、纽带作用，培育一批具有导向性、示范性的广场舞品牌活动，推动广场舞活动的组织化、规模化、规范化开展。

三是经费多元化。政府依旧是广场舞活动的主要投入者，为广场舞活动提供必要经费保障，并对优秀的广场舞团队进行奖励，形成一个良好的人才队伍建设氛围，积极扶持品牌活动、交流活动，发挥良好的导向作用。除此之外，广场舞团队也要积极吸引社会力量广泛参与，实现群众的自我参与、自我满足和自我享受。

（三）加强理论研究

广场舞理论是对广场舞的理性认识。广场舞理论的实质在于对广场舞创作（及相关领域）的研究。广场舞理论的使命，首先在于对已有的创作实践做出科学的说明，将创作实践中种种内含的理论意义揭示出来，探寻其内在的规律，循此规律，再给将要进行的创作实践以理论上启示、依据、预见等。这就是广场舞理论研究最根本的价值所在。

从目前已发表的论文以及近年来召开的学术讨论会成果可以看出，我国的广场舞相关研究一方面势态兴旺，充满活力，另一方面也缺乏独创性、基础性、理论性的研究成果。为了将广场舞研究推向一个新阶段，应认真组织关于广场舞基本理论的研究与讨论。在研究中，要拓展思路，敢于借鉴其他学科的研究方法，注重理论与实践的有机结合，加强对重点问题和主要矛盾的研讨与争鸣，致力于搭建相对科学的广场舞学科体系和理论体系。

满足人民群众的文化需求是文化工作者永远的目标，面对风生水起、红红火火的百姓广场舞热潮，培育一批扎根基层、综合素质较高、专兼职结合的广场舞工作队伍，推出一批具有文化内涵、审美品位和健身功能，便于群众接受的广场舞作品，培育一批具有导向性、示范性的广场舞品牌活动，实现城乡基层广场舞活动健康、文明、有序开展，是文化工作者的职责所在。我们要不断提升公共文化的服务水平与举措，引导百姓舞出生活的美丽，舞出心中的幸福。

文化馆理论研究进展与特点（2019—2020 年）

李秀敏[*]

李秀敏[*]

2019—2020 年是文化馆落实《中华人民共和国公共文化服务保障法》的重要阶段，也是落实《国家"十三五"时期文化发展改革规划纲要》提出的繁荣文化产品创作生产、完善公共文化服务网络、推动基层公共文化设施资源共建共享、加强优秀传统文化研究挖掘和创新发展、开展优秀传统文化普及等要求的收官阶段，文化馆界对此开展了大量的实践探索和理论研究。2021 年 2 月 1 日，笔者以"文化馆""文化站""群众艺术馆""群艺馆"为关键词，分别搜索了 2019年和 2020 年的图书、学位论文和期刊论文，基于所得结果进行计量统计和内容分析，以期揭示文化馆近两年理论研究的进展与特点。

一、文化馆理论研究定量分析

（一）研究成果总体情况

1. 图书

基于国家图书馆、北京大学图书馆、上海图书馆的书目检索系统，共筛选出以文化馆为研究对象的书籍 12 种。其中，曹树金[①]、刘海丽[②]围绕文化馆总分馆

---

  * 李秀敏,北京大学信息管理系、北京大学国家现代公共文化研究中心博士研究生。

  ① 曹树金.文化馆总分馆制研究[M].北京:国家图书馆出版社,2019.
  ② 刘海丽.文化馆总分馆制研究[M].武汉:武汉大学出版社,2019.

制，探讨了基本概念、关键问题，提出我国构建文化馆总分馆制的方案。李宏[①]以面向全民艺术普及的文化馆数字化为研究对象，通过 21 个典型案例的分类编排，呈现文化馆线上线下服务、网络互动培训、实体空间再造和远程服务的创新做法。苟勇[②]从实践的角度出发，在《四川省乡镇文化站站长实务》一书中，介绍基础知识、基本任务、专业业务、乡镇文化建设创新案例等内容。2020 年新冠疫情的背景下，中国文化馆协会举办了"文化馆事业发展的思考与讨论"系列网上讲座交流活动，并将讲座内容汇编为《文化馆发展十一讲》，内容丰富且具有前瞻性，体现了文化馆研究和实践的最新理念。

全国性研究报告有李宏、魏大威主编的《文化馆蓝皮书：新时代文化馆创新发展（2017—2018）》，地方性研究成果有《贵州文化馆事业发展报告》（2017年）、《垣曲县文化馆志》。同时，《增强活力 提升效能：2018 年中国文化馆年会征文获奖作品集》《新时代文化馆：改革 融合 创新—2019 中国文化馆年会征文获奖作品集》《"新时代文化馆理论体系构建"主题征文获奖论文集》《新时代北京市文化馆理论研究成果汇编》等汇编文集，能集中反映文化馆理论研究的主要成果、主要进展。

2. 学位论文

基于中国博士学位论文全文数据库和中国优秀硕士学位论文全文数据库，共检索得到 17 篇，均为硕士学位论文，其中 2019 年 13 篇，2020 年 4 篇。主要研究内容为：（1）结合具体案例，探讨总分馆制构建、乡镇综合文化站建设、文化馆的活动开展、在艺术普及中的贡献、文化馆建筑空间和室内设计、数字文化馆开发；（2）研究某个文化馆、某地区文化馆的历史、现状及前景；（3）文化站服务效能提升、职能发挥、服务效率评价等问题。

3. 期刊论文

在中国知网、万方等数据库检索、整理、剔除后，共得到 1314 篇以文化馆为主要研究对象的论文，对关键词进行统计后制作出了关键词共现图如下。

---

① 李宏.云中漫步：面向全民艺术普及的文化馆数字化建设[M].北京:国家图书馆出版社,2019.

② 苟勇.四川省乡镇文化站站长实务[M].北京:人民日报出版社,2019.

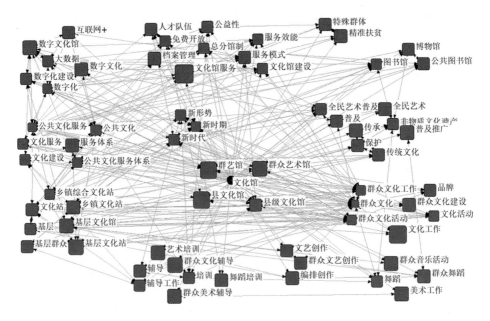

图1　2019—2020 年文化馆理论研究关键词共现图

可以看出，期刊论文的研究主要围绕以下内容展开：（1）大数据和"互联网＋"环境下，文化馆的发展方向、服务与创新，全民艺术普及、线上群众文化活动等业务的开展，数字文化馆等平台的搭建；（2）公共文化服务背景下群众艺术馆、文化馆（站）的功能与地位、服务效能提升，文化馆与公共图书馆、博物馆的合作共建，全民艺术普及、传统文化弘扬、群众文化建设等；（3）围绕基层文化馆（站），探讨其服务职能、文化活动的开展和对基层群众的辅导培训；（4）新时代、新时期、新形势下的全民艺术普及和非物质文化遗产、传统文化的保护与传承；（5）对具体业务活动的研究，包括各类群众文化活动的组织和美术、舞蹈、音乐的培训辅导，群众文艺创作、群众文化品牌建设等。

（二）研究机构与作者分布情况

由于文化馆的国际通行度不高，以及在高等教育中尚无专业设置，长期以来，文化馆从业人员是研究的中坚力量，直到 2005 年中共十六届五中全会提出要逐步形成覆盖全社会的比较完备的公共文化服务体系，才陆续有学者和研究机构参与到文化馆研究中。2019—2020 年间，就图书的著者而言，李国新、曹树金和刘海丽为高校学者，其余著者分别来自文化和旅游部全国公共文化发展中心、中国文化馆协会、贵州省文化馆、垣曲县文化馆。就论文而言，参与研究的机构中，有近 70% 为文化馆、群众艺术馆、文化站，其余多来自高校等研究机构，总体上看，研究者仍以从业人员为主。单就数量而言，发表量排名前十的机构如表 1。

表 1　发表量位居前十的机构及论文篇数

机构	论文篇数
深圳市文化馆	8
文化和旅游部全国公共文化发展中心	7
广东省文化馆	7
山东省文化馆	7
沧州市群众艺术馆	7
石家庄市群众艺术馆	6
天津市群众艺术馆	6
北京大学	5
东莞市文化馆	5
青岛市文化馆	5

　　除了文化馆从业人员，越来越多的高校和研究机构也开始关注文化馆的研究。发表论文较多的机构及其人员如表 2。

表 2　发表论文较多的研究机构及其人员

机构	人员
文化和旅游部全国公共文化发展中心	刘晶、王丽华、刘平、李亚男、张金亮、琚存华
北京大学	李国新、化柏林、关思思、刘晓东、刘仕阳、王威威、赵东在、申泳国

续表

机构	人员
湖南师范大学	张卫民、谢晗、刘旺达、刘建荣、冀景
西南科技大学	黄刚强、李彩平、徐正斌、刘芬
广西大学	董泽扬

在发表文章相对较多的研究机构中，文化和旅游部全国公共文化发展中心的研究内容主要集中在公共数字文化，包括智能终端的应用、各级数字文化馆的建设意义与路径、数字化人才队伍建设，同时关注公共文化发展中心职能发展及与文化馆的关系，成果发表于《大众文艺》《文艺生活》《图书馆研究与工作》等刊物。北京大学的学者主要研究农村公共文化服务建设、疫情对公共文化服务的影响以及公共文化机构社会化发展、年报等数据的抽取，成果发表在《中国图书馆学报》《图书情报工作》《图书与情报》《图书馆杂志》《图书馆建设》等刊物。湖南师范大学的学者主要研究少数民族非物质文化遗产保护、特色文化馆设计、基于文化治理的文化馆建设等，成果发表在《艺海》《美术教育研究》《湖南省社会主义学院学报》。西南科技大学的学者主要研究乡镇文化站的体育服务功能、数字文化馆在精准扶贫中的作用、非遗语境下的数字文化空间，成果发表在《运动精品》《文化产业》《艺术科技》。广州大学的学者主要从信息传播和乡村振兴的角度研究文化馆的建设，成果发表在《今传媒》《新闻世界》。

中国人民大学新闻学院、华东师范大学经管学院信息管理系、云南大学公共管理学院、辽宁师范大学政府管理学院、福建师范大学公共管理学院、武汉理工大学艺术与设计学院等机构的学者也从不同的角度出发，对文化馆展开研究。

（三）期刊分布情况

文化馆的理论研究涵盖基础理论和业务工作相关的各个方面，涉及的刊物也较为广泛。2019—2020 年间，发表在《文艺生活》的论文最多，占比 14%，其次为《大众文艺》《参花》《魅力中国》。在公共文化服务体系建设的背景下，《图书馆研究与工作》《文物鉴定与鉴赏》《四川图书馆学报》《新世纪图书馆》《贵图学苑》等图书馆学和博物馆学相关的刊物也是重要的发表阵地。

相较于2017—2018年《大众文艺》占比最高、《人文天下》和《戏剧之家》次之的状况，在2019—2020年间，《文艺生活》跃升至首位，《戏剧之家》仍是重要的发表平台，《人文天下》刊载的论文中研究公共文化服务的较多，专门研究文化馆的论文篇数有所下降。

表3 发文数量居于前列的刊物及其文章篇数

刊物	篇数	刊物	篇数	刊物	篇数
文艺生活	178	中国民族博览	27	民族音乐	14
大众文艺	72	文化创新比较研究	25	艺术科技	14
参花	63	青年时代	23	人文天下	11
魅力中国	61	文化产业	21	中华传奇	11
卷宗	55	赤子	21	散文百家	11
神州	48	青春岁月	20	文存阅刊	10
戏剧之家	44	文艺生活	19	山西青年	10
中文信息	30	北方音乐	16	产业与科技论坛	10
人文之友	28	中外交流	16	传媒论坛	9
文渊	28	百科论坛电子杂志	15	黄河之声	9

（四）关键词分布情况

对2019—2020年间期刊论文、学位论文的关键词和图书的主题词进行统计，剔除策略、对策等无专指意义的词，合并意义相近的关键词，如舞蹈培训、艺术培训、公益培训、美术培训等合并入文艺培训，得出该阶段的研究热点关键词。

表4 2019—2020年热点关键词

关键词	词频	关键词	词频	关键词	词频
文化馆	751	文艺创作	25	特殊群体	7
群众文化	308	图书馆	25	传统文化	7

续表

关键词	词频	关键词	词频	关键词	词频
公共文化服务	144	群众舞蹈	23	大数据	7
乡镇文化站	139	美术工作	22	品牌	6
基层文化馆	115	服务效能	20	档案管理	6
数字化	84	文化活动	20	人才队伍	6
群众文化辅导	36	总分馆制	16	精准扶贫	6
群众艺术馆	33	保护与传承	16	群众音乐活动	6
文艺培训	30	普及推广	13	博物馆	6
全民艺术普及	28	公益性	12	均等化	5
非物质文化遗产	25	文化馆服务	9	文旅融合	5
免费开放	25	互联网＋	7	慕课	5

相较于2017—2018年的高频关键词，群众文化、基层文化馆（站）、数字化、免费开放等依然是研究关注的重点，此外，全民艺术普及、非物质文化遗产等关键词的出现频率大幅提升，文艺辅导培训、文艺创作、传统文化保护传承和艺术普及推广相关的关键词出现频率有所提高。

二、文化馆理论研究的主要内容

对图书、学位论文和期刊论文、年会征文的内容进行分析后，结合文化和旅游部全国公共文化发展中心公布的"文化馆事业高质量发展研究计划"2020年度课题研究名单，将文化馆理论研究的重点进展和成果归纳为以下几个方面。

（一）公共文化服务体系下文化馆的发展

文化馆是我国公共文化服务体系的重要组成部分，在现代公共文化服务体系建设中占有重要的地位。期刊论文中，有11%的文章将文化馆置于公共文化服务体系的背景下进行研究。例如，徐曙红[①]分析了《中华人民共和国公共文化服务保障法》实施后文化馆发展的新趋势。杨俊[②]结合国家公共文化服务体系示范区的建设，总结了六盘水市乡镇综合文化站的建设经验。关思思[③]等人对我国公共图书馆、文化馆、博物馆等公共文化机构社会化的实践形式进行研究，将其分为6大类20余种，总结其特点并提出发展建议。化柏林[④]等人设计了一种公共文化服务大数据集成架构，并对其中的采集、存储等关键技术进行研究，用于挖掘和分析文化馆等公共文化机构的服务大数据。刘蔚[⑤]以四川文化馆的信息化建设为例，探讨现代公共文化服务体系的建设与完善。赵晋芝[⑥]结合文体中心站内图书馆改造的具体案例，提出了街镇图书馆与综合文化站协调发展的路径和优化策略。

在"文化馆事业发展的思考与讨论"系列网上讲座交流活动中，李国新[⑦]认为，作为重要的公共文化服务机构，文化馆应提高对数字化和网络化服务的认识、增加数字资源的总量、凝练文化馆数字资源的特色，同时，建立危机应对的常态化机制，向专业化、高质量发展。杨乘虎[⑧]认为，深化公共文化服务供给侧改革，要深刻分析新环境、新形势，推动公共文化服务"体系＋平台"优化升级、"专业＋社会"协同关联，"在线＋在地"融合发展。金武刚[⑨]认为，文化馆

① 徐曙红.《公共文化服务保障法》实施与文化馆发展的新趋势[J].大众文艺,2019（21）:8-9.

② 杨俊.结合国家公共文化服务体系示范区建设之文化站建设探讨——以贵州省六盘水市为例[J].贵图学苑,2019（3）:3-6.

③ 关思思,刘晓东.我国公共文化机构社会化发展的主要形式及特点[J].图书馆建设,2020（4）:23-29.

④ 化柏林,赵东在,申泳国.公共文化服务大数据集成架构设计研究[J].图书情报工作,2020,64（10）:3-11.

⑤ 刘蔚.现代公共文化服务体系的建设与完善——以四川文化馆信息化建设为例[J].四川图书馆学报,2020（6）:32-37.

⑥ 赵晋芝.第三方评估视角下的街镇图书馆与综合文化站协调发展路径研究[J].新世纪图书馆,2019（6）:78-82.

⑦ 李国新.文化馆发展十一讲[M].北京:国家图书馆出版社,2020:17.

⑧ 李国新.文化馆发展十一讲[M].北京:国家图书馆出版社,2020:35.

⑨ 金武刚,王瑞芸.论文化馆高质量发展的关键要点[J].图书馆研究与工作,2020（8）:15-23.

的高质量发展可以从普惠式、品质化、可持续三个维度加以建设，包括创新服务项目和方式、加强总分馆建设、供给主体多元化、服务方式精准化、服务内容特色化、服务管理规范化等多个要点。

（二）基层文化馆建设

基层文化馆建设始终是文化馆事业发展中的重要议题，2019—2020 年间理论研究的内容包括：新形势下基层文化馆建设面临的困难及对策，基层公共文化经费保障、人才队伍建设培训，基层群众文化工作的开展、基层群众文化活动组织、基层文艺培训辅导、基层文艺创作，以及基层文化馆非遗传承、非遗扶贫、志愿服务、青少年服务等问题。同时，也有学者结合基层文化馆研究基层文化治理，例如周俊华[1] 基于乡村文化兴盛的视角，研究边境地区乡镇文化站的文化治理功能，沙垚[2] 从农村俱乐部切入，探讨农民的文化主体性和农村文艺的组织化。

有不少学位论文将目光聚焦在基层文化馆的建设，结合实地调查和具体案例，探讨基层文化馆的建设。例如，何珏瑜[3]以 S 市的文化站建设为例，调研其建设和利用现状，总结群众参与度、基础设施条件、人才队伍等方面存在的问题，梳理原因并提出发展对策。唐艳[4]、唐宣[5]、燕宜芳[6]等人在学位论文中，结合具体事例，探讨文化站职能发挥和效能提升的问题。田景苑[7]关注基层文化馆的服务

---

① 周俊华,李楠.乡村文化兴盛视角下边境地区乡镇文化站文化治理的功能研究——以金平县勐拉镇为例[J].云南行政学院学报,2019,21（5）:51-58.

② 沙垚.再谈农村俱乐部:农民的文化主体性与农村文艺的组织化[J].文艺理论与批评,2019（4）:79-87.

③ 何珏瑜.S市乡镇综合文化站建设问题及对策研究[D].汕头:汕头大学,2019.

④ 唐艳.津市市乡镇综合文化站职能发挥问题研究[D].长沙:湖南大学,2019.

⑤ 唐宣.乡镇综合文化站公共文化服务效能提升策略研究[D].湘潭:湘潭大学,2019.

⑥ 燕宜芳.新公共服务视角下郑州市高村乡文化站建设研究[D].武汉:华中师范大学,2020.

⑦ 田景苑.中国县市级文化馆公共文化服务效率评价研究[D].成都:西南交通大学,2019.

效率评价，李悦[①]关注西部地区乡镇综合文化站的建设，吴思莹[②]结合供给侧改革，关注西部乡镇综合文化站的服务效果。

（三）文化馆数字化建设

在新冠疫情的特殊背景下，数字化是公共文化服务领域普遍关注的问题。文化馆界基于大数据、"互联网+"的环境，针对数字文化馆建设、文化馆数字服务展开了丰富的研究，旨在优化创新数字服务，提高服务覆盖面和辐射范围，延伸服务触角，提升服务效能。内容主要包括：（1）分析新形势下文化馆数字化发展的现状、机遇、策略、趋势；（2）数字文化馆建设的模式、难点、路径，以及硬件、软件、资源、品牌建设和管理等问题，徐正斌等人[③]还研究了数字文化馆试点在精准扶贫中的作用；（3）数字化环境下艺术培训、群文活动模式的转变，例如张书娜[④]探讨了"微课"的服务理念以及方式方法；（4）新技术的引入，例如郭艳[⑤]、张萌[⑥]等人探讨了虚拟现实技术在文化馆的应用，熊远超[⑦]探讨了新媒体技术在文化互动空间的应用。

在"文化馆事业发展的思考与讨论"中，王全吉[⑧]认为，当前文化馆数字文化服务在资源总量、公众覆盖面、平台运营能力方面有待提升，应重视优质资源建设、数字平台运营、网络活动策划，馆长及馆员应具备互联网思维、慕课教

---

① 李悦.我国西部地区乡镇综合文化站建设研究[D].银川:北方民族大学,2020.

② 吴思莹.供给侧视域下我国西部乡镇综合文化站服务效果研究[D].成都:电子科技大学,2020.

③ 徐正斌,刘芬.数字文化馆试点建设在精准扶贫中的作用——以北川羌族自治县为例[J].文化产业,2019(1):30-33.

④ 张书娜.文化馆开发利用好"微课",让全民艺术普及工作更加高效快捷[J].中国民族博览,2019(10):53-54;105.

⑤ 郭艳,张敏,陈静怡.基于虚拟现实技术的VR湖湘文化馆系统关键技术的研究[J].电子测试,2020(17):74-76.

⑥ 张萌,陈晴.基于VR技术的"虚拟文化馆"交互融合设计[J].中外建筑,2020(9):166-168.

⑦ 熊远超.新媒体技术在文化互动空间的应用——以马鞍山市文化馆为例[J].今传媒,2019,27(11):21-22.

⑧ 李国新.文化馆发展十一讲[M].北京:国家图书馆出版社,2020:1.

学、重视文化社群运营。李立群^①认为，文化馆应巧用第三方平台、推进文旅融合，让民众从数字文化服务中提升获得感。

（四）文化馆业务工作研究

理论研究与实践相辅相成，文化馆的各项业务工作是实现文化馆使命、发挥其社会功能的具体途径。该阶段，围绕业务工作的研究主要包括五个方面。

其一是全民艺术普及，探讨新形势下开展全民艺术的背景、内涵、意义、开展路径、创新方式等，并结合实践介绍各地的创新经验。例如：孙海箴^②结合山东文化馆的实践，探讨了全民艺术普及品牌活动实施的背景、主要类型、成效；周美芹^③结合河北省群众艺术馆的实践经验，认为组织活动、阵地培训、下乡辅导是实现全民艺术普及的有效方式。

其二是传统文化的保护传承、活化利用，探讨文化馆在保护和传承非物质文化遗产中的作用，以及创新活化传统文化的具体路径。例如：林园^④探讨了侗族大歌的保护传承，刘青弋^⑤探讨了南疆非遗舞蹈的保护，四川师范大学对文化馆文创项目开发的前景与挑战展开了研究，福建省艺术馆结合漆艺探索传统文化的创意新生。

其三是培训辅导，包括开展美术、舞蹈、音乐等各类培训辅导的意义、方式、作用，例如：汪雪^⑥探讨了辽源市群众艺术馆的音乐文化活动，武纪雨^⑦

---

① 李国新.文化馆发展十一讲[M].北京:国家图书馆出版社,2020:63.

② 孙海箴,付润芝.山东文化馆系统创新全民艺术普及模式探析[J].人文天下,2019（24）:64-67.

③ 周美芹.群众文化是实现全民艺术普及的有效载体——以河北省群众艺术馆为例[J].大众文艺,2019（5）:5-6.

④ 林园.侗族大歌保护传承的路径探索——以柳州市群众艺术馆为例[J].文化创新比较研究,2019,3（15）:49-50.

⑤ 刘青弋.传统舞蹈的公共空间建构及其应对挑战的力量——以南疆非遗舞蹈保护现状考察为个案[J].当代舞蹈艺术研究,2020,5（1）:8-23.

⑥ 汪雪.辽源市群众艺术馆音乐文化活动研究[D].延边:延边大学,2019.

⑦ 武纪雨.山东省文化馆的音乐贡献研究[D].济南:山东艺术学院,2019.

研究总结了山东省文化馆的音乐贡献,柯青[①]则对文化馆艺术档案管理进行探讨。

其四是群众文艺创作,研究文化馆在繁荣群众文艺创作中应发挥的作用,以及如何引导群众开展音乐、舞蹈、书画等各类文艺创作。戴珩[②]就重大主题群众文艺创作展开讨论,分析其意义并提出重大主题群众文艺创作应该把握的要点。

其五是民间艺术文化交流,例如林静[③]认为,在优秀民族民间艺术的保护与传承中,文化馆应加强优秀文化的推广交流;北京工商大学国际经管学院的学者从文旅融合的角度切入,研究民间艺术的国际交流。

(五)文化馆管理

1.总分馆

总分馆制是构建公共文化服务体系,促进城乡公共文化服务标准化、均等化发展的重要举措,在图书馆界的应用和研究日趋成熟,但在文化馆领域,总分馆制建设相对处于初步阶段。2019年,有两部相关专著问世,曹树金[④]的《文化馆总分馆制研究》探讨了文化馆总分馆制的基本概念和服务模式,分析当前文化馆总分馆体系建设中出现的问题,研究该如何构建布局合理、发展均衡、覆盖面广、全面开放的文化馆总分馆体系。刘海丽[⑤]的《文化馆总分馆制研究》分析了国内外公共图书馆、文化馆类似机构总分馆制构建的基本经验,将总分馆制管理模式划分为一体化、紧密型和松散型三种类型,并探讨了文化馆总分馆制构建中的政府责任、治理机构、管理模式、资源配置、地域单元五大关键问题。

此外,柳升高[⑥]将文化驿站作为总分馆建设的内容之一,探讨其创意由来、

① 柯青.新时期文化馆艺术档案管理研究[J].山西档案,2019(3):103-104.
② 李国新.文化馆发展十一讲[M].北京:国家图书馆出版社,2020:77.
③ 林静.浅论文化馆应如何做好民族民间艺术保护与传承[J].中国民族博览,2019(1):64-65.
④ 曹树金.文化馆总分馆制研究[M].北京:国家图书馆出版社,2019.
⑤ 刘海丽.文化馆总分馆制研究[M].武汉:武汉大学出版社,2019.
⑥ 李国新.文化馆发展十一讲[M].北京:国家图书馆出版社,2020:115.

目标定位、发展历程、运营管理、特点和启示。李玲[①]研究了河南省信阳市文化馆的运营和发展状况，探究文化馆总分馆制体制改革的可行道路；郑伟[②]结合永济市文化馆图书馆总分馆制建设，分析其产生背景、实践效果和经验、存在的问题及解决对策。王惠君[③]探讨了文化馆总分馆建设的现实意义、与图书馆总分馆的异同及其建设路径。

2. 标准化

标准化是实现公共文化服务均等化的重要路径。目前，文化馆领域对标准化的研究成果相对较少，但关注度在提升。例如中国标准化研究院对文化馆服务标准体系建设展开了研究，深圳市文化馆在对数字文化馆服务标准展开了研究，宁夏回族自治区文化馆对该地区文化馆基本公共文化服务标准化体系展开了研究。

3. 年报

年度报告制度最早出现且普遍应用于公司管理中，随后逐渐向图书馆、博物馆等公共文化领域扩展。《中华人民共和国公共文化服务保障法》规定，公共文化设施管理单位应当建立公共文化服务开展情况的年报制度。2017年成都市文化馆向社会发布《2017年成都市文化馆年报》，随后，海宁市文化馆、扬中市文化馆、徐州市文化馆、宿迁市文化馆等陆续启动年报编制工作。年报中包含了机构发展的重要事件、基本情况、馆舍建设、服务点布局、人员结构、经费使用、创作成果、影响力等众多内容，具有丰富且有研究价值的数据。刘仕阳等人[④]研究了多源数据环境下公共文化服务机构年报的数据抽取方法，广东省文化馆正在研究文化馆年报编制与公开制度。

此外，也有人从免费开放、志愿服务、管理优化等方面开展研究，例如张航

---

① 李玲.基于"总分馆制"的河南省信阳市地方文化馆运行机制改革研究[D].南宁:广西民族大学,2019.

② 郑伟.永济市文化馆图书馆总分馆制研究[D].太原:山西大学,2019.

③ 王惠君.推进文化馆总分馆建设 构建现代公共文化服务体系[C]//魏大威.新时代文化馆:改革 融合 创新——2019中国文化馆年会征文获奖作品集.北京:国家图书馆出版社,2019:6.

④ 刘仕阳,王威威,化柏林.多源数据环境下公共文化服务机构年报的数据抽取研究[J].图书馆杂志,2020,39(12):52-60.

睿^①通过案例分析，探讨文化馆服务管理中存在的突出问题，将其总结为服务能力不足、服务效率不高两个方面，并结合管理学理论提出了文化馆服务管理优化方案，旨在提高服务效能、提升群众文化体验。

（六）文化馆发展历史研究

对文化馆的发展历史和国内外相似机构进行深入研究，有助于把握文化馆的本质及其功能定位，厘清群众文化政策及事业发展逻辑。李春燕^②结合我国文化政策的演进脉络，梳理了上海市群众艺术馆在计划经济时期、改革开放初期、深化文化体制改革时期的发展历程及特点，结合现状，对发展前景进行了展望。徐钦振^③基于史料及相关著作，梳理了新中国初期河南地区文化馆与博物馆的发展沿革，剖析各自的职能、作用，探讨新中国初期文化馆与博物馆之间的关系。萧烨璎^④探讨了文化馆的开放性，认为文化馆的"开放性"赋予其强大的"可塑性"，文化馆需明确自身定位，解决"我是谁""为了谁""怎么为"的问题。郑州大学信息管理学院的学者正在研究国外文化馆类似机构发展历程与专项问题，佛山文化馆正在研究文化馆（站）发展历程及趋势。

（七）融合发展

文化馆领域对融合发展的研究主要包括文旅融合和机构融合。

文旅融合方面，毕绪龙^⑤分析了部分省份文旅融合发展的指导意见，将其措施为三种，即拓展文化设施的旅游服务功能、活跃基层文化机构的旅游服务、推进公共文化服务进景区，认为目前文化馆和旅游的融合，落后于产业领域以及博物馆、美术馆等公共文化设施的文旅融合，并提出了文化馆公共文化服务和旅游

---

① 张航睿.长春市南关区文化馆服务管理优化研究[D].长春:吉林大学,2020.
② 李春燕.上海市群众艺术馆:历史、现状和前景[D].上海:上海社会科学院,2019.
③ 徐钦振.新中国初期河南地区文化馆与博物馆[D].郑州:郑州大学,2019.
④ 李国新.文化馆发展十一讲[M].北京:国家图书馆出版社,2020:177.
⑤ 李国新.文化馆发展十一讲[M].北京:国家图书馆出版社,2020:95.

融合发展的路径。黄城煜[①]探讨了文旅融合背景下文化馆的职能调适,广州市文化馆就新时代文化和旅游志愿服务融合展开研究,四川省文化馆就文化馆服务与旅游公共服务融合发展的向度和方法路径展开探索。

机构融合方面,戴旭锋[②]结合嘉善县域三馆公共文化服务的实际情况,探讨了县域内图书馆、文化馆、博物馆三馆公共文化服务融合发展的可行性和实施构想。辽宁省公共文化服务中心从区域文化机构整合视角出发,研究文化馆创新发展策略。国家公共文化服务体系示范区创新研究中心对公共文化机构融合发展的理论、路径与创新实践展开了研究。

(八)空间设计及优化

文化馆空间优化方面,俞凯睿[③]围绕科技文化馆室内空间设计,基于对大量传统文化馆建造状况及存在问题的分析,提出了改进方法与策略。杨利[④]结合遗址保护的背景,研究遗址类文化馆的空间建设,认为其应该对公众具有开放性、传承性和互动性,既能融合历史文化元素,又能成为当地居民的文化活动场所。此外,成都市文化馆正在研究高质量发展理念下文化馆功能升级转型,嘉兴市文化馆在研究城市化进程中的文化馆公共空间拓展,深圳市文化馆在研究文化馆智慧化服务空间的建设。

三、文化馆理论研究的特点

(一)基层文化馆始终是重要的研究主题

文化馆是开展群众文化工作的重要阵地。综观文化馆理论研究发展历程,自

---

① 黄城煜.适应与转型:文旅融合背景下文化馆职能调适[J].中国民族博览,2020(22):68-70.

② 戴旭锋.图书馆、文化馆、博物馆三馆公共文化服务融合发展前瞻——以浙江省嘉善县为例[J].图书馆研究与工作,2020(5):10-13.

③ 俞凯睿.上饶市广丰区科技文化馆室内空间设计[D].株洲:湖南工业大学,2019.

④ 杨利.基于保护背景下的邺城遗址文化馆建筑空间设计研究[D].开封:河南大学,2019.

1980年文化部印发《关于加强群众文化工作的几点意见》后，文化馆界就基层文化站建设方法、任务、存在的困难及对策等问题展开了较多探讨。随着社会变革和文化馆事业发展，免费开放、数字化、均等化、标准化、总分馆等陆续成为研究热点，但理论研究中始终对基层文化馆（站）保持较高的关注。2019—2020年，乡镇文化站、基层文化馆是仅次于文化馆、公共文化服务的关键词，在乡村振兴、文化治理、促进城乡一体发展、乡村公共文化服务体系建设的大背景下，基层文化馆（站）必将大有可为，也值得更全面、充分、深入的研究。

（二）文化馆理论研究涉及众多学科

文化馆承担着全民艺术普及、优秀传统文化传承、开展社会教育等诸多功能，涉及舞蹈、音乐、美术等多个门类。在公共文化服务体系建设之前，研究者多为文化馆从业人员，由于基层图书馆和乡镇文化站的密切联系，也有图书馆界的从业人员参与研究。在公共文化服务体系建设的背景下，学界逐渐对文化馆予以关注，初期以图书馆学界的学者为主。目前，研究文化馆的学者已涵盖众多学科。例如：北京大学信息管理系、华东师范大学经管学院信息管理系的学者从公共文化服务的角度切入；中国人民大学新闻学院等机构的学者从传播学的角度切入；云南大学公共管理学院、辽宁师范大学政府管理学院等机构的学者从基层治理、文化治理的角度切入。此外，来自艺术学院、音乐学院、建筑学院、美术学院、马克思主义学院的学者也从各自的领域切入，从不同角度对文化馆进行研究。

（三）偏重应用理论和应用方法的研究

从论文发表数量来看，目前文化馆领域的研究偏重应用，即从实际工作出发，着重研究文化馆的建设、管理、运行，全民艺术普及、传统文化传承、非遗保护、文艺辅导培训等业务工作的开展，以及公共文化服务背景下，文化馆总分馆制的建设、文化馆数字化、社会化、空间和服务升级等内容。但作为理论研究的重要方面，对文化馆性质、定位、基本特征、社会功能、发展理念等内容的探究相对较少，文化馆事业整体发展历程和文化馆理论发展过程的回顾性研究占比

也很低。2019—2020 年间，以学位论文和课题立项为主，有学者对地区文化馆
发展历史开展了回顾、总结性研究，在 2019 年的中国文化馆年会征文中，也有
研究者从文化馆学的角度出发，探讨其研究范式、学术理性，对文化馆从业人员
职业伦理建设、现代文化馆的文化引导职能等展开探讨。这些研究的开展，有助
于进一步厘清文化馆的发展历史和基本规律，明确文化馆的本质和在社会中的定
位，为政策制定和事业发展提供指引和依据。

实践案例

上海市民艺术夜校：夜间延时开放
打造中青年文化家园

吴鹏宏[*]

上海市群众艺术馆于 2016 年创办"上海市民艺术夜校"，为进一步提升场馆服务的辐射面和品质，近年来采取延时开放的方式，开辟晚间 19 点至 20 点 30 分时段，服务 18—55 周岁的在职中青年人群。截至 2021 年，共开办夜校课程 135 期，参与学员近 3500 人，服务受众 46000 人次，受到广大中青年的欢迎和肯定。2021 学年春季班在 3 月 16 日线上报名通道开启之际，5 大校区 46 门课程近 1200 个名额在 5 分钟内被抢报一空。《人民日报》在头版对"上海市民艺术夜校"项目进行了报道。上海市民艺术夜校的主要做法如下。

一、以总分校模式探索文化馆总分馆制建设

2020 年 9 月，"上海市民艺术夜校"一度登上微博热搜，上海市群众艺术馆的微信公众号用户量和关注度激增。这既是体现了上海市构建现代公共文化服务的成效，也反映了在职中青年群体对夜间公共文化服务的高需求。为更好地回应广大市民的文化需求，上海市群众艺术馆积极策划总分校模式，以"举手机制"搭建平台，发挥各区文化馆的服务功能，在上海市群艺馆总校的基础上，联合长宁、静

---

* 吴鹏宏，上海市群众艺术馆馆长、党总支副书记。

安、虹口、徐汇四个区文化馆启动分校工作，探索各区的特色文化品牌课程，同时浦东、普陀、闵行、嘉定、青浦、奉贤等 6 个区文化馆也积极参与，在 2021 年秋季班加入市民艺术夜校分校。根据工作计划，"上海市民艺术夜校"将于 2022 年底前实现 16 个区分校全覆盖。总分校模式的探索，既让更多中青年人群能够就近、便利地享受优质公共文化服务，也成为推动文化馆总分馆制建设的有益实践。

二、以精准化供给提升公共文化服务效能

"上海市民艺术夜校"填补了中青年文化艺术教育的空白，紧密贴合市民对文化艺术的需求，这得益于建立在大量调研分析基础上的精准化供给。通过对不同年龄段的市民在享有文化艺术培训情况开展调查，上海市群众艺术馆发现相比老年人和青少年，中青年的培训占比很少，市场化培训不仅收费贵，培训质量也参差不齐。作为公益性的艺术普及培训项目，推出针对 18 至 55 周岁中青年人群的"上海市民艺术夜校"可谓是直击需求关键点：零基础门槛、500 元 12 次课的价格、高水准的授课质量，加上每周一至周五晚上 7 点至 8 点 30 分的时间安排。

根据以往报名统计数据来看，70% 的报名者为"80 后"人群，20% 的报名者为"90 后"。为了给学员提供优质的课程教学，上海市群众艺术馆通过问卷、走访、座谈等方式，梳理学员关注度高、持续性长的热门艺术门类，通过与第三方专业机构开展合作，整合上海新群星文化艺术专修学校、朱宗庆打击乐团、上海阿卡贝拉中心、巴塞美术馆等社会优质课程资源，共同研发课程。以 2021 年春季班的课程为例，共推出包括舞蹈类、音乐类、美术类、传统文化类、生活时尚类等 5 类共 46 门课程，其中既有底蕴深厚的艺术体验班，也有紧跟时代的短视频制作课，丰富多彩的精品课程与群众日益增长的文化需求相契合，体现了精准化供给为公共文化服务品质提升所起到的促进作用。

三、以社会化参与支撑文化馆夜间延时开放

根据中青年参与艺术培训的特点，2021 年"上海市民艺术夜校"在文化馆现

有团队与资源无法完全覆盖夜间延时开放需要的情况下，积极探索社会化参与机制，积极引进社会力量成为延时开放的有力支撑。上海市群艺馆专门组建了"上海市民艺术夜校"课程管理小组，招募具有管理相关背景的文化志愿者组成团队，对相关课程和师资开展满意度调查和现场工作。同时为了提高夜校管理效能，市群艺馆联动部分社会专业机构在提供课程的同时，发挥教学管理特长，共同参与"上海市民艺术夜校"的日常教务工作，并通过线上线下结合的模式，推进带班工作，确保各班级有序推进。

此外，为了方便中青年群体报名，"上海市民艺术夜校"依托"文化上海云"平台，搭建了数字化在线报名收费系统，并邀请上海市民文化协会参与招生报名管理工作，进一步提升了夜校报名的服务效能。

四、进一步提升"上海市民艺术夜校"高质量发展的设想

下一步，主要从五方面提升"上海市民艺术夜校"高质量发展。一是扩大覆盖范围，到2022年底前实现"1+16"总分校全覆盖；二是加大下沉力度，探索将分校或教学点进一步下沉延伸至街镇社区文化活动中心，以及有条件开展公益培训的园区、商场；三是丰富课程种类，通过市、区联动，整合区域特色课程，新增国标舞、魔术、传统戏曲、戏剧表演、朗诵、纸艺、织染等课程，逐步扩容至百门课程；四是强化社会参与，通过社会征集和课程评审的方式，整合更加多元化主体参与"上海市民艺术夜校"，进一步优化课程资源；五是推出线上"市民艺术课堂"，探索采取公益性收费的模式，为无法线下报名的市民提供线上教学服务。

此外，在市委、市政府的关心下，上海市文化和旅游局将积极协调市财政局、市发改委等有关单位，探索做好全市公共文化设施延时开放的经费保障工作，让更多人群有机会走进艺术之门，提升文化艺术素养，享受公共文化服务。

"城乡艺网"：文化馆总分馆制的温州探索

马知力　郑　虹[*]

一、温州市文化馆总分馆制的体系架构

温州市全面建设文化馆总分馆服务体系，以"文化驿站"为特色载体，形成"中心馆—总分馆"格局的"城乡艺网"服务模式。中心馆职能由温州市文化馆承担，总馆职能由各县（市、区）级文化馆承担，分馆职能由乡镇、街道综合文化站承担，服务点职能由文化礼堂或村（社区）综合性文化服务中心承担。乡镇、街道综合文化站尚未达到分馆建设标准的，以服务点形式纳入；具有一定规模且服务能力较强的文化礼堂，符合分馆建设标准的，可以升格为分馆。提供群众文化艺术服务的其他公共设施或社会设施，符合条件且按总分馆制要求运行的，以分馆或服务点的形式纳入。

在中心馆的统筹协调下，以推进"文化驿站"建设为重点，有机串联全市各级公共文化场馆、设施以及社会各类有效资源，进一步完善多类型文化场馆融合、资源共享、互联互通、有效覆盖、特色鲜明的文化馆总分馆服务网络，将文化艺术普及与优秀传统文化传承融入城乡居民日常生活，实现群众文化艺术服务"无处不在、无时不在"。

中心馆、总馆、分馆和服务点逐步实现统一服务目录、统一服务标识、统一

---

* 　马知力，浙江省温州市文化馆理论信息部主任。
郑虹，任职于浙江省温州市文化馆理论信息部。

服务规范、统一服务平台、统一考核标准，建立起资源采购配送体系、群众艺术培训体系、群文活动联动体系、群众文艺创作体系、服务绩效考核体系和数字服务平台体系。

二、温州市文化馆总分馆制的特色路径

温州市文化馆总分馆制依托"城乡艺网"互联网服务平台，以文化驿站为载体，以乡村艺术团建设为抓手，以温州市表演艺术类培训机构公益大联盟为辅助，形成了独具温州特色的新型文化馆总分馆制建设路径。

（一）数字平台串联城乡公共文化服务网络

2020 年 7 月，温州市文化馆数字服务平台——"城乡艺网"互联网平台投入试运行。"城乡艺网"互联网平台分为社会服务和文化馆系统内部管理两个部分。面向社会服务部分包含信息发布、活动报名、场馆预约、点单服务、资源展示、文化慕课、文化直播等栏目，主要是为大众提供各类线上公共文化服务。文化馆系统内部管理系统是以活动打卡功能为重要特点，总分馆体系内各单位通过手机移动端对开展的各项文化活动进行实时拍照打卡，并由后台进行大数据归纳整理。"城乡艺网"互联网服务平台使温州市文化馆总分馆体系中的公共文化资源得到充分统筹利用，公共文化服务效能得到提升，实现公共文化服务的全覆盖。同时，实现了文化馆、文化驿站、乡镇综合文化中心、乡村艺术团、艺术培训机构公益大联盟等单位的紧密连接。2020 年 7 月启动后的近半年时间，完成县（市、区）文化馆、乡镇文化站、文化驿站、公益大联盟、乡村艺术团等单位近 980 支团队的注册，实现活动打卡 51057 次，服务群众 1261117 人次。

（二）文化驿站打造新型公共文化服务空间

温州市文化驿站建设，是统筹利用公共设施和社会设施，以特色文化空间嵌入方式，采用连锁运行管理，推出高品质的文化艺术分享和体验活动，满足社会公众特别是青年群体对精神文化生活个性化、多元化需求，创造了精准化对接、

分众化服务的公共文化服务供给体系。经过几年发展，文化驿站构建了"1 + 10 + N"模式，即突出1家龙头文化驿站（温州市文化馆文化驿站），横向串联形成10家各具特色的市级文化驿站（如市图书馆文化驿站、市博物馆文化驿站等），带动县（市、区）和社会合作的N个驿站共同创建，形成集聚效应，成为继"城市书房"后的又一个城市文化品牌。其中"1 + 10"为文化部门自行建设验收挂牌的文化驿站，"N"代表独立书店、私人博物馆、茶室、民间美术馆、咖啡吧、企事业单位、社会团队和个人参与的N家社会力量合作办站认证挂牌的文化驿站。目前，温州市已经建成文化驿站210个。文化驿站建设打造了一大批特色公共文化服务空间，提供了丰富多彩的文化艺术活动，提高了公共文化设施利用率，深受社会公众喜爱，成为温州公共文化服务的又一亮点。

（三）乡村艺术团促进乡村文化振兴

乡村艺术团建设，是温州市破解城乡公共文化服务不平衡、不充分难题，打通公共文化服务"最后一公里"的创新举措，是"自上而下"科学设计、"自下而上"蓬勃建设的全市域系统性文化惠民工程。自从2018年5月启动"乡村文艺繁星计划"以来，截至2020年底，全市建有乡村文艺团队2678个，累计开展活动2万余次，服务基层群众超过40万人次。行政村（社区）100%拥有乡村文艺团队，乡村文艺团队100%入驻农村文化礼堂。乡村艺术团以人民为中心搞活农村文化，以制度化、体系化方式推进农村文艺团队建设，促进了农村文化活动繁荣兴盛，实现可持续发展，缩小了城乡文化差距，促进公共文化服务城乡一体高质量发展，实现了文化主管部门从"办文化"向"管文化"转变，文化服务方式从"送文化"向"种文化"转变，农村居民从"要我参加"向"我要参加"转变，基层文化阵地从"单一低效"向"百花齐放"转变，文化治理格局从"分散线状"向"共建共享"转变。

（四）公益大联盟奠定社会力量参与基础

为进一步提升温州公共文化服务水平，统筹全市民间艺术类培训机构的力量和资源，广泛开展便民惠民的文化服务，温州市文化馆于2018年10月发出倡议，成立"温州市表演艺术类培训机构公益大联盟"。联盟以市文化馆为主阵地,众多社会培训机构、文化传媒公司、县(市、区)文化馆等共同组成。公益大联盟成立两年多来,从初期的131家,扩展到如今403家,累计开展公益培训课程超过1万次,受益群众达10万余人次。公益大联盟的建立,是文化馆系统与社会力量合作的创新探索,进一步扩大了公益性表演艺术培训优质资源,促进了区域培训一体化、优质化,促进了全民艺术普及,也为文化馆总分馆制建设奠定了扎实的社会力量参与基础。

三、温州市文化馆总分馆制建设的主要经验

温州市文化馆总分馆建设在坚持公共文化服务公益性、基本性、均等性、便利性原则基础上,整合政府部门、群团组织、社会力量等各类群众文化艺术资源,加强科学化、体系化、标准化运行管理,创造性地以"文化驿站""乡村艺术团""公益大联盟"等为载体,打造高质量发展的文化馆总分馆服务体系,实现全市文化活动、文艺创作、文艺辅导、送戏下乡、队伍培训以及演出器材设备调配等方面的统筹发展,推动全民艺术普及与优秀传统文化传承,增强文化自信,提高公众综合素养。

(一)服务平台数字化

公共文化服务的数字化赋能是大势所趋。温州以"城乡艺网"互联网平台为基础的文化馆数字服务系统,由中心馆统筹建设,总馆、分馆、服务点按要求完成相应的管理工作和资源建设,协同提供线上线下服务支撑。活动报名、场馆预约、培训签到等均可以通过线上实现,极大方便了市民。市民足不出户就可以在平台上享受到文化慕课、云展厅、演出直播等服务,拓展了公共文化服务的覆盖面。依托服务平台,建立社会公众文化需求反馈和评价渠道、群众文化艺术活动参与情况的分级分类数据库,精准采集分析市民文化需求、参与方式、行为特征、满意度等信息数据,不断提高服务的有效性和针对性。同时,通过建立类似繁星计划活动打卡系统的信息管理系统和绩效评价系统,逐步实现中心馆、总

馆、分馆、服务点日常管理和绩效评价公开、实时、动态发布，推动各项工作规范有序、长效运行。

（二）服务阵地多元化

以文化驿站为载体的文化馆总分馆特色空间，实现了阵地建设多元化，打破了各级文化馆、综合文化站、文化礼堂等各自组织开展活动的"孤岛"状态，摆脱了按照行政层级来设置站点的束缚，让文化阵地嵌入居民周边的文化设施中，将文化馆的触角深入群众中，打通了"最后一公里"。文化驿站在一定程度上融合了图书馆、博物馆、书画院等多种文化艺术门类以及社会文化团体的培育功能，为文化馆统筹运营总分馆服务体系、促进公共文化服务高质量发展提供了可行性，既丰富了公共文化产品和服务，又激发了社会各界参与文化服务的积极性。

（三）服务团队规范化

温州市乡村艺术团建设将农村文艺骨干、文艺爱好者和广大村民进行规范化、系统化整合，组建具有地方特色的各类艺术团体，入驻文化礼堂等基层文化阵地，打通人员、设施、活动和服务各环节，全员参与公共文化产品的生产与供给，丰富活跃农村文化生活。同时，用活动打卡、平台排名、评星奖励等措施，促使团队将文艺活动常态化，形成了农民群众"自我创造、自我表现、自我服务、自我教育"的公共文化供给新模式，为文化馆总分馆制建设注入源源不断的团队活力。团队有组织、有场地、有活动、有管理，团队的凝聚力更强，更有生命力。一支有生命力的文艺团队，可以有效带动当地的公共文化水平的提升。

（四）服务方式社会化

通过公益大联盟成员单位与乡镇（街道）结对的方式，帮扶指导乡村艺术团，满足乡村艺术团的师资需求。2020年温州市文化馆在结对帮扶的基础上，发动公益大联盟牵手乡村艺术团，用4个月时间把3900课时的专业培训送到当地乡村艺术团身边，给乡村艺术团带去实实在在的扶持辅导，累计 117000 人次受益。同时，联盟单位通过参与文化馆开展的一系列送戏、送讲座、送培训下基层活动，推进公益培训向社会延伸，将全民艺术普及落到实处。服务方式社会化，充分发挥社会力量在基层公共文化服务领域的补充作用，能够有效改善目前基层公共文化领域存在的政府投入不充分、资源分布不均衡等问题。

上海浦东新区"午间文化一小时":
"时间碎片"中的公共文化精准服务新品牌

王玺昌　王　伶[*]

伴随着浦东的开发开放,特别是创建第二批国家公共文化服务体系示范区以来,浦东新区全面建立起区、街镇、居村三级公共文化服务体系。但工作生活在浦东四大国家开发区和国家自贸区、陆家嘴金融城、张江科学城的100多万青年白领们,却成为公共文化服务的"薄弱点"和多元文化、时尚文化、个性文化供给的"矛盾点"。为此,浦东新区不断探索创新公共文化服务模式,加大公共文化服务针对性供给,策划推出了"午间文化一小时"全民艺术普及计划,打造出一个公共文化均等和精准服务的新品牌。

一、活动概况

为了全面落实公共文化服务的均等化、标准化和全域有效覆盖,浦东新区文化艺术指导中心(群艺馆)从2013年3月开始,面向浦东新区各机关、开发区、办公楼宇、大型企业,通过问卷访谈、菜单选择、自愿参加、错时服务,把每天

---

[*]　王玺昌,上海市浦东新区文化艺术指导中心(浦东新区群众文化艺术馆)党总支书记、主任、馆长。

王伶,上海市浦东新区文化艺术指导中心(浦东新区群众文化艺术馆)文艺辅导部副主任。

中午的碎片时间化零为整，为青年白领和机关干部提供多样化、高品质的公共文化服务。八年来，共举办"午间一小时"各类艺术培训 3.2 万课时，培训 160 余万人次；举办"午间音乐会""午间戏迷会""午间书画展"等 516 场（次），受到了青年白领的一致好评。该项活动不仅覆盖了全区，而且还推广到了上海市区机关、企事业单位、群团组织和众多楼宇。部分省市文旅部门和文化馆专程到浦东学习考察并在当地复制推广，取得了良好的社会反响，受到了广泛好评。

二、主要做法

（一）坚持需求导向，不断提高公共文化服务的精准度

为了更好地提供针对性服务，浦东新区文化艺术指导中心主要领导率队，先后深入浦东新区区级机关、陆家嘴金融城、张江科学城，开展千人问卷调查和多种形式的座谈会，摸实情，问需求，找路径。在汇总和分析各方需求信息后，最终确定"午间文化一小时"的服务模式，同时邀请获得学员广泛认可的浦东文艺名家担任授课教师。在课程安排上，尽量根据不同年龄段人群的特点，开设太极、拉丁舞和书法、油画等有动有静的培训班。通过错时服务，呼应了"上班族"的文化需求，破冰公共文化服务的"矛盾点"。

（二）坚持"菜单制"供给，提高公共文化产品供给的开放度

实施"一城一策""一城一品牌""一城一服务"，通过前期的调查沟通，根据区域受众群体的不同需求，分别针对张江科学城、陆家嘴金融城和区级机关单位设计了不同的文艺培训和文化服务菜单。为张江科学城开设了艺术展览和名家文艺讲座，针对张江地区文艺资源比较匮乏的情况，特别在菜单上增加了演艺活动的内容，在张江软件园和长泰广场开展的展演活动大受欢迎，有效地弥补了该区域公共文化服务供给的短板。同时，构建了公共文化服务产品池，打造"文化产品超市"。针对上海中心金领驿站为代表的陆家嘴金融城楼宇白领群体开设了瑜伽、声乐、美术、手工制作和音乐赏析等午间文体课程，并结合他们的需求在陆家嘴中心绿地举办"午间音乐会"和"艺术下午茶"等形式多样的艺术活动，

提高了公共文化产品供给的开放度。

（三）坚持高质量服务，增强青年群体参与活动的忠诚度

"午间文化一小时"的文体、艺术培训由浦东新区文体旅游局所属文化艺术指导中心负责提供师资、课程设计等资源，同时，浦东新区书法家协会、美术家协会、舞蹈家协会、部分高等艺术院校积极参与，安排相关专业领域的佼佼者参与教学。另外，从课程时间安排的合理性出发，既制定了每周以普及课程为主、由浅入深、逐步成型的培训班；又有循环式滚动开班的基础班，反复教授基础性的文艺理念和技巧，以满足部分出勤率受限学员的培训需求。通过社会化的资源整合，确保了由专业院团输送午间演艺活动的高品质，凸显了本系列活动的质量和水平，让学员能享受到比较高端的艺术培养和熏陶，满足了青年群体多元化的文化需求，从而增强青年群体参与"午间文化一小时"活动的忠诚度和品牌黏性。

（四）坚持整体性保障，提升公共文化服务的宣传展示度

浦东新区文化艺术指导中心在青年职工中建立文化志愿者队伍，为每个班级指派一名联络员与班长对接，及时了解学员的学习状况，开展信息咨询、后勤保障等活动整体服务。培训班还通过开展问卷调查、现场访谈等形式，建立起完善的教学评价机制，学员可以对课程的教学质量、志愿者的服务质量进行跟踪点评。培训结束后以举行成果汇报展示活动为抓手，通过实践检验培训成效，也借助文艺展示提高青年群体参与文化活动的积极性。

高度重视"午间文化一小时"的整体宣传。在活动开始前通过宣传手册、宣传栏和宣传海报等载体积极宣传培训、活动内容，提高了受众群体的知晓率和参与率。在活动中依托区级传统媒体和微信平台等新媒体积极报道活动的动态和进度，及时呈现工作亮点，提升了公共文化服务的宣传展示度，在社会上引起积极反响。部分街镇和陆家嘴金融区的单位纷纷将这一项目复制到日常的文化服务工作中。伴随着多媒体对"午间文化一小时"报道的升温，该项目的知晓率和美誉度的不断提升，更多的上海文化场馆、企事业单位、政府机关也纷纷举办各类

"午间一小时"活动。浙江省绍兴市文旅局领导曾两次带队考察学习复制这一项目经验，有效扩大了公共文化错时服务、分类服务、精准服务的理念和措施在长三角地区的影响力。

三、主要成效

（一）推动了公共文化服务的均等精准

"午间文化一小时"活动呼应陆家嘴、张江等区域的青年白领、职工这一群体的文化需求，并逐步扩展到外区乃至长三角的青年群体，推动公共文化资源更有效地覆盖到相关社会群体，让更多的"上班族"和艺术爱好群体，有时间有条件步入"家门口"的艺术学堂，进一步实现了对全地域全人口的有效多维覆盖，进一步提高了公共文化服务的均等化水平和精准化服务理念的融入。

（二）提升了市民的文艺素养和精神风貌

"午间文化一小时"邀请的各个领域的专家，都拥有长期教学的丰富经验，并在各自领域颇有建树，广大学员在活动中进一步拓展了艺术视野、厚植了文化底蕴、提升了艺术审美、增强了文化认同和价值归属，以极大的热情参与其中。每年底艺术普及成果的展示展演，培养了一大批各艺术门类的优秀作品和优秀作者，机关、企业和大行业也先后成立一批文化艺术各门类协会组织。

（三）增强了公共文化服务产品供给的丰富性

"午间文化一小时"通过政府主导、社会参与的方式，有效整合了文化机构、专业院团、行业协会和艺术院校等社会资源，将文化、艺术、体育和演艺等各门类、多形式、多主体的社会资源吸纳到活动中来，形成丰富公共文化服务供给的复合力量和产品结构更加优化的"公共文化服务产品超市""公共文化服务人才池"，助力公共文化服务体系建设不断优化升级和溢出效应的不断放大。

（四）探索了公共文化服务的新机制

"午间文化一小时"在教学管理、课程设置、绩效评价等方面都秉持以人为本的理念，相继推出了学员登记制度、学区管理制度、教案评选制度、讲师团汇课制度、联络员制度、课程网上直播制度和汇报演出制度等，有效提升了公共文化服务的专业化、规范化水平。在"午间文化一小时"全民普及活动取得初步成效的基础上，通过探索、完善相关制度，浦东新区又推出了"浦东市民艺术大学"这一全新的浦东全民艺术普及新品牌，进一步推动"午间文化一小时"向体系化、标准化方向迈进，也为在疫情防控常态化开展公共文化延时服务提供了有效经验。

聚力城市发展，打造深圳青年"身边的文化馆"

舒　阳[*]

青年人是深圳经济建设、社会发展、科技创新、文化创造的主要力量。目前，深圳1000多万常住人口的平均年龄约33岁，14—35岁的青年占常住人口的比例超过一半。为加强对青年群体的关注和关怀，提供与其需求相适应的公共文化服务，保障、提升其身心健康，增强其家园意识，使其能够更好地投入工作和学习，从而为社会创新、发展带来更充足的动力，近年来深圳各级文化馆探索从公共文化产品供给侧改革入手，以"深圳市文化馆联盟"为平台，在全市范围内充分整合全行业资源，着力在公共文化服务方式和内容上精准突破，积极构建青年文化服务联盟，使之成为文化馆创新服务的突破口和凝聚青年力量的切入点，全力打造更加现代、更加时尚、更高品质的城市公共文化服务发展标杆。

一、主要做法

（一）开展符合城市青年需求的精准化服务

时尚、青春、梦想一直是深圳的标签，由青年群体创造、传播、认同、践行的青年文化，呈现出从"高大上"转向"小而美"，从单一性转向多元性等多方面的发展态势。为此，全市各级文化馆立足辖区及城市需求，积极搭建平台，培

---

　*　舒阳,深圳市文化馆事业发展部部长,副研究馆员。

植社会文化组织，丰富面向年轻人的文化供给。

福田区公共文化体育发展中心从 2015 年开始在城市 CBD 举办"午间音乐会"，每年为青年白领群体精准投放 60 场"音乐午餐"；每年在核心广场、中央大街等地举办 50 场"星空音乐会"，以爵士、吉他、手风琴等多种主题形式展示音乐的魅力，以时尚性、休闲性和参与性，让众多年轻人走进星空下，走进音乐的世界里。龙岗区文化馆扶持开展"小弹唱 LIVE"，以乐队、弹唱组合为主的公益音乐现场演出，7 年来吸引了深圳市及周边城市 200 余支青年乐队登台展演，展现了都市年轻人平凡生活中闪闪发光的音乐梦想。

（二）打造吸引青年人自主创造的高质量展示平台

全市各级文化馆立足精准了解年轻人的精神文化需求，在为青年人提供沉浸式、体验式公共文化服务内容的同时，更加注重为他们搭建多元化的展示舞台，发掘、扶持更多有潜力的深圳青年，助力青春梦想腾飞。

龙华区龙华街道从 2015 年开始打造"音为有你"青工音乐基地，关注辖区内青年务工人员这个庞大群体，通过举办各类创作、演唱培训班、主题音乐会等活动，扶持青工音乐创作、培育青工音乐人才，为他们搭建追求艺术、实现音乐梦想的舞台。通过 6 年的培训，挖掘和培育了一批优秀青工歌手，涌现了一批优秀的青工原创音乐作品，来自富士康集团的独臂青年蒋剑臣从这里一直唱到了央视《群英汇》的舞台。福田区公共文化体育发展中心"梦工场"主题馆是专为年轻人服务的"阵地"，着力打造"DJ 体验室"、青年网络电台、潮流艺术沙龙三大特色项目，整合优质文化资源，为辖区青年人提供交流分享、展示自我的平台，主题馆逐渐成为辖区文艺青年的大本营。

（三）丰富"文化馆 +"内容，推深做实青年思想引领

为更好地弘扬社会主义核心价值观，培育青年人成为新时代旗帜、聚民心、育新人、兴文化、展形象的引领者，全市各级文化馆积极借力社会资源实现文化馆"服务延伸"，推深做实青年思想引领。

"文化馆 + 工会"。由市宣传文化部门主办、市文化馆承办的深圳市来深青工

文体节，是以非深户籍青年人为主要参与者和受众群体的主题文化类服务项目。组委会以文体节为平台，联合深圳市总工会开展职工读书成才巡回报告会，邀请全市各级劳动模范、年度十大读书成才职工等组成宣讲团，深入企业、园区等基层一线单位举办系列读书成才分享，传递积极向上的正能量。

"文化馆＋志愿服务"。在深圳深入推进"志愿者之城 3.0"建设背景下，各类公共文化服务活动充分引入志愿服务力量，引导、鼓励更多青年人注册成为文化志愿者，在服务他人的同时，不断提升自我、实现人生价值。目前全市共有注册志愿者 5.7 万人，其中 16—45 岁的青年人 2.9 万人，占比 51%。

二、经验分析

（1）注重精准化服务。结合青年人多元化的文化追求，全市各级文化馆打造的国际嘻哈音乐节、国际打击乐文化节、青年戏剧节、"诗与城"诗歌艺术系列活动、深圳国际摄影周、街头艺术嘉年华等，都是为当代深圳青年量身定制的品牌活动，为年轻人享受、参与文化馆服务提供了更多的选择。

（2）追求品质化服务。中国戏剧家协会于 2005 年在罗湖区设立全国第一个"中国剧协小戏小品创作基地"，罗湖区文化馆依托这一资源优势，成立青年戏剧团体，将都市人喜闻乐见的小品、歌舞、朗诵、曲艺等节目形式进行整合，打造"09 剧场"，并已成功创建国家公共文化服务体系建设示范项目。龙岗区"小弹唱 LIVE"连续三年在"深圳迷笛音乐节"中亮相，其原创歌曲《旅行》获评深圳"鹏城歌飞扬"年度金曲。龙华区"青工音乐基地"培养的青年歌手，多人多次在省、市音乐赛事中获奖，发行的青工励志原创音乐作品专辑在全市范围内受到广泛欢迎。

（3）加强数字化服务。全市各级文化馆积极开发网站、微信、手机 App"三位一体"的线上服务平台，应用形式活泼的 H5 场景、文化视频、主播直播、在线直播等青年人喜爱的传播方式，发布文化馆文化活动预告及抢票，开展文化活动直播，扩大了文化馆公共文化服务在青年群体中的影响力。福田区"梦工场"主题馆青年网络电台制作的《嘻哈电视》《DJ 大咖秀》《青年领袖》等节目 2017

年4月开播以来，吸引注册用户1万余人，浏览量6万余人次。

（4）合理引入社会力量。在各项服务开展过程中，全市各级文化馆转型为辖区公共文化服务的枢纽型组织，立足职能，通过政府采购、合作共享等方式，广泛带动和培育伙伴型社会文化服务组织环绕周边，为社会不同群体提供更加精准、丰富的服务产品。

（5）积极引入专家指导。为及时、全面呈现深圳市文化馆青年文化服务工作开展成果，探索彰显城市特质、符合青年需求的公共文化服务新路径，2019年11月，深圳市文化馆联盟召开行业研讨会，选取"青年文化服务"为主要研讨内容，邀请李国新、戴珩、王全吉、巫志南等多位专家，与本市专家共同参与研讨，充分听取专家意见和建议，形成研讨成果并在《中国文化报》刊发。

为更好地推动深圳市文化馆行业规范化、标准化、高质量发展，受市文化行政部门委托，深圳文化馆从2019年开始牵头制定《深圳市文化馆行业服务标准》，该标准也对青年文化服务予以明确界定和要求。2020年8月召开该标准专家研讨会，邀请国家、省、市专家参与研讨，听取与会专家对相关标准的意见和建议。

三、未来发展

在全市各级文化馆积极探索与努力下，一批"现代、时尚、高品质"的青年服务品牌初步形成。但目前还存在青年文化服务项目数量有限，覆盖艺术门类不足，各服务品牌之间缺少关联，活动覆盖面和影响力有待进一步提升，青年文化服务项目原创精品较少，作品创作和传播力度薄弱，各政府部门之间缺乏联动，未建立协同机制等问题。

立足现状，为了更好实现服务资源统筹、整合，培育更多青年文化服务品牌，发掘、培育更多青年文艺团队和人才，深圳市文化馆正在牵头策划打造"深圳青年文化服务联盟"。《青年文化服务联盟建设研究》课题于2020年获广东省文化和旅游厅立项，纳入"广东省公共文化和旅游公共服务体系制度设计研究"范畴，通过课题研究为联盟建设坚实理论基础。按照筹建设想，"深圳市青年文化联盟"建设将依托"深圳市文化馆联盟"平台，由全市各公益性文化场馆、文化类社会组织和企事业单位组成，充分发挥平台作用，培育和孵化以青年人为主要参与对象和受众对象的文化类社会组织和服务项目，不断深化多领域多层次青年联系、服务和引导工作，积极创新工作方式，聚力打造开放性青年文化服务组织体系、公共文化服务青年发展阵地，推动联盟资源联动，支持联盟成员事业发展，为青年群体搭建多领域、广覆盖、多层次、多样化的文化展示和交流的平台，努力形成青年文化活动蓬勃开展、青年文化人才脱颖而出、青年文化精品层出不穷、青年文化事业不断壮大的良好局面。

习近平总书记强调，青年一代有理想、有本领、有担当，国家就有前途，民族就有希望。在深圳经济特区建立 40 周年庆祝大会上，习近平总书记再次强调了人才是第一资源，并且要求深圳吸引更多港澳青少年来内地学习、就业、生活，促进粤港澳青少年广泛交往、全面交流、深度交融，增强对祖国的向心力。未来，深圳文化馆行业将按照总书记的指示，落实各级党委政府的部署，立足城市发展需要，通过开展更多、更高质量的青年文化服务，打造青年身边的"文化馆"，提高城市对青年发展的承载力、吸引力和凝聚力，广泛凝聚青年共识、激发青年活力、助力青春建功，为城市建设营造更具竞争力的青年人才发展环境。

"点亮繁星、益路同行"：
郑州市文化馆关爱心智障碍群体"五步"支撑体系

李桂玲[*]

随着中国特色社会主义进入新时代，社会主要矛盾转化为人民日益增长的美好生活需要和不平衡不充分的发展之间的矛盾。公共文化服务享有的人群不平衡，是主要的表现之一。尤其是心智障碍特殊群体，由于先天智力功能低于常态，并伴有适应性行为缺陷，难以适应社会发展，往往成为被"遗忘"的边缘群体，是社会需要重点关照和救助的群体。据郑州市残联的统计，全市 16 岁以下持证的未成年残疾人有 6576 人，其中智力残疾人达到 3400 人，占到 42%。为帮扶支持心智障碍人士，从 2012 年开始，郑州市文化馆启动了"点亮繁星、益路同行"关爱心智障碍人士行动，9 年来坚持以文助人、携手筑梦，践行全面建成小康社会"一个都不能少"，公共文化服务均等化"一个都不能少"，美好生活新需求"一个都不能少"，帮助 400 多个心智障碍人士及家庭走出困境，体现了公共文化服务在促进社会公平正义、推动共同富裕的责任、作用和担当。

一、构筑关爱心智障碍人士"五步"支撑体系

（一）立足需求

郑州文化馆携手河南精神残疾人及亲友协会，坚持精心、热心、耐心、专

---

[*] 李桂玲,河南省郑州市文化馆馆长。

心、细心，聚焦孤独症、智力障碍等心智障碍人士及家庭，掌握每期 100 多名心智障碍人士的特点，关注他们的潜在需求，并记录他们的思想和行为变化，有针对性地采取措施，制订类型化、差异化的方案，改善他们的思维方式，提升他们适应社会的能力。

（二）优选内容

郑州文化馆设立了书法、声乐、美术、陶瓷、心理等 20 多种公益课程，根据心智障人士的身体情况、性格特点及智力状况，以及家庭情况、生活环境等，科学选择文化项目或内容，有针对性地进行文化教育和智力启迪，并结合课程开展中遇到的问题，不断调整文化内容和教育方式，帮助心智障人士改善智力状况，提高他们的行动能力和交往能力。

（三）创新方式

心智障碍者适应能力不足，接受知识能力较弱，缺乏生活自理能力，引导心智障碍人群回归社会、融入社会，需要采取多元方式。郑州文化馆以文化技能培育为重点，通过文化技艺传承、文化知识输入、文化心理治疗等方式，增强他们的动手能力，以行动塑造思维，改善智力发育和成长状况；创新文化科技教育手段，采取线下与线上结合方式，通过制作音频、视频等进行文化培育；突出公共文化活动的开展，通过组织作品展、文艺汇演、集体交流、手工协助等活动，增强了心智障碍未成年人的人际交往和社会适应能力，帮助他们树立起自信。

（四）建立机制

通过制度闭环管理，打造针对性、精准性和互动性突出的全周期文化项目，为心智障碍人士营造优质的文化服务空间。在学习教育管理上，制订周计划、月计划以及年度方案，精心设计学习内容、课程时间，并由专人记录项目全流程，做好活动开展的准备工作，观察和反思过程中的问题、不足，并及时总结和改进。注重项目的评估，每月月底开展评估，实行项目过程评估，及时把握活动开展情况，调整完善具体活动内容。

（五）务求长效

坚持把文化救助纳入文化馆日常工作，长期开展活动，发掘特殊群体潜能。链接外部资源，做好对外宣传，通过电台、报社、网站、微信、微博等媒体方式进行项目活动宣传，被人民网、《河南日报》、河南广播电视台、《郑州日报》等媒体报道百余次，在郑州市乃至河南省都产生了广泛的影响，让更多人关注、关心、融入帮扶关爱心智障碍特殊群体的公益事业。

二、创新"文化 +"服务方式

自 2012 年以来，郑州文化馆通过运用社会资源，扩大服务能力与辐射面，协同全市文化艺术干部、非物质文化传承人、志愿者，从非遗技艺、声乐技巧、书法绘画、艺术创作、艺术扶贫等方面，对心智障碍人士开展综合性、针对性的艺术知识培训，组织开展了 500 多期课堂教学，以"文化 +"服务心智障碍人士，为特殊家庭提供了实实在在的帮助与支持，促进了特殊群体"平等、参与、融合、共享"目标的实现。

（一）手工制作 + 扶智

心智障碍特殊群体在语言、行为、思维方面发育不健全，动手能力差，生活能力不足。郑州文化馆以文化技能训练为抓手，以手工技艺培育改善心智障碍特殊群体动手能力，促进孤独症及智障者的思维改善和康复。郑州文化馆开辟了1000 多平方米的活动场地，组织非遗传承人、文化志愿者等搭建起多元化非遗文化课堂，开设面塑、泥塑、陶艺、编发、纸艺花等非遗手工艺公益课程，通过内容的精心设计和有序安排，老师的细致讲解、手把手辅导，多种形式的非遗文化知识、技能传授，课程不仅增强了心智障碍群体手脑协同的能力、行动能力，而且提升了他们的创造力、想象力、审美感知力。经过半年多的手工技艺传授，心智障碍儿童就可以掌握基本的制作方式，而且能创作出相对精美的作品。

（二）音乐律动 + 共鸣

音乐是公认的能较好地帮助孤独症、智力障碍等特殊人群的艺术形式，一般具有较好的矫正治疗作用。郑州文化馆注重利用音乐律动打破心智障碍人群封闭的世界，根据自闭症儿童的特点和个性，运用专业性较强的声乐、奥尔夫音乐、戏曲、二胡、钢琴等音乐培育，以聆听、欣赏、演奏、律动等形式，让心智障碍群体通过音乐舞蹈的情感体验，增强听觉、感官和心理体验，消解他们急躁、易怒、烦躁等不稳定情绪，唤醒他们的情感认知和语言记忆。郑州文化馆还编排的以孤独症患者为原型的双人舞《流动的暖意》以及歌曲《我有一个梦想》在全市公演，以感人肺腑的音乐、舞蹈演绎真情故事，吸引了社会的高度关注，引起了社会大众的共鸣。

（三）绘画书法 + 启蒙

郑州文化馆坚持以文化人、以文启智的理念，发挥省市书法名家、国画老师以及高校教师的作用，以集体指导与个别辅导相结合的方法，免费向心智障碍儿童教授书法、绘画等传统实用艺术，培养孩子的兴趣和爱好，对有困难的孩子进行重点指导，并观察记录孩子的变化，以设计有针对性的培训和教授方法。通过涂鸦、互动绘画、手工作业治疗、书法体悟交流等，满足他们的交往需要和兴趣需求，激发内在愉悦体验，从而转移和释放他们的负面情绪，使他们正确和适当表达自己的情绪和感触，减少不当言行，帮助情绪行为障碍的康复。

（四）群体交流 + 互动

郑州市文化馆立足助人自助的公益理念，积极推动心智障碍人士及家庭，与文化志愿者的互动、交流和沟通，组织公共活动，引导父母与孩子的互动，帮助心智障碍人士敞开心扉，努力打造一个心智障碍群体的文化救助、治疗和服务的公共互动空间，为心智障碍群体及家庭走出困境提供支撑。郑州文化馆定期组织校外课堂，让孩子们走进博物馆、科技馆、非遗传习基地学习观摩，组织公共演出和活动，让他们在舞台上展示才艺，以孩子之间的沟通、集体活动的互助，引导心智障碍人士回归社会、融入社会。郑州文化馆还为家长开办 100 多期心理学专题课堂、手工制作课堂，让家长课下辅导孩子，与孩子开展互动。建立了家长教育微信群，通过日常性交流互动，分享家庭教育的经验、分享孩子进步的喜悦，增进家庭和睦，改善家庭氛围，帮助孩子及家庭克服对环境和社会的排斥心理，增强了他们行动和表达的自信。

（五）脱贫增收 + 扶贫

多数心智障碍人士的家庭都相对贫困，因为治疗、照料等原因，家庭生活窘迫，而有些家庭碍于面子，不愿接受政府和社会救助，缺乏改变家庭困境的手段。郑州文化馆在提供公益课堂、文化惠民活动的同时，不定期举办作品展、公益集市，邀请设计师对作品进行加工设计，并进行公益售卖。与郑州同舟中心结合，对心智障碍人士的作品进行公益拍卖，筹得善款用于大龄心智障碍人士的日间照料和职业训练。同时，积极协调企业、园区及相关单位，帮助心智障碍人士解决就业等问题，以文化技艺传承帮助增长发展能力，努力实现自身价值，增加家庭收入，改善经济状况。

"艺养天年"：陕西省旬阳县的文化养老

陈俊波[*]

党的十九大报告指出，要以文化建设引领老龄事业发展，从文化层面塑造理想的老龄社会，大力发展老龄文化，创新老龄文化，践行文化养老，为中国特色老龄文化事业作出贡献。"艺养天年"文化养老项目是陕西省安康市文化和旅游广电局、安康市民政局联合实施的一项文化关爱工程，是创建国家公共文化服务体系示范区，实现公共文化服务均等化、全覆盖的重要举措。旬阳县目前有老龄人口 8.21 万，通过"艺养天年"项目的全面实施使 70 % 以上的老龄人口享受到了公共文化服务，彰显了公共文化服务在满足人民群众美好生活新期待上的重要作用。

"艺养天年"项目以敬老院、社区日间照料中心、农村互助幸福院等社会养老机构为依托，由县文旅广电局、民政局牵头，文化馆和图书馆负责全面实施。服务模式以艺术普及、文艺展演、读书看报、健身锻炼等为基本内容，同时结合实际，采取多种服务方式，满足多样化、特色化的文化需求。主要做法如下。

一、城镇兼顾，精准布局，试点先行

经过深入调研，将县中心敬老院、城关镇老城社区日间照料中心、小河镇小

河社区作为试点单位，配备常用文体器材设备。县文化馆成立专项工作推进小组，加强工作落实，调研老龄人口的实际情况和兴趣爱好，明确文化馆工作的重点任务。如旬阳县中心敬老院有五保老人 150 余人，组建了健身舞蹈小组、器乐表演小组、腰鼓队、棋牌小组、民歌演唱小组、阅读故事汇六个兴趣小组；小河镇小河社区有老年人口 500 余人，其中互助幸福院共有五保老人 7 人、退休干部21 人，组建了老年舞蹈小组、书画小组、鼓乐小组、腰鼓队、棋牌小组、读书会等六个兴趣小组；城关镇老城社区有老龄人口 1560 人，组建了舞蹈队、民乐队、红歌演唱队、锣鼓队、秧歌队、手工坊、民歌演唱小组、老年阅读会等八个兴趣小组。

二、突出特色，将非遗传承和新民风建设纳入"艺养天年"重要内容

旬阳县有着悠久历史和传统文化底蕴，旬阳民歌、道情皮影、旬阳花鼓、民间打击乐、传统刺绣等都是当地人所熟知的，在项目实施的过程中，非遗传承和新民风建设作为有特色的重点内容。城关镇老城社区的"汉调二黄""巧手坊""红歌会"，中心敬老院的旬阳花鼓、民间打击乐，小河镇小河社区的腰鼓队、民乐演奏、书画等，都已成为"艺养天年"的特色和亮点。旬阳是安康市新民风建设的发源地，以"诚、孝、俭、勤、和"为主要内容的新民风建设在旬阳城乡老少皆知。以新民风为主要内容的"故事会""读书会""道德评议"等，在试点单位广泛开展，形成了旬阳"艺养天年"的鲜明特色。

三、"送种"结合，关爱老人"送快乐"与提升自娱自乐能力并重

结合春节、中秋节、重阳节等传统节日开展关爱慰问活动，组织文艺社团、演艺机构和艺术培训机构将适合老年人的文艺展演和娱乐活动送到养老机构，与老年人一起欢度佳节，让他们享受幸福、美好和快乐。同时，根据老年人的知识层次和兴趣爱好，灵活设置音乐、舞蹈、书画、语言艺术等分门类的文体活动项目，开设声乐、器乐、鼓乐、合唱、戏曲、健身舞、太极拳、书法、美术、剪

纸、刺绣、非遗讲堂等 12 项文化艺术类课程，通过送培训上门，提升老年人的文体活动能力。

四、搭建平台，为老龄文艺作品提供成果展示交流机会

结合重要节庆纪念日策划组织文艺展演活动，为老年人的文艺节目登台表演创造条件，调动其参加活动的积极性。如 2019 年"七一"前夕，长安银行旬阳支行主办，县文化馆、太极城民间艺术团承办的"舞动长安　艺养天年"庆"七一"迎国庆中老年人才艺大赛在城区丽都广场隆重举行，来自全县 24 个老年人节目经过预赛，有 13 个优秀节目参加决赛展演活动。小河镇举办庆"七一"新民风先进典型表彰大会暨第七届农民文化节文艺演出活动，由小河社区日间照料中心编排演出的锣鼓表演《大丰收》、小戏《共产党好，共产党亲》和表演唱《新龙船调》受到观众好评。由县中心敬老院主办，县文化馆协办的"情暖夕阳　艺养天年"迎"七一"建党节文艺演出在中心敬老院举办，由文化馆指导的《欢乐腰鼓》《中华大舞台》《夸夸敬老院》《爱在天地间》《党旗更鲜艳》等自创、自导、自演的节目，赢得了现场观众阵阵掌声，老人们脸上露出幸福的笑容。

旬阳县实施"艺养天年"项目，将文化活动、艺术培训送到老年人身边，扩大了文化服务的覆盖面，促进了公共文化服务的普遍均等，回应了公共文化服务在新时代老龄工作的地位、作用，为健全养老体系做出了应有贡献。

大连文化馆打造高品质"场院文化"

郑晓丽 *

"场",是指城市文化广场;"院",是指乡村文化大院。近年来,大连市文化馆围绕全面艺术普及核心任务,以打造高品质"场院文化"为突破口,推动城乡一体的高质量公共文化服务跃上了新台阶。

一、线上线下联动"精准配送"

发挥大连数字化文化馆中心平台作用,以公共文化服务"城乡全域覆盖"为目标,通过信息化手段,整合全市场院基础设施资源,优化公共文化服务资源配置,形成了线上线下协调互动的数字文化服务新模式。

建立一站式云服务体系,一竿子扎到底。大连市数字文化馆平台开设了"云晚会""云展览""云看展""云赛场""云辅导"及"公共文化超市"等服务板块,为各级文化场院开设专门账户,提供"线上预约点单,线下精准配送"服务功能,由市文化馆统筹调度,向各级文化场院精准调配文化服务项目。截至2021年,全市121个文化场院已登录平台,点单配送总量300余次。

建立"两端"信息库,促进供需对接。一方面,通过下基层调研和网络调查,将喜爱文艺的群众特别是乡村群众对于文艺培训的需求进行梳理整合,集结

---

* 郑晓丽,大连市文化馆馆长。

需求端信息，建立"群众需求库"；另一方面，通过开展专题培训，发动社会各界艺术普及师资参与服务，汇集供给端信息，建立"师资资源库"。文化馆作为"中介"平台，让供需两端在"线上"匹配链接，群众点单，老师接单，结合群众需求"点对点"开展全民艺术普及服务。目前，通过信息库匹配实现供需对接的有声乐、器乐、舞蹈、书法、美术、戏剧、非遗传统技艺等门类，并随着群众需求的变化在不断补充。

二、文化志愿服务"扩面提质"

文化场院体系的持续完善，有效增强了大连市全民艺术普及的覆盖面和影响力，其间，文化馆着力壮大、培育文化志愿者队伍，使其成为公共文化服务的生力军，让志愿者播散的艺术种子，释放巨大的能量。

一是面向社会敞开大门，扩大志愿者遴选范围。参与场院服务的文化志愿者，除文化馆系统内在职人员外，还包括基层文艺骨干、高校师生、社会文艺团队，以及在不同文艺领域有一定特长的社会各界人士。同时，报名参加文化馆专业培训的市民群众，也可自愿加入志愿者队伍。文化馆充分发挥人才优势、资源优势和专业优势，积极扶持志愿者和志愿者团队，深入场院文化，构建覆盖全市城乡的文化志愿辅导网络。目前，纳入全市文化馆文化志愿者队伍的群文志愿者共有 3200 名，志愿者团队 56 个，他们活跃在各级文化场院，根据群众点单开展定向服务，成为全民艺术普及的一道亮丽风景线。

二是多举措促进队伍建设，提升志愿服务专业化水平。首先，结合全市文化志愿者的专业特长，建立文化名家名录库和优秀节目资源信息库，形成庞大的艺术辅导人才体系，定期培训、交流；其次，文化馆通过举办各类文艺活动，以赛推优，激发文化志愿者工作热情，提升文化志愿者服务水平；再次，接受过培训的群众，在个人艺术水平得到提升以后，自愿加入志愿者队伍，形成接力式培训。

三、群众文化活动"补短增效"

大连市文化馆作为本地全民艺术普及工作的龙头，着力提升广场舞、大家唱、乡村村晚等群众文化活动品质，不断提高群众参与度高、覆盖面和适用性。

（一）广场舞：加大专业引导

广场舞重在引导。市民们喜爱广场舞，但大多是自发组织活动，缺乏凝聚力和向心力。为此，大连市文化馆策划把《浪漫大连》《大连我永远的爱》等 30 余首弘扬主旋律又为人们耳熟能详的原创歌曲作为舞蹈音乐，编排了有大连地方特色、适合在全市推广的广场舞。并在广场舞中引入芭蕾动作，帮助舞蹈者纠正体态，挺拔身姿，还结合中老年人身体特点，在舞蹈动作中引入经络拍打，编排成为广受中老年群众喜爱的健身舞蹈。

（二）大家唱：激发百姓创作活力

每逢夏秋两季，文化馆业务干部充分利用各社区广场搭建简易舞台，举办"大家唱"活动。在活动前，市民可以通过手机微信端进行线上报名，并获取备选歌曲；活动中组织并鼓励市民走上舞台进行演唱，还邀请专业乐队为市民演唱进行现场伴奏，市民唱什么歌，乐队就伴奏什么曲，专家还为市民演唱进行现场点评，提升市民演唱水平。此外，还策划设计百姓大家演、大家诵、大家说等形式，让更多的百姓们登上自己的舞台，实现舞台梦想。

（三）乡村村晚：搞活千家文化大院

实施"千家文化大院"培训工程，五年间根据城乡群众"线上点单"需求，组织各艺术门类专业老师、文化志愿者深入基层，累计完成 1000 余个文化大院的培训，受益群众已达 7 万余人。2019 年，进一步实施"乡村振兴·品质文化大院提升"工程，专业人员针对乡村大院特色，辅导、培训、创作新作品，不断提升乡村大院创作水平和表演水平。2021 年初，文化馆在数字文化馆平台上精心打造了一场"主题网络村晚",受到社会各界赞许。

四、公共文化空间联盟"五联提效"

大连市文化馆逐渐探索公共文化空间联盟建设,在管理机制上做好顶层设计,提高协调联动效能。

首先,建立以公共文化阵地为主体、跨行业多方合作的开放式公共文化空间联盟体系。一方面,各基层文化馆建立业内联盟,有序整合公共文化空间资源、文艺创作资源和活动资源,搭建活动交流平台,实现文化流动、文化联动与文化活动;另一方面,通过申报、考察、评定,择优选拔,与高校、中小学校、企事业单位、乡镇(街道)以及民间组织等广泛合作,建立系统内外联动的联盟。在联盟机制框架下,大连艺术学院、大连大学加入联盟合作,着重在文化产品供给、文化遗产保护、文艺人才培养、文化宣传推广以及文创产品开发等方面共享共建;乡镇(街道)、社区、中小学校建立的联盟,除开展培训、讲座、展演、展示等各类文化艺术活动外,还建立非遗传承对接机制,创办非遗传习所,传承非遗技艺。

其次,通过五个联动,将联盟单位的散点式覆盖变成协调联动的服务整体。一是实现会议"联席",联盟单位共同交流、商讨、策划全年工作、活动及相关项目;二是实现活动"联办",既节省经费,又为城乡群众提供高质量的文化产品和服务;三是实现培训"联做",分类开展专业人员培训、文化志愿者培训、业余文艺骨干培训以及乡村基层文化队伍等公益培训;四是实现平台"联建",各联盟间根据群众需求,线上线下融合创新,有效提高文化资源和信息的利用率;五是实现场地"联用",以方便、就近为原则,统筹小剧场、音乐厅、文化礼堂、培训教室及排练厅等场地,满足群众精神文化需求。

公共文化空间联盟建设,不仅打破了城乡各类文化服务机构各自为战的孤立状态,还拓展了文化馆的服务领域,搭建了市、区(市县)、乡镇(街道)、村(社区)公共文化服务与社会各类文化服务场所、各类文化服务行业纵横交错、相互融合的多层次、多门类、多方位的交流协作平台。城乡群众能够就近、方便快捷地参与各类公共文化服务项目,切实保障了城乡群众的基本文化权益。

绍兴有戏：打造"集成式"公共文化品牌

李　弘[*]

"绍兴有戏"是集成绍兴公共文化服务资源，形式丰富多样、群众参与度高、文旅融合发展的品牌活动，目前已形成三大板块：一是绍兴市文化馆推出的非遗保护类、视觉艺术类、理论宣传类、表演艺术类、公益培训类、志愿服务类及基层指导类共 26 项子活动；二是各区、县（市）推出的相应的特色活动共 6 项；三是在全市范围挑选七个乡镇，开展"文艺播撒乡镇行"活动。

一、主要做法

（一）内外联动创品牌

一是推出品牌 logo 和原创系列主题曲。为充分展示"绍兴有戏"品牌活动形象，在"绍兴有戏"公共文化服务品牌新闻发布会上，发布了"绍兴有戏"品牌活动标识（logo），并推出"绍兴有戏"原创系列主题曲。二是组织"绍兴有戏"系列活动。推出"绍兴有戏"公共文化品牌之三个惠民演出专场，同时组织"我们的中国梦——文化进万家"城市广场"绍兴有戏"系列演出，包括越剧、绍剧、莲花落、鹦哥戏及百姓剧场惠民演出 8 场。三是开展文化走亲和文化志愿服务活动。组织"绍兴有戏"之"醉美绍兴"文艺专场演出，分别走进四川省阿坝

---

　　* 李弘，浙江省绍兴市文化馆副研究馆员。

州马尔康、重庆市大渡口区、吉林省辽源市、青海大柴旦，并赴浙江省宁波、舟山、衢州、丽水市开展文化走亲活动，提升了"绍兴有戏"品牌的知名度。

（二）上下齐动育品牌

在"绍兴有戏"品牌培育过程中，建立市、县、乡镇三级上下齐动机制，创新服务形式，丰富"绍兴有戏"品牌的内涵。一是开展全市示范性文艺活动。在市级层面打造的文艺活动，主要包括九大类别26项子活动。二是组织全市联动活动。区、县（市）打造6个公共文化服务项目，在联动过程中，进一步创新了服务形式，丰富了品牌内涵。三是开展"文艺播撒乡镇行"活动。先后在全市范围选择了13个乡镇（街道）作为服务点，市、县、乡镇（街道）三级联动，因地制宜共同制定了93项工作清单，进一步夯实了"绍兴有戏"品牌内容。

（三）线上线下强品牌

做好公共文化新媒体移动端共享服务项目，开发集成网络投票、网络直播、视频欣赏、网络报名等功能，丰富交流形式和内容，提升"绍兴有戏"品牌覆盖面。疫情防控期间做到了服务不打烊。推出"绍兴有戏"网上集成平台，集成在线文化馆、图书馆、博物馆等版块，充实市民在防疫抗疫期间的精神文化生活。推出"绍兴有戏之宅家篇"，通过线上数字服务，集成公共文化的空中舞台，加大对"宅家"人群的文化供给，让绍兴市民足不出户在家尽享文化大餐。加大利用互联网、新媒体做好全民艺术普及推广的力度。组织群众文艺骨干创作歌曲、戏曲、曲艺、书法、摄影、诗歌等文艺作品近2000件，陆续在央视频、人民日报新媒体、学习强国等相关平台播出。同时，在微信公众号"绍兴文广旅游发布"编发"防控疫情，绍兴文艺在行动"系列连载专版专辑50期，第一时间发布群众喜闻乐见的文艺作品。

二、主要成效

（1）推动了全民艺术普及。绍兴市文化馆推出"绍兴有戏"系列活动之"我的艺时光——午间文化一小时"公益培训，2019年春秋两季开设18门艺术普及课程，共计培训6000多人次。"我的艺时光"获得了2020年全国文化和旅游志愿服务项目线上大赛入围奖。

（2）提升了群众文艺创作水平。绍兴市文化馆以"绍兴有戏"公共文化服务品牌为抓手，推动音乐、舞蹈、戏剧曲艺等优势文艺类型繁荣发展。2019年全市共有78个原创作品参加各类赛事，通过全市联动和共同努力，获得省文旅厅组织的省级赛事金奖5个，银奖13个，原创作品入围赛事数量比上年翻倍。2020年在疫情严重影响下，组织业务干部积极开展戏剧、音乐、舞蹈、曲艺表演艺术类作品创作23件，其中民乐五重奏《云门风雅演》、歌曲《遥远的再见》，入围浙江省年度群众文艺精品展演。

（3）助推了文旅融合创新发展。在绍兴市文旅局的统一策划下，启动"绍兴有戏——非遗兴乡大巡游"。结合当地文化节会，组织相关非遗项目进行吹打、舞龙、秋千船、响叉等踩街巡游表演，先后在柯桥区、越城区、上虞区、诸暨市、嵊州市和新昌县，组织开展了6场"绍兴有戏·非遗兴乡大巡游"活动。公共文化机构大力推动研学游。2021年暑假近2个月时间，接待研学游500多批次，2万多人次。

三、经验启示

（1）必须挖掘地域文化，注重地方特色。地域文化资源是彰显绍兴特色的重要内涵，打造"绍兴有戏"品牌有助于扩大认同感、提升知名度、增强文化自信、促进文旅融合发展。"绍兴有戏"文化品牌建设在分析、研究地域文化特色的基础上，经过挖掘、提炼、开发等环节，使"绍兴有戏"品牌在文旅融合中形成一定的影响力。

（2）必须加强交流协作，促进区域联动。组织"绍兴有戏"主创团队的力量，以"绍兴特色、两地友谊"的节目核心要求，用最有绍兴地方戏曲特色的越剧、绍剧，以及"绍兴有戏"原创主题歌抒发涓涓深情。只有在内涵深化、服务强化、艺术精进、活动策划、品牌推介上下功夫，开展多渠道多形式多层次的文化交流，才能彰显文化品牌活动的价值。

（3）必须全面推进数字化，坚持线上线下互动。互联网时代，"绍兴有戏"公共文化服务品牌最终会落脚于"为网民服务"，要与博物馆、图书馆合作，依托互联网，充分挖掘展示民间戏曲、民间舞蹈、民间音乐、故事传说等各种艺术形态，精心提炼绍兴最有特色的文化符号和文化基因。组织开展"绍兴有戏"系列活动现场直播及线上推介，通过微信公众号及抖音等公共传播平台开展"绍兴有戏"品牌活动的文化传播。只有线上线下同步推动，才能扩大"绍兴有戏"品牌的影响力。

（4）必须规划长远，健全品牌培育机制。坚持以需求为导向，建立群众需求调研、群众参与决策、群众满意度测评、群众意见反馈等品牌培育机制，是培育"绍兴有戏"品牌的关键所在。要加强对"绍兴有戏"品牌项目的管理，制定中、长期文化品牌发展规划，激发工作创新源动力，让"绍兴有戏"文化品牌演绎出全新的发展格局。

重庆市彭水县文化馆：
三十年持续挖掘创新，苗族"踩山花"焕发异彩

秦 娟[*]

"踩花山"是乌江流域苗族的传统节日，也是根植于苗族民间的文化艺术形式。相传蚩尤是苗族的始祖。涿鹿之战后，以蚩尤为首领的九黎部落退守长江，其后裔经洞庭湖溯清江、沅江而上，一路向西，部分到达了郁山地区，开发利用盐业资源，世代在此繁衍生息。踩花山，又叫踩山，最早源于九黎后裔为纪念先祖蚩尤而举行的"跳杆"活动，人们围着旗杆、踩着鼓点，模拟蚩尤排兵布阵演练"蚩尤戏"，形同"巴渝舞"。早在 20 世纪 90 年代中期，彭水县文化馆组织专家深入苗乡采风，发现了残存的具有巫傩仪式性质的音乐与舞步存在，经深入走访调查、收集整理后确认，它就是消失已久的苗族"踩花山"的原始留存。从此，彭水县几代文化馆人开启了长达 30 余年的调查收集、创造转化、创新发展之路。

一、主要做法

（一）切实做好资料收集与整理

1997 年，彭水文化馆即组建了民族民间文艺工作组，选派专业人员，深入

---

* 秦娟,重庆市彭水苗族土家族自治县文化馆副馆长。

本县鞍子、梅子垭、诸佛、大垭等地，重点调查苗歌、苗舞、傩戏、道场、吹打等资料，挖掘"踩花山"的相关内容。通过调查整理，初步摸清了"踩花山"的节日形式与内容，总结提炼了"踩花山"的文化艺术特色，建立了基本的档案资料，积累了丰富的创新素材。

（二）认真开展针对性、创造性转化

针对"踩山花"的艺术特色，首先对原始音乐资源进行创造性转化。2004 年以来，本土音乐家孔庆余、廖元德、王树林等人，对"踩花山"系列音乐进行了 8 次创编，着眼于在群众中推广普及，编创成为广场舞曲。紧接着又根据舞曲创编了广场舞动作，并聘请湘西歌舞团总编导胡明珠加以指导。"踩山花"的原始音乐和舞步被创造性地转化为适合在当代人群中普及推广的广场舞，为"踩山花"的创新性发展奠定了基础。

（三）以广场舞为载体推动"踩山花"走向普及

2005 年开始，彭水县在县级机关、城区学校开始推广"踩花山"广场舞。文化馆开展专题培训，培育了一大批"踩山花"广场舞骨干，骨干分散到机关学校、乡镇社区，组建了一大批"踩山花"广场舞团队。文化馆每年都组织全县规模的"踩花山舞蹈大赛"，以赛促建，以赛推动普及。至 2011 年，"踩山花"以广场舞的形式在彭水走向了普及。

（四）持续深化、不断创新，创建苗族"踩花山节"

在"踩山花"作为群众性文化活动走向普及的基础上，2012 年，经重庆市政府批准，"踩山花"升级为地方特色文化节庆活动——"乌江苗族踩花山节"，每年在传说中蚩尤的生日即农历四月初八开始举办。"踩山花"的内容也在持续深化，不断创新，由群众性的广场舞发展延伸出祭祀蚩尤、跳踩花山、赛歌选王、吹唢呐、斗锣鼓、玩舞狮等丰富多彩的内容。在苗家聚居的彭水，"踩山花节"不仅是民族传统文化传承的节日，还发展成青年男女以节助兴、以节传情、以节为媒的好日子。

二、显著成效

（一）形成了保护传承民族传统文化的抓手

"踩花山"文化艺术包含了祭祀仪式、音乐舞蹈、赛歌选王、吹打斗技、非遗展示等内容，是民族非物质文化遗产。对"踩山花"的挖掘活化，形成了保护传承民族传统文化的有力抓手。通过"踩山花"广场舞的推广，每个乡镇、机关学校、旅游景区等，都有 30 名以上的"踩花山舞蹈"骨干队伍，全县拥有"踩花山"文艺人才不下 10 万人。2005 年，彭水县政府将"苗族踩花山节"纳入县级重点非遗保护项目。"踩花山"节会品牌 2012 年升级为重庆市政府批准的"乌江苗族踩花山节"，影响进一步扩大。2019 年，"乌江苗族踩花山节"成功入选重庆市第六批非物质文化遗产保护项目。

（二）打造出民族文化品牌活动

在"踩山花"推广普及过程中打造的"乌江苗族踩花山节"，品牌影响力不断扩大，每年农历四月初八开幕，到国庆节后结束，持续半年以上。至今已连续举办 10 届，成为重庆市重要的文化节会，促进了文旅融合发展。伴随着"踩花山"艺术的不断总结提炼，一批具有原生态有特色的"踩花山"音乐舞蹈涌现出来。《踩花山》《踩呀踩》《踩踩踩》《阿依踩》等 40 余件作品走进央视青歌赛、"民歌中国"、"综艺大观"，成为全国少数民族运动会表演金奖项目，同时赴美国、韩国等交流演出，为中华文化"走出去"做出了贡献。

（三）丰富了各族人民文化生活

"踩花山节"是彭水苗族等少数民族的传统节日，更是青年男女以节助兴、以节传情、以节为媒的日子，具有深厚的群众基础。在"踩山花"推广普及进程中，将九黎后裔古老的"跳杆"与农事活动动作融合在一起，改造为独具特色的广场舞。先后创编 8 个版本的广场音乐舞蹈，并通过持续不断的"踩花山舞蹈大赛"，使之成为全县人民喜闻乐见的文体活动。彭水"踩花山广场舞"在江西婺源举办的全国坝坝舞比赛中还斩获金奖。2015 年以来，蚩尤祭祀大典纳入"乌江苗族踩花山节"后，创新推出"万人同唱娇阿依，万人同跳踩花山"活动，各族群众的参与性进一步提高，"踩山花"变成了"我们的节日"。

（四）促进了全县经济社会发展

"踩山花"的创造性转化和创新性发展，推动了文旅融合发展，带动了文化产业建设。以"踩花山节"为统领，"彭水水上运动大赛""蚩尤祭祀大典""九黎庙会""阿依河国际漂流节"等节事节会融会贯通，扩大了彭水文化旅游影响力，促进苗家刺绣、苗家美食等产业发展。这些节事节会，每年吸引上千万游客来彭水旅游，提供综合旅游收入 30 余亿元，带动了文化旅游消费。"踩山花"以文化艺术的形式，以节助兴、以节传情、以节为媒，成为老百姓释放劳作艰辛、传递丰收喜悦、收获爱情幸福、演绎苗族歌舞的盛宴，促进了民族团结，营造了和谐喜庆的社会氛围。

三、经验启示

"踩花山"在保护与发展中，通过政策扶持、转化创新、产业创造，取得了良好的社会效益和经济效益，它带给人们的经验和启示主要有以下三点。

党政重视是关键。彭水县委、县政府十分重视文化发展，重视公共文化服务体系建设。彭水县地处武陵山区，属于少数民族地区，是全国苗族人口最多的自治县，还是革命老区，刚刚摘掉贫困县帽子，财政收入十分有限。为了保护传承"踩山花"，举办"踩山花"节事活动，县政府每年安排资金 1000 万元以上。同时，成立领导小组，县委书记挂帅，县长任组长，分管领导、相关部门、乡镇街道一把手参与其中。党委政府的重视，为"踩山花"保护传承的推进奠定了坚实基础。

创新创造是动力。"踩花山"原本是苗族祭祀先祖蚩尤的活动，自 20 世纪 90 年代中期以来，彭水县文化馆连续几代人持续不断地调研记录、挖掘整理、转化改造，推动"踩山花"持续创新发展。持之以恒的努力，带来了"踩花山节"，推动"踩山花"入选重庆市非物质文化遗产保护名录，实现了"踩山花"的推广普及和创新发展。

群众参与是源泉。"踩花山节"呈现了苗族精美的服饰、歌曲、舞蹈、戏曲、杂耍、建筑、饮食等文化，是彭水苗族劳动和智慧的结晶。"踩山花"的创新发展，将全县 10 多个乡镇的乡村旅游与文体活动纳入统筹，有依托阿依河、蚩尤九黎城、摩围山、乌江画廊等景区的文旅消费活动，有祭祀蚩尤、跳踩花山、赛歌选王、吹唢呐、斗锣鼓、玩舞狮等群众喜闻乐见的项目，调动了群众积极参与的热情。据统计，每年县内参与节会活动的群众在 10 万人次以上。人民群众的广泛参与，又给"踩山花"的持续创新发展平添了动力。

北京西城、上海长宁联手打造馆际交流"南北情"

叶笑樱 黄之琳 郑 昕 *

一、背景

"南北情"系列是由上海市长宁文化艺术中心和北京市西城区第一文化馆联手打造的馆际文化交流活动品牌项目，始于 2016 年，至 2020 年已经连续举办四届，主题分别是：舞动南北情、歌唱南北情、曲韵南北情、越韵南北情。顾名思义，是以不同类型的艺术门类作为主题，京沪两地两馆开展公共文化交流，期间还从动态类活动衍生出三场静态类的展览交流——绘聚南北情。

"南北情"已经成为连接上海长宁和北京西城两地两馆的纽带。每年通过 1—2 次的文化演出交流和文化馆管理、公共文化艺术研讨交流等内容，两地两馆的馆办团队、工作团队都从对方的工作中得到灵感和启发，取长补短携手共进，推动各自的工作跃上新台阶。

二、做法

（一）主题突出、参与广泛、资源共享

每一次的"南北情"交流都会选择一个鲜明的主题。如第一届的"舞动南北

---

* 叶笑樱,上海市长宁文化艺术中心主任。
黄之琳,上海市长宁文化艺术中心副主任。
郑昕,北京市西城区第一文化馆馆长。

情"，进行了两地两馆的群众舞台舞蹈的作品交流演出。当时这场演出不仅让上海长宁的观众饱了眼福，更让双方的舞蹈团队和舞蹈老师有了相互学习的机会，南北两地不同的风土人情让两馆创编的舞蹈也有了完全不一样的特色，比如北京的舞蹈风格更浓烈，选取的音乐更欢快，动感十足，而上海的作品则更婉约、更江南。演出后，上海长宁邀请了群众舞蹈专家魏芙老师和两地演职人员，探讨了群众舞蹈和广场舞的编创特色，受益匪浅。在这次交流结束后，长宁文化艺术中心的舞蹈干部还专门借鉴了北京的风格创编了一个作品，在次年的上海市民舞蹈大赛中拔得头筹，该作品还被上海作为唯一的选送节目参加了第一届全国广场舞展演。第一届"南北情"有约 100 多名群众演员参与演出。第二届"歌唱南北情"，是上海长宁文化艺术中心带领馆办的 SHEO 合唱团北上进京，和北京多支合唱团进行交流。上海带有江南农家特色的合唱作品让北京观众觉得很新鲜，而北京的京韵风格唱法也让上海的合唱团学习了很多。演出后，北京西城馆邀请了中央音乐学院周海宏教授给团员们上了一次音乐赏析课，让所有团员都直呼过瘾。在之后的每一次交流中，两地两馆都会竭尽全力把本土本馆最好的资源提供出来，以达到交流活动的最佳效果。

（二）注重实效、优势互补、成效明显

"南北情"不仅在群众文化艺术的内容上让两地受益，在公共文化工作和馆务管理上也得到了很多相互学习的机会。特别是针对公共文化活动如何更好地精准策划、馆内人员的标准化管理、对公共文化工作的认识定位等问题的探讨交流，双方获益颇大。北京西城区第一文化馆馆舍面积大、人员编制多，部门设置也比较精细化，因此每年都能创作出规模比较大的文艺作品，如原创剧等。而上海长宁文化艺术中心工作团队理念开放，专业化程度比较高。当上海长宁的展览送到北京西城区交流，西城馆的相关人员深受启发，后续西城馆借鉴上海长宁经验，加强对静态类艺术的策展和展陈设计；长宁文化艺术中心借鉴西城区经验，2020 年自编自导自演一部原创话剧《微光》，并在第五届"原创南北情"活动中和西城馆与北京人艺合作出品原创剧《武学宗师》一起亮相上海。

三、成效

（一）合作让公共文化服务"1+1 > 2"

"南北情"活动在两地两馆的共同努力下，促成我国美术界两位泰斗——中国美术家协会的荣誉主席靳尚谊先生、中国美术学院教授全山石先生相聚在长宁文化艺术中心；让陕西的非遗传承大师，打击乐世家的祖孙三代分别从上海、西安赶赴北京西城同台演出；让南北两馆的馆办越剧团队走进了专业人士向往的"梅兰芳大戏院"的舞台；让李大钊时代使用的货币和记载我党发展历程的钱币在新中国成立七十周年之际亮相在群众的眼前。如此高质量的活动，体现出了两馆合作、强强联手所形成的巨大能量，可以创造出公共文化服务无限的可能性。

（二）合作激活公共文化内在动力

"闭门造车"和"自娱自乐"的工作方式，已经远远不能满足群众对于公共文化服务的新期待。公共文化工作者需要不断创新服务理念、拓展服务视野、激发工作潜能。京沪两地两馆馆际交流"南北情"活动，不仅让本馆业务人员发挥自身工作的优势，更能从对方的工作中看到自己的不足，在互学互鉴中迸发出新的动力。在"南北情"活动实施过程中，两地两馆的项目负责人不断地在工作对接中完善项目方案，参与人员一丝不苟、精益求精、提升自我，对双方的队伍建设、工作人员服务能力提升发挥了重要的促进作用。

巴彦淖尔市"少儿春晚"：
搭建青少年艺术普及展示平台

巴彦淖尔市文化馆

近年来，党中央、国务院先后出台《关于进一步加强和改进未成年人思想道德建设的若干意见》《关于加快构建现代公共文化服务体系的意见》《关于实施中华优秀传统文化传承发展工程的意见》等一系列重要政策文件，为发挥文化馆阵地作用，传承优秀传统文化，加强面向青少年的艺术素养和审美水平教育指明了方向。内蒙古自治区巴彦淖尔市文化馆自 2015 年开始坚持举办每年一届的"少儿春晚"，搭建起了青少年艺术普及展示平台，有力促进了青少年艺术普及的常态化开展，促进了公共文化服务和艺术普及市场的融合发展。

一、强化组织保障，奠定发展基础

巴彦淖尔市少儿春晚由市文化旅游广电局主办，巴彦淖尔市文化馆、巴彦淖尔市河套文化艺术中心承办，各旗县区文体旅游广电局及文化馆协办。为推动活动开展，每年筹办之际，成立"少儿春晚"组委会，印发实施方案。组委会下设综合协调组、宣传报道组、节目录制组、安全保卫组、会务及后勤保障组等七个工作组。组织保障措施为活动顺利进行奠定了基础。

二、坚持公益属性，丰富形式内容

"少儿春晚"是政府主导的公益性活动。登台表演的全都是 5 到 15 岁的小演员。2015 年初创时有 500 余名青少年登台表演，到目前，登台演员增加到千人以上，观众万人次以上，活动的参与性迅速提升。

"少儿春晚"的节目形式，涵盖了：独唱、重唱、合唱、青春时尚组合等声乐类节目；民族乐器、西洋乐器等器乐类节目；独舞、民族舞、现代舞、街舞、原创舞、拉丁舞、其他团体舞等舞蹈节目；相声、小品、曲艺、朗诵、情景剧等语言类节目；体操、主持、演讲、武术、模特走秀、魔术、杂技、模仿秀、戏曲等其他节目。

"少儿春晚"的节目内容，针对青少年的特点，突出强调弘扬社会主义核心价值观，传承优秀传统文化，激发正能量。先后举办的五届少儿春晚，分别以"河套娃娃的中国梦""少年强·中国强""鸿雁的故乡·绿色的希望""童心向党·共筑中国梦""放飞梦想·让梦起航"为主题，涌现出如音乐剧《我的中国梦》、少先队献词《在伟大的新时代放飞梦想》、小合唱《军人的情怀》《志成学子之歌》、舞蹈《我和我的祖国》、朗诵《我和老师读中国》《东北抗联赞》等一批优秀节目，还有一批传承地方特色文化、非物质文化遗产的节目，如乌拉特民歌、马头琴表演、古筝、琵琶、秧歌、花鼓灯、太极拳、少林功夫等，展示了河套新一代少年儿童传承中华美德、弘扬民族精神、树立远大志向，争当新时代好少年的时代风貌，通过提升艺术素养促进了青少年全面发展。

三、意义和功效

"少儿春晚"为全社会参与青少年美育、参与公共文化服务开辟了空间。"少儿春晚"举办之初，只有文化主管部门、文化馆在参与，随着活动影响的扩大，参与和支持的社会机构越来越多，市广播电视台，市舞蹈家协会，市音乐家协会，以及市鸿雁传奇交通广播电视文化传媒公司、市"鸿雁"少儿艺术团、永良艺术学校、葛兰·悠然播音主持艺术中心、市沁艺文化传播公司等文化企业，先后加入，为"少儿春晚"的持续发展增添了新的动力。

"少儿春晚"有效衔接了面向少年儿童的公益性美育普及和市场化艺术素养培训。目前，每年有数十家市场培训机构报名参加"少儿春晚"节目海选，"少儿春晚"舞台成了市场化艺术培训机构树立形象、营造口碑、展示质量的重要阵地，形成了少儿艺术素养普及和提高的协同发展格局。

"少儿春晚"从小强化民族团结的意识和理念。在"少儿春晚"的舞台上，不仅有丰富多彩的汉族节目，还涌现出了大量的蒙古族民族特色节目，如《迷你托布秀尔》《扎西德勒》《塔里亚特麦登》《美丽的蒙古包》《凯旋》等。"少儿春晚"加深了青少年对民族文化的了解，各族少年儿童在排演中相互协作、增进友谊，体现各民族团结进步、和谐发展的生动画面，是民族团结一家亲的真实写照。

"你好，天真"天津市少儿创意美术系列活动

朱　珊[*]

少儿美术活动是青少年美育的重要内容。2016 年以来，天津市群众艺术馆策划举办了"你好，天真"天津市少儿创意美术系列活动，打造了一个集美术创作、美育教育、展览展示于一体，提供多样化审美体验的少儿美术活动样本。五年间，共举办了五届少儿创意美术作品展，推出了 14 场新颖别致的艺术创意体验活动。经过多年的探索实践，"你好，天真"已成为天津市少儿美育的品牌活动。

一、主要做法

（一）融合多种艺术创作形式，突破传统观念，让创意无限延展

"你好，天真"少儿创意美术作品展每年向全市 3—12 岁的孩子们征集作品。对作品的基本要求是突破传统条条框框的限制，重在体现启发式的创造与个性化的表达，充分展现孩子们的想象力、创造力。作品不限制表现形式，不以美术技法作为优先入选的条件，强调作品的独立性、真实性和趣味性，为孩子们提供展示内心世界、表达憧憬幻想的平台。截至 2021 年，"你好，天真"共征集少儿创意美术作品近 6000 件，这些天真烂漫的作品，无论是内容的表达抑或是形式的突破，都呈现了孩子们五彩斑斓的想象力，活动一直深受小朋友们的关注和喜爱。

---

　*　朱珊，天津市群众艺术馆馆员。

（二）以创新性互动体验活动为载体，传承文化基因

"你好，天真"以继承和弘扬中华优秀传统文化为导向，立足京津冀地区文化遗产资源，提倡让传统融入当代文化启蒙儿童，让艺术伴随儿童成长。活动集艺术展览、民族工艺、亲子手作体验、文化传习为一体，设置了"书"系列、"纸"系列、"印刷术"系列、"快到画里来"系列等不同的主题活动内容，开展了一系列的新颖别致的艺术创意体验活动。如旨在传承传统文化艺术的"千年的守望"版印穿越之旅——门神版印制作体验活动、"弘扬京剧艺术，传承文化经典"京剧公益亲子互动体验活动、"山海经大冒险"主题剪纸定格动画制作体验活动等；重在加强亲子互动的体验活动"Hi，机器人"—丁老师与机器人创作分享会、"纸与手作"系列之"古法造纸术"、"团花剪纸"亲子手作体验、"我们的幸福生活"趣味黏土亲子手工画制作等；意在将传统绘画艺术与电脑虚拟技术相结合的"快到我的画里来"沉浸式创想美术体验系列活动；与社会机构合作开展的"小豆本全球游牧展—天津站"迷你书创意制作活动等。通过不同形式的互动体验活动，让少儿能够自由地表达自己的内心世界，打造出"属于孩子们的公共文化艺术空间"。

二、经验启示

（1）积极探索具有时代特色的少儿互动体验新模式，促进公共文化服务的精准定位。近年来，通过"你好，天真"的探索实践，我们发现少儿美术活动越来越趋向于跨界融合，从原先单一的架上绘画转向多维的视觉体验，甚至融合到各个学科当中。"你好，天真"始终坚持不断转变思路、大胆创新，让活动内容和形式变得更加灵活、开放，不断加强孩子们的创作参与度和互动体验感，从而提高了面向青少年的公共文化服务的针对性和精准性，吸引更多青少年群体走进群艺馆。

（2）充分利用数字化手段拓展少儿美育覆盖面，提升服务效能。"你好，天真"天津市少儿创意美术系列活动坚持线上线下相结合，充分利用互联网、数字

化手段拓展覆盖面，将现代信息技术和产品引入互动体验活动，增强了时代感、吸引力。实践证明，今天面向青少年的美育教育、审美养成，必须建立在与互联网、现代信息技术紧密结合的基础上。

（3）树立开放共享的新发展理念，激发社会力量参与，发挥文化馆主阵地作用。"你好，天真"活动一直坚持政府主导、社会参与的基本原则。天津市群艺馆在活动中发挥主阵地作用，社会各界从事少儿教育、美育教育和艺术等领域的人士积极参与其中，通过社会化场馆共享、社会化人才整合，有效增强"你好，天真"活动的覆盖面与影响力。

上海市徐汇区漕河泾街道：
"三中心"功能融合提升实践

冯 佳[*]

为深入贯彻落实习近平总书记"人民城市人民建，人民城市为人民"的重要指示，按照上海市委、徐汇区委关于"党建引领社区多中心功能融合提升"的工作部署和安排，2020年7月，徐汇区开始在全区推行街镇社区党群服务中心、新时代文明实践中心、社区文化活动中心（以下简称"三中心"）功能融合提升试点工作。2021年6月，曾经是上海市第一家社区文化活动中心的漕河泾街道社区文化活动中心完成整体功能升级改造，并与社区党群服务中心、社区新时代文明实践分中心融汇成一体，成为徐汇区第一家完成"多中心"融合的"多功能综合服务集合体"。改建后的康健路135号挂牌"漕河泾街道社区党群服务中心""漕河泾街道新时代文明实践分中心""漕河泾街道社区文化活动中心"，雅名"漕韵"，既是漕河泾漕运历史的谐音，又内含漕河泾百年古镇深厚底蕴的寓意，总面积3140平方米，并结合漕河泾"九点水"汇聚特征，着力体现"多元融合，凝心汇力，以民为本，服务为先"的理念。

---

[*] 冯佳，上海社科院文学研究所副研究员。

一、主要做法

（一）统筹规划，落实主体责任

作为具有人口密度大、社会治理难度高等特点的典型居住型社区，为进一步完善基层公共文化服务体系、丰富辖区居民精神文化生活、保障人民群众基本文化权益，漕河泾街道党工委、办事处在区委、区政府领导和区文化旅游局指导下，按照"开放式、集约化、共享性、枢纽型"的要求，全力打造政治功能突出、融合功能齐全、服务功能完善的社区文化服务阵地，统筹落实社区文化活动中心的升级建设、管理以及保障体系。从前期听取辖区居民、文化团队、合作方、工作人员等意见建议到整体规划布局、设计方案、便民设施合理化设置的反复推敲，从工程例会的参与到施工现场的抽查督查，街道办事处都时刻关心，指派街道管理办全过程跟进。与此同时，为保证社区文化活动中心正常运营，街道每年拨付财政经费 250 万元左右，并根据岗位核定，配备工作人员 18 人，街道对人员和社区文化活动中心每年进行两次考评，中心整体工作、运营情况纳入街道每年的绩效考评。

（二）党建引领，加强同频共振

漕河泾街道坚持以"党建引领、思想汇智、实践聚力、文艺润心"为服务导向，坚持党建发展与文化服务同频共振，带动居民区、辖区单位、"两新"组织、群文团队、志愿者队伍等横向联合、良性互动，打造大家讲、大家写、大家唱、大家演等"大家"系列品牌，组织"漕韵书苑"阅读分享、非遗文化传承等活动。在楼顶花园安装"学习强国"线下课堂，通过丰富多彩的文化活动内容，实现线上线下联动，提高学习热情。同时，针对社区特殊群体、困难群体，推行基层党组织结对帮扶等项目，为其配送相应的文体服务，社区服务链得到有效延伸。此外，文化中心在所有楼层还安装了党建系统的"党群服务阵地态势感知分析系统"，通过智能分析来访人群的兴趣爱好，助推实现公共文化服务动态监管，推动公共文化实现精细化、智能化服务。社区文化活动中心在党建引领下变身社区"大客厅"，形成了借力多线条资源夯实基层公共文化服务，对上对下文化条线职责不减反增的局面。

（三）健全机制，工作规范有序

为打破部门壁垒，漕河泾街道整合各条线力量，探索建立了"1+4"运行机制："1"即把工作人员整合成一套人员班子，"4"即设立办公室、基础业务部、活动实践部、运维支持部等四个部门，原隶属党建、文化、统战、工会、妇联、老干部、志愿者、社区学校、图书馆等 16 个条线的共 40 名工作人员统一由党群服务中心调配使用，并根据融合要求，重新安排岗位，破解了原先工作"不搭界"、人员"不搭手"等问题。制定社区党群服务中心工作流程手册和服务规范手册，明确工作标准，加强人员培训，推动队伍"全岗通"。实施社区党群服务中心"全面错时提质工程"，即工作日晚上延长服务时间，双休日、节假日至少安排 5 名工作人员在岗。通过"基础一岗通""专项业务职责清""综合服务全参与""365 天全年无休"，实现了岗位互补 AB 角、业务行政两不误的全息服务。为此，街道还加强了工作人员的业务培训工作，在短时间内实现了一岗多能，在整个中心实行岗位大循环和图书馆内小循环体系，并与新时代文明中心一起联手培养志愿者队伍加入文化事业大发展中来。

（四）整合平台，打造一站式服务

在群众服务需求的导向下，漕河泾街道依托线上"汇聚漕河泾"微信公众号，设置专门的小程序，未来力求实现场地预约、活动预约等多种功能。线下除开辟 24 小时服务区，更实现了"前台一口受理、后台分类处理"的服务模式。此外，文化中心还积极推进社区党校和社区学校的日常培训有机对接、相互联动，运用微信平台和居民区党群服务站、楼宇党群服务站等，共同发布文化活动项目和培训课程，推行群众点单、文化中心派单、相关部门接单以及办公室评单的"四单服务"，激活公共文化服务的"神经末梢"，提升群众文化活动参与度。

二、总体成效

在《中华人民共和国公共文化服务保障法》和《上海市公共文化服务保障与促进条例》的规范指导下，社区文化活动中心作为社区各种资源力量的重要阵地，漕河泾街道以"三中心"融合为契机，努力实现数据共享、资源聚合，积极回应人民群众所思、所想、所盼、所急，通过公共文化服务有效增强人民群众的幸福感、获得感，更快捷、更高效、更有温度地推动基层公共文化服务全覆盖。

（一）拓展了公共文化服务时空

漕河泾街道秉持"让办公用房最小化，服务阵地最大化"的理念，使改建后的社区文化活动中心功能空间得到最大限度的扩展，不仅整栋大楼所有空间对公众开放，并新设 31 处服务空间，在楼层导引、电梯内饰以及各个教室门口均有明显标识。同时，社区服务中心延长了开放时间，每日开放 12 小时（周一到周日 8：30—20：30），每周开放 84 小时，设施空间利用率得到极大提升。

（二）丰富了公共文化服务资源

"三中心"融合后，街道全力整合原来的党群、两新、志愿者服务站、工会、社区学校、有线电视站、妇联等各条线资源，开设了 24 小时市民自助服务区，设置了畅享展厅、众享剧场、初心舞台、汇萃坪以及各种多功能教室等共享空间，融合了青年中心、爱心妈咪小屋、职工书屋、宝宝乐、国防教育基地、政协"汇书院"等功能载体，集成党员服务、志愿服务、文体服务、便民服务、亲子服务等综合功能，让群众办事更快捷、学习更方便、生活更精彩，让更多的人愿意走进来、坐下来、还会来。

（三）提升了现代化治理能力

新的漕河泾街道社区文化中心各条线不仅在人员管理机制上实行统一认识、统一行动，更在中心运行一体化基础上，紧紧围绕社区居民、青年白领在工作生活中的各类需求，以服务精准、管理高效、群众受益为出发点，以文化活动为抓手，依托各方力量，推动文化中心参与社区治理，为广大居民提供政策宣讲、法律咨询、亲子教育、垃圾分类、观影讲座等服务。依托中心三楼志愿者办公室，根据居民的兴趣需求，由志愿者们策划一项项丰富多彩的文化活动。街道还积极推进以人为核心的社会治理现代化模式，带动一大批治理显示度高、群众满意度强的样板社区公共文化服务点，在全域形成了资源用起来、服务强起来、群众动起来的良好局面，大大提升了基层公共文化设施的综合服务和治理能力。

宁夏回族自治区吴忠市文化馆：
构筑各民族交流交融精神家园

孟宪宁　吴　灵*

近年来，宁夏回族自治区吴忠市文化馆以习近平总书记加强和改进民族工作重要指示精神为指引，提高思想认识，创新工作方式，拓展服务内容，展示良好形象，将促进民族团结进步、构筑各民族交流交融精神家园融入文化馆服务中，为社会文明进步、城市文化发展贡献了文化馆力量。

一、以传统文化营造团结和睦氛围

吴忠市文化馆充分发挥爱国主义教育基地、文化剧场、艺术展厅、培训教室阵地作用，让各民族优秀文化走进市民、走进学生、走进群众。通过开展"民族团结一家亲"主题文化活动，传承中华民族大团结文化基因，宣传宣讲党的民族理论和民族政策，教育引导各民族群众树立正确的国家观、民族观、历史观、文化观，不断铸牢中华民族共同体意识。

一是拓宽服务范围，扩大服务覆盖面。实施了"文化设施""阵地活动""基层服务"三项免费服务项目。对所有培训教室、排练厅进行统一管理，制定管理制度，规范使用办法。免费开放项目和内容进行了公示，并确定了开放时间和活

---

* 孟宪宁,任职于宁夏回族自治区吴忠市文化馆。

吴灵,宁夏回族自治区吴忠市文化馆馆长,研究馆员。

动地点，吸引社会各界、各族群众进馆参加各类文化活动，馆内国防教育中心展厅、美术馆、非遗陈列厅、展厅，每年接待80个部门（单位）、学校近10万人前来参观。全国政协副主席卢展工、马飚一行先后视察调研了吴忠市文化馆非遗保护和公共文化服务工作。

二是增强服务意识，不断创新馆办活动。文化馆剧场面向社会免费开放，平均每年接待市直机关、企事业组织的各类大型会议、行业演出、比赛、学术交流等共30余场次，吴忠电视问政、最美吴忠人颁奖仪式成为品牌活动，得到社会各界人士的好评。

三是培育服务品牌，认真开展各类艺术辅导培训工作。文化馆为群众文艺团队提供活动及演出场地，先后举办了"弘扬慈善文化促进民族团结"全国书画名家走进吴忠公益笔会、吴忠文化大讲堂——杨森翔先生《吴忠地域文化》讲座、"秦腔名家互动"、"摄影名家讲座"、"合唱知识讲座"、"非遗法规和知识讲座"等多场文化活动，举办了"百姓艺术健康舞"、全健排练培训班、盐同红文化骨干培训班，极大丰富了全市各族群众的精神文化生活。

二、以文化活动推进文化交流交融

策划举办各类群众性文化活动，激发民族团结活力。吴忠市文化馆通过开展"我们的节日""滨河百姓大舞台""文化和自然遗产日"等系列文化活动，丰富文艺团队展演、群众文艺会演内容，满足各民族群众文化需求，促进各民族文化交流。组织文艺轻骑兵、技术人员深入乡镇、社区、机关、企业、校园、军营进行文艺辅导、文化演出，每年组织开展各类文艺比赛、广场演出、送戏下乡、展览展示等活动均达100场次以上。组织600余人的吴忠表演方队，参加了宁夏回族自治区成立六十周年庆祝大会群众文艺表演活动，配合完成了自治区第十五届运动会开、闭幕式的文艺演出、演员组织等工作任务，成功举办了2019年吴忠市庆祝中华人民共和国成立70周年文艺晚会、"我和我的祖国"为主题的快闪活动，圆满完成了八届宁夏"黄河金岸"国际马拉松开幕式文艺演出、马拉松之夜文艺演出，组织承办了"红红火火过大年"元旦春节系列文化活动，开展了"滨河百姓大舞台"、"文化遗产周"文艺演出、全市业余文艺团队展演、广场舞大赛、全区群众文艺会演等大型广场群众文化活动，每年的"民族团结月""古尔邦节"，文化馆都要组织开展各类文艺演出，受到各族群众的欢迎。全市187支业余文艺团队常年活跃在乡镇、社区、企业，通过群众喜闻乐见的艺术形式，满足不同民族、不同层次观众的文化口味及文化需求，为吴忠市成功创建第三批国家公共文化服务体系示范区作出了贡献。

三、以艺术交流促进文明互通互鉴

通过"请进来""走出去"加大艺术交流，推进民族文化"走出去"。舞蹈《口弦声声花儿情》《美哐啦》在宁夏少数民族文艺会演中荣获两届一等奖；表演项目《赛箇箩》在全区第八届少数民族传统体育运动会上获金奖，《夯墙乐》《耍羊皮》获银奖；《踏桩》《顶肩》在第九届全区少数民族传统体育运动会分别获银奖和铜奖，《踏桩》入围第十一届全国少数民族传统体育运动表演项目比赛。

以艺术交流带动文化发展，推介吴忠地方民族优秀传统文化。市文化馆群星合唱团在多届中国老年合唱节并获得"百鸣杯"等奖项。文化馆阳光艺术团参加广西桂林"三月三"歌圩节全国少数民族音乐·舞蹈邀请赛；"花儿"传承人王德勤、马乐、杨平财等人活跃于陕西、青海、甘肃、山西等地的"花儿""民歌"演唱会；民族舞蹈、服饰、民族武术、民族医药先后代表宁夏到韩国、马来西亚、日本进行推介交流，把具有鲜明民族特色的文化精品带到了全国、带向了世界，展示了吴忠民族传统文化艺术特色的魅力。

四、以非遗传承文化瑰宝，促进民族文化健康发展

一是积极申报非遗项目，非遗保护成果显著。自2008年以来，市文化馆非遗保护中心每两年组织开展一次非遗专家评审会，经过专家评审，先后公布了六批吴忠市级非物质文化遗产代表性项目及五批吴忠市级非物质文化遗产代表性传承人。项目名录已达10类111项，传承人达到144人。张氏正骨、陈氏医技十法、

同心莲花山青苗水会入选国家级非物质文化遗产名录，张家枪、何家棍、剪纸、刺绣和花儿等 51 项入选自治区级非物质文化遗产名录。国家级非物质文化遗产传承人达到 5 人，自治区级非物质文化遗产传承人达到 47 人。这些文化遗产成果展示了吴忠市深厚的文化底蕴和各族人民的精湛的劳动技能。

二是大力宣传推广，推动文化薪火相传。2001 年至 2014 年，吴忠文化馆按照"保护为主，抢救第一、合理利用、传承发展"的工作方针，建成并完善了宁夏首家"非遗陈列展示厅"，大力开展"非遗"项目及传承人普查、申报、宣传保护、档案数据归整等工作。结合全国"文化遗产日"，每年都在市区开源广场举办大型宣传活动，通过举办图片展览、发放宣传单、现场技艺展示、"非遗"项目演出等形式，向广大群众宣传非物质文化遗产代表作名录相关知识和内容，增强各级政府和社会各界对非物质文化遗产的保护意识。非遗馆全年共接待全区及国内外参观单位、团体 60 多个，参观人次达 12000 多人次。非物质文化遗产保护中心荣获宁夏回族自治区非遗保护先进单位、优秀非遗传承基地称号。

山东省莱州市文化馆：
非遗项目向当代舞台精品的创造性转化

"蓝关戏"是流传于胶东半岛莱州及招远等地的一个古老的高腔剧种，始于明末，兴于清初。蓝关戏"帮、打、唱"三位一体，交映生辉，成为该剧种音乐的三大支柱，当地群众"会唱者，颇入耳"，素有"蓝关开了台，婆娘跑掉鞋"之说。2006 年，蓝关戏入选第一批国家级非物质文化遗产保护名录。为了让更多的人认识、喜欢、传承和弘扬蓝关戏，莱州市文化馆将优秀、适宜的非遗项目打造成艺术精品搬上舞台，通过非遗项目向当代舞台精品的创造性转化，让非遗"活"起来。

一、题材选择

选择适宜的非遗项目，是创造性转化、打造艺术精品的关键。首先要考虑题材的历史意义、教育意义、舆论导向、故事情节，其次要考虑群众是否喜闻乐见。莱州市文化馆的业务干部经过仔细研判和反复推敲，最终决定将蓝关戏结合莱州的另一个非遗项目"民间故事《四知堂》"，排演成蓝关小戏《四知太守》。该小戏讲的是汉朝永初年间，杨震受命东莱太守，赴任途经昌邑县，县令王密因

感杨震举荐之恩，深夜怀藏黄金，客店答谢杨震，被杨震拒绝，并严厉告诫王密说："天知，地知，你知，我知，怎能说是无人知晓！"王密顿悟，羞愧难当。至此一生"四知"为警钟，免失足成千古恨。小戏的当代意义，在于传承廉政传统，是廉政教育的好教材。

二、政府支持

《四知太守》作为一部活化非遗、警示当代的廉政题材文艺作品，得到了市纪检和文旅部门的高度重视，排演工作得到大力支持。从撰写剧本、谱曲到排练成型，参与人员付出了艰辛和努力。2018 年 8 月，中共莱州市纪委、莱州市监察委员会、莱州市文化和旅游局举办"全市优秀廉政文艺作品巡演活动"，历时3 个多月，共计演出 100 多个场次，观众达 8 万余人。巡演后，市领导又决定将《四知太守》打造成一部大型历史舞台剧。莱州市文化和旅游局成立创作专班，聘请专家参与指导、调研，从文化馆、京剧团、吕剧团等单位选调演职人员，组建了阵容强大的表演团队，全力以赴做好创演工作。历时一年多，大型历史舞台剧蓝关戏《四知太守》隆重推出。

三、转化创新

创造性转化的关键，是在保持优秀传统文化基因的基础上实现当代创新。传统的蓝关戏表演形式单一，已经很难迎合当代人的欣赏口味。创作专班成员心怀敬畏、守正创新，通过研读史料，修改剧本，精研音乐舞美，细磨服装道具，使其表现形式更加丰富完善，适应当代人欣赏习惯。蓝关戏有平腔、高腔、悲腔三大腔，表现形式分唱腔、帮腔和打击乐，形成了有别于其他剧种的特有风格。在创造性转化过程中，既遵循原始唱腔旋律形态，保持唱、帮、打元素，又根据剧情和当代人欣赏需要，将唱腔板式做了相应扩充。武场在原始锣经基础上，借鉴其他剧种的流水、马腿、梆子穗、紧急风、回头、滚头子等。按照现代舞台演出的习惯，增添开幕、闭幕曲和气氛音乐。研发了主奏乐器蓝胡，搭配部分民族乐器组成小型伴奏乐队，改变了蓝关戏只有文场没有武场的历史。运用现代舞蹈元素，使演员的肢体语言更加唯美流畅。总之，既尊重历史又融入当代艺术塑造，既保留传统元素又进行转化创新，真正使非遗融进当代百姓生活，让非遗活起来。

四、展演成效

2019 年 4 月 26 日，国家级非物质文化遗产项目大型蓝关戏《四知太守》开排仪式在莱州市文化馆举办，市领导为"国家级非物质文化遗产项目——蓝关戏《四知太守》剧组"和"莱州市廉政文化创作排演基地"揭牌。

经过半年多的精心排练，11 月 3 日晚 9 时，蓝关戏大型剧目《四知太守》首演落下帷幕。此次首演，既是汇报演出，也是 2019 年烟台市繁荣舞台艺术"双演"工程剧目的选拔演出。蓝关戏大型剧目《四知太守》近两个小时的演出，节奏紧凑，跌宕起伏，冲突激烈，饱含深情，描绘出有血有肉、贴近生活的舞台形象，得到了专家评委和现场观众的一致好评。《四知太守》以艺术形式表达的"天知、地知、你知、我知"优秀传统，道出了公而忘私、自律慎独的为官之道，刻画出心系百姓、不屈权贵的清官形象，成为廉政教育的历史教材。

2020 年 5 月，《四知太守》成功入选烟台市"文艺精品工程"重点作品创作生产扶持戏剧类项目。2020 年 3 月，经过再次修改完善，完成创作、编排和录制，2020 年 11 月，经过再次修改完善的《四知太守》受邀赴江苏省昆山市参加文化和旅游部举办的"2020 年戏曲百戏（昆山）盛典"演出活动。

湖北省赤壁市：
"以钱养事、市聘乡用"，建立群艺馆总分馆驻馆制

王 霞[*]

　　赤壁市是隶属于湖北省咸宁市的一个县级市，辖14个乡镇（街道、办、场）、184个村（社区），是湖北省第四批公共文化服务体系示范区创建单位、全国新时代文明实践中心试点县市、全国旅游标准化示范城市、中国诗词之乡、湖北省民间文化艺术之乡、中国优秀旅游城市。为充分满足赤壁市民的精神文化需求，推进公共文化服务城乡一体化，有针对性地解决乡镇（街道、办、场）综合文化服务中心人才缺失问题，赤壁市委市政府以全市群众艺术馆总分馆建设为抓手，以基层文化站为主要节点，采取"以钱养事""市聘乡用"的方法，创新基层公共文化服务人才队伍建设机制，优化基层公共文化人才配置，建立健全了群艺馆总分馆制分馆辅导员驻馆制，对提升总分馆制建设质量发挥了重要作用。

一、主要做法

（一）创新"以钱养事"选聘机制，公开招聘乡镇综合文化服务中心工作人员

　　赤壁市通过深入调查研究，为了更好地保障人民群众基本文化权益，加强基层公共文化服务体系建设，建立了基层公共文化服务"以钱养事"新机制，出台

---

　　* 王霞，湖北省赤壁市群众艺术馆馆长。

《赤壁市乡镇综合文化服务中心公益性岗位人员招聘工作方案》，将招聘对象和条件、岗位设置等具体要求，通过各种媒体对外发布。在广泛宣传的基础上，进行报名登记、资格审查，对符合条件的人员进行张榜公示、考试录用。2019年5月，通过第三方考评，招聘工作领导小组对19名拟聘任人员进行公示一周，无异议者录用，聘期两年。

（二）创新"以钱养事"用人机制，实行乡镇（街道）群艺馆分馆辅导员驻馆制

按照赤壁市基层公共文化服务"以钱养事"增补人员和经费拟订方案，全市增补的乡镇综合文化服务"以钱养事"19名人员，分别派驻到14个文化站（赤壁市群众艺术馆分馆）担任辅导员。其中，赵李桥镇等5个乡镇（街道）分别派驻2人，余家桥乡等9个乡镇（街道）分别派驻1人。

（三）创新基层公共文化服务机制，实施"五个一"服务标准

结合乡镇（街道、办、场）经济社会发展实际，根据群众的文化需求反馈，驻馆辅导员实施公共文化服务"五个一"标准，即策划组织一场高质量的群众文化活动，辅导一支群众文化艺术团队，举办一项群众文化艺术培训，创作一件群众文艺作品，撰写一篇群众文化调研报告。

（四）创新基层公共文化服务绩效管理机制，实行"五个统一"管理模式

市文化和旅游局对派驻到14个文化站（赤壁市群众艺术馆分馆）的招聘人员，实行"五个统一"管理，即场馆阵地统一管理，文化资源统一配置，文化服务统一标准，文化活动统一安排，绩效考核统一评价。

二、主要成效

（一）夯实了基层综合性文化服务中心"六务合一"基本功能

派驻到14个文化站（赤壁市群众艺术馆分馆）的"以钱养事"人员，专职

专责，聚精会神做好综合性文化服务中心的工作，宣传文化、党员教育、科学普及、普法教育、体育健身、旅游信息"六务合一"，做到了阵地有人管，设备设施有人用，文化活动有人抓，艺术团队有人办，群众满意度明显提高。

（二）彰显了赤壁"文化 + 文明实践 + 旅游"的地方特色

赤壁市是全国新时代文明实践中心试点县市、全国旅游标准化示范城市，全市基本建立健全了市群众艺术馆、文化站、村（社区）综合文化服务中心与新时代文明实践中心、所、站实体空间融合机制，新时代文明实践活动与公共文化服务活动的融合机制。"以钱养事"驻馆制实现了公共我呢华设施与新时代文明实践中心、旅游公共服务设施的人员融合、保障融合、服务融合，提升了综合服务效能。

（三）提升了基层公共文化服务的专业化水平

"以钱养事、市聘乡用"招聘的人员，均具有一定的专业知识和技能，在基层公共文化服务中，能更好地发挥组织、协调、指导作用。如赤马港文化综合服务站驻馆人员刘丹丽，酷爱舞蹈艺术，有较强的业务能力，到岗后积极开展群众性舞蹈培训辅导工作。她参与编导并领舞的广场舞《竹玲珑》，参加 2020 年湖北省第五届广场舞展演，荣获一等奖。近两年，经过层层选拔，她分别代表赤壁市群众艺术馆参加了全省群文系统技能大赛，她主跳的舞蹈《月狐吟》《蓝色的风》，连续两届获得湖北省群文技能大赛一等奖。

（四）上升为赤壁市人才工作计划重点项目

根据《湖北省公共文化服务体系示范区创建和管理工作方案》、中共赤壁市委人才工作领导小组人才工作计划，"以钱养事、市聘乡用"基层公共文化服务人才建设项目被认定为赤壁市 2021 年度人才工作计划重点项目，这标志着这一做法得到进一步肯定和重视，不仅为项目本身的进一步完善强化开创了新的空间，也为其他领域的改革创新提供经验借鉴。

北京东城区"美后肆时"：
专业组织打造公共文化服务"美空间"

苗美娟　李　斯*

一、背景

2009 年，根据北京地铁八号线建设需要，北京市东城区美术馆后街东侧临时征地用于盾构井施工。地铁施工结束后，鉴于该基址具有紧邻中国美术馆、77 文创园、中央戏剧学院等高端文化教育机构、周边文化艺术资源丰富的优势，结合"文化东城"建设编织高品质基层公共文化设施网络的需求，在市、区各主管部门支持下，综合性的公共文化设施——景山街道市民文化中心在该基址建成。由于该基址位于美术馆后街 40 号，取谐音简称"美后肆时"，同时这一称谓也寄寓了公共文化设施满足市民美好生活新期待，"四季更新、四时更迭、美好永不间断"的愿景。

2014 年以来，东城区开展国家公共文化服务体系示范区创建，结合自身基础和优势，在公共文化服务社会化发展方面进行创新探索。新建的美后肆时正是进行基层公共文化设施社会化运营管理试点的最佳"试验田"。2020 年，东城区政府在广泛调研、认真论证的基础上，通过招投标方式遴选专业化社会组织——北京优和时光文化有限公司（以下简称"优和时光"）全面承接美后肆时的运营

---

*　苗美娟、李斯，北京大学信息管理系、北京大学国家现代公共文化研究中心博士后研究人员。

管理。优和时光运营管理团队秉持现代美学理念，致力于将市民文化活动场所打造成为"美空间"。北京传统四合院样式的建筑，青砖红瓦、古色古香，体现"建筑美"，四合院内设计了 21 处以"美"命名的功能空间，如"美书房""美影馆""美衣馆""美体馆"等，为市民提供阅读、歌舞、戏剧、国学、艺术、文创、园艺、美食、健身等多主题、立体化的文化活动和特色文化体验。

美后肆时开馆以来，以高品质的空间、丰富多彩的活动、专业化的运营，取得了良好的服务效益，赢得了广泛赞誉。中宣部、北京市委市政府、东城区委区政府对美后肆时的运营模式给予关注，各方面专家学者纷纷前往深度调研，北京市委书记蔡奇同志以"四不两直"方式调研美后肆时后给予充分肯定，大众媒体对美后肆时予以广泛报道，称赞其"重新定义市民文化生活"，堪称"北京最欢腾四合院""京城又一网红打卡地"。

二、做法与特色

（一）运营团队先期介入空间规划和功能设计，"建管用"有效衔接

在景山街道工委办事处的指导支持下，优和时光运营团队在内部空间装修之前就进驻美后肆时，深度参与到空间规划、功能布局、场景设计、装修工程、设备设施采购、内容规划、资源对接、智能系统开发等各环节的筹备和建设工作中，为运营管理理念和愿景的落地打下了坚实基础。21 处美空间的设计和塑造，就是运营管理团队和工程设计、施工方深度沟通、携手营造的结晶，有效支撑了最美空间、最佳服务的实现。实践证明，公共文化设施的"建管用"紧密衔接，必须建立在建管用三方在规划、建设过程中深度合作的基础上，运营管理团队的先期介入是提升服务品质和效能的重要条件。美后肆时的做法和经验，值得目前普遍存在的对公共文化设施建设采取简单"交钥匙"做法的公共文化机构借鉴。

（二）高质量基本服务和品质服务并举，探索非基本服务优惠收费实现方式

公共文化服务设施的首要任务是满足居民基本文化需求，保基本、兜底线、

促公平。按照东城区政府购买服务协议，美后肆时全年 365 天早 9 点到晚 9 点开放，提供 1098 场以上的服务活动，包括 728 场以上的基础服务活动和 370 场以上的特色服务活动。2020 年 9 月开馆至年底三个多月的运行实效显示，美后肆时共实施了 981 场线下活动，117 场线上活动，参与人次达到 6 万以上，圆满完成了提供高质量基本公共文化服务的任务。

在高质量完成基本公共文化服务任务的前提下，美后肆时依循《东城区公共文化设施社会化运营指导意见（试行）》的精神，积极探索落实《公共文化服务保障法》规定的"优惠服务"的实现方式。目前，美后肆时在非基本公共文化服务方面形成了"专场活动综合服务"和"延伸性服务"两大类优惠收费服务项目。专场活动综合服务是指面向机关企事业单位的以提供场地和综合配套服务为主的服务；延伸性服务是指与基本公共文化服务衔接的、以提高为目标的文化艺术培训和体验服务，如舞蹈、钢琴、表演、书画、服饰、健身等。为规范非基本公共文化服务的优惠收费，美后肆时制定了成文化的收费内容、标准与财务管理制度，景山街道也依法依规加强监管，制定了《关于规范美后肆时景山街道市民文化中心文化服务收费工作的实施意见》。在确保基本公共文化服务免费提供的同时，美后肆时探索非基本公共文化服务优惠收费，探寻促进公共文化服务高质量发展的新路径，推动公共文化服务社会化发展实现新突破。

（三）"空间换服务"催生社会化优质服务共同体

美后肆时是北京老城区最大的基层公共文化空间，5000 多平方米的建筑面积、独特的四合院建筑风格、21 处沉浸式的主题文化美空间赋予其空间资源优势。借助空间优势，优和时光实施了"空间换服务"策略，即利用充裕的场地空间引进各类社会组织提供免费或优惠的高品质文化服务或活动。如引进北京公羊社会工作发展中心开设的面向公众的"超级救生员"公益培训课程以及"应急志愿服务在行动"系列活动；引进中国京剧程派艺术研究会传承传播京剧程派艺术的活动；引进辰星剧社、隔壁剧社、一念剧社、出线文化、金宝街北戏剧公社等团体共办的"四合院戏剧节"；引进游美社开展的"趣味儿童艺术英语"活动等。美后肆时通过建立反馈机制确保置换活动的质量。目前，美后肆时已与 100 余家文化类社会组织、200 余位文化讲师建立了合作关系，形成了一定规模、较为稳定的文化资源储备。"空间换服务"策略不仅丰富了服务和活动的内容，提升了品质，还催生了社会化优质服务共同体。

（四）构建多渠道、品牌化传播体系，提升服务知晓度和影响力

美后肆时将服务和活动分为"肆时韵味""肆时风味""肆时趣味""肆时美味" 4 大板块，陆续策划推出了四合院单身青年节、四合院萌娃节、景山影像馆、"这里是东城"、景山养生堂、"四合院里玩园艺"、四合院音乐会等 20 多项特色品牌活动。为提升服务和活动的知晓度与影响力，美后肆时打通线上线下，利用微博、微信公众号、头条号、直播以及阵地广告、招贴画等多种渠道和手段，以传播矩阵普遍覆盖受众人群，强化公众的品牌认知，畅通公众走进美后肆时的信息渠道。

（五）建立服务与管理标准体系，实现规范化高效运营

优和时光构建了美后肆时场地、活动、用户、内容和品牌运营的标准、流程和规范，开发了美后肆时微信小程序，它具备活动发布、在线报名、内容管理、志愿者管理、讲师展示、活动评价、数据统计等功能。制定了《美后肆时管理与汇报机制》《美后肆时运营方管理规范》等制度文件，对工作汇报、日常服务、活动执行、新媒体运营等进行系统规范。景山街道作为监管方，也针对美后肆时量身定制了专家评价、社会评估、科室考评、群众打分等监督考核评价机制。自规范与政府监管、社会监督相结合，保证了运营管理的标准化、高质量和高效能。

三、成效

打造出公共文化"美空间"样板，营造了居民身边的美学场所。美后肆时把美学创意理念和愿景融入空间设计、服务和活动，树立了与国际化大都市中心区人文环境和公众需求相适应的新型公共文化空间样板，把基层公共文化设施升级

为网红打卡地，展现了"首善之区"公共文化设施的魅力和前景，为同类地区新型公共文化空间建设提供了借鉴。

显示了基层公共文化设施社会化运营管理的生机与活力，探索了公共文化服务社会化发展的新路径。美后肆时引入专业化社会组织运营管理，通过自身建立标准体系、加强政府监管和社会监督，保证了服务和活动的数量与质量，显著提升了服务效能。同时还探索非基本服务优惠收费实现方式、构建社会化优质服务共同体，拓展了公共文化服务社会化发展的新路径。美后肆时的实践，为增强公共文化服务发展新动力、促进公共文化服务高质量发展积累了经验。

广东省东莞市文化馆：
五大工作机制建设社会组织孵化中心

黄晓丽[*]

社会力量广泛参与是丰富公共文化服务供给的有效途径，是推动新时代公共文化服务高质量发展的重要举措，是完善公共文化服务体系的内在要求。2020 年以来，广东省东莞市文化馆通过成立东莞市公共文化服务社会组织孵化中心，建立健全准入管理、培训交流、实践引导、成长扶持、考核评价五大工作机制，对孵化社会组织参与公共文化服务进行探索，着力创新供需有效对接，推动公共文化服务社会化发展。

一、坚持问题导向，把孵化壮大社会组织作为公共文化服务迈向高质量发展的重要举措

自 2018 年起，在上级部门大力支持下，东莞市文化馆连续组织实施了东莞文采会、粤港澳大湾区文采会、全国公共文化和旅游产品云上采购大会交流展示活动，汇聚了一大批文化企业、机构、社会组织，搭建了公共文化供需对接新平台，推动公共文化和旅游产品供给侧改革，有效丰富了文化供给，积累了一定的经验。但是在这个过程中，也发现社会主体较为薄弱是制约公共文化服务社会化

---

* 黄晓丽，东莞市文化馆馆长，文化和旅游部国家文化和旅游公共服务研究（东莞文化馆）基地主任。

发展的关键问题。例如，在参与文采会的过程中，许多社会主体对公共文化服务及其需求并不了解，许多社会组织没有正式注册登记，缺乏经费和常态活动场地，提供的服务质量参差不齐，亟须对其进行孵化和培育，健康有序引导社会主体发展壮大。

东莞市文化馆是国家文化和旅游研究基地，承担着公共文化服务领域的探索创新任务。为了破解发展难题，孵化壮大社会主体，推动公共文化服务社会化发展，2020年11月，东莞市公共文化服务社会组织孵化中心（以下简称"孵化中心"）应运而生。该孵化中心由东莞市文化广电旅游体育局、东莞市社会组织事务中心、文化和旅游研究基地（东莞市文化馆）为指导单位，东莞市文化馆负责管理，东莞市文化志愿者协会执行运作，致力于通过打造"研究+学习+交流+实践"平台，孵化和培育更多的社会合格主体，推动公共文化服务社会化、专业化发展。

二、坚持目标导向，创新实施五大工作机制，全面引领社会组织融入公共文化服务

一是建立准入管理机制，精选孵化对象，明确工作导向。孵化中心成立之时就制订了具体实施方案，对参与孵化培育的主体设定了准入门槛，设置入驻申请条件，细化评审流程，明确培育方式和工作预期。东莞市文化馆结合举办多届文采会的经验，倡导共建共享共赢的理念和工作导向。通过公开报名招募并严格择优评选，从历年参加文采会的优秀团体和文化志愿的优秀业余团队中，精心遴选了一批坚持正确导向、具备一定发展潜力、有志于参与公共文化服务的社会组织，严格要求孵化对象不得利用孵化中心从事培育模式以外的营利性经营活动。2020年通过第一批遴选的社会组织达37家。孵化中心对首批入驻的社会组织进行为期一年的孵化和培育。这些社会组织的主要经营范围广泛，除了涉及常规的全民艺术普及演出、培训等，还有文化场馆运营、设施设备维护、传统文化保护和普及、活动策划、阅读推广等。

二是建强培训交流机制，深化沟通了解，提升服务能力。对于如何孵化合格

社会组织，孵化中心在全面调研的基础上，认为必须重点解决"知"的问题，避免少知而迷、不知而盲、无知而乱。为此，孵化中心一方面制订系统的培训计划，如对入驻的第一批组织实施"十讲"，广泛邀请公共文化服务领域专家和专业人士，开展系列公共文化服务政策解读、文化艺术活动策划、宣传推广、基层文化团队建设、艺术普及教育等专业培训，通过系统培训帮助社会组织了解公共文化服务行业、提高服务供给能力。另一方面，孵化中心还安排专人定期走访各个社会组织，了解其运作实际情况，建立详细地走访台账，提供针对性的指导，协助解决实际困难，并鼓励社会组织间举办各类分享交流沙龙活动，促进交流和碰撞，推动提升服务水平。

三是建立实践引导机制，撬动各方资源，吸引广泛参与。知者行之始，行者知之成。在开展系统培训交流的同时，孵化中心以践行公共文化服务、促进文化引领为目标，吸引各社会组织积极投身群众性文化活动、文化志愿服务、群众文化创作等细分领域，极大丰富了公共文化服务。例如，结合庆祝建党 100 周年，孵化中心以孵化的社会组织为主力，动员全市众多的文艺团队，共同策划了"文化致敬 红心向党"——东莞市社会文艺团队公益行动项目，以文化志愿者大型展演的形式喜迎建党 100 周年。活动分别以街舞、麒麟、广场舞、钢琴等"百人"阵容进行，通过"线下快闪＋线上视频"的形式推出。其中第 3 期活动《唱支山歌给党听》，在东莞市文化馆的策划牵头下，由来自各社会组织的钢琴演奏者，以百架钢琴展演的形式，庄严、唯美、动感地奏响赞歌，深情唱支山歌给党听，为观众带来一场艺术的视听盛宴，社会反响热烈，各大媒体争相报道。东莞市声梦品牌创意策划有限公司一直致力于流行音乐的推广，但苦于缺乏平台和业界影响力，许多好的设想无法落地。在孵化中心的牵针引线推动下，声梦公司成立了广东省流行音乐协会东莞委员会，进一步凝聚了东莞优秀音乐创作人的力量。2021 年疫情防控期间，孵化团队自发创作了《静静地守候最美东莞》《我们东莞人》等多首鼓舞人心的原创音乐作品。梨园戏剧社在孵化中心的支持下，发挥自身在黄梅戏演出方面的优势，2021 年打磨了大型黄梅戏《江姐》，并先后在东莞举办两场大型演出，受到中央电视台的关注，央视计划对该剧目进行拍摄报道。此外，孵化中心还组织各团队在暑假期间开展公益性服务活动，如推出艺术夏令营，面向市民发布近 300 个艺术夏令营名额，定期参与东莞市民大舞台项目的策划演出，满足基层群众特别是特殊群体的文化需求等。

四是建立成长扶持机制，多部门联动，提供成长平台。社会组织的孵化工作，既有文化、民政等主管部门的指导，又有文化馆严格的运作管理，还有市文化志愿者协会全程参与，有效覆盖了社会组织的登记成立、过程管理和实践发展等环节，形成了全过程的成长扶持机制。其中，东莞市文化馆依托自身平台，发挥研究基地、场馆阵地、活动策划、品牌建设、活动项目、自媒体宣传流量等优势，助推社会组织茁壮成长。例如，在活动开展、品牌建设方面，东莞市文化馆可以与入驻社会组织进行充分的沟通，提供活动创意、策划、组织、实施指导，社会组织可依托东莞市文化馆总分馆体系，将公共文化服务的范围延伸到全市，扩大活动的影响力。在阵地支持方面，入驻的社会组织开展公共文化服务，可向文化馆申请获得不超过 3 次的免费场地使用机会。在宣传推广方面，东莞市文化馆"文化莞家"微信公众号和数字文化馆平台为社会组织开展的公益文化活动提供宣传支持。

五是建立考核评价机制，强化过程管理，保障培育成效。孵化中心完善各项考核管理制度，厘清权责，严格对各社会组织的考核和评价，确保各社会组织在培育期内完成既定任务，达到预期培育目标。如通过与社会组织签订合作协议，明确培育任务和责任。要求孵化团队在孵化期内，必须参与业务培训，每个入驻组织至少完成 10 个课时培训；每年每个组织必须公益参与提供 3 场次文化服务。又如制定了《东莞市公共文化服务社会组织孵化中心管理办法》，引导各社会组织积极参与文化志愿服务，并细化考评管理，开展配送巡查测评等。

三、孵化成果成效逐步显现，社会组织建设能力有效提升，实现供需创新对接

一是为社会组织参与公共文化服务指明了方向。通过孵化，社会组织对公共文化服务"做什么""要什么"有了更加清晰的认知，对公共文化服务"怎么做""怎么创新"有了知行合一的感受。整个孵化过程，也是一个引导社会力量

正确有序参与公共文化服务的过程，针对各类活动的策划、参与、组织实施，政府和公共文化服务机构都可以对社会组织进行导向性把关，从而为其参与公共文化服务指明了方向。

二是促进了社会组织与公共文化服务需求的有效对接。孵化中心着力整合、撬动各类资源，精心策划了多项文化活动，牵引推动各社会组织积极参与全市公共文化服务，自主策划举办各类型的公共文化服务，使得公共文化服务的产品更加丰富、多元、个性，更好地满足市民群众不同的"文化口味"，实现了供给创新有效对接。

三是推动社会组织服务水平得到明显提升。通过专业的培训指导和密切的沟通联系，社会组织对参与公共文化服务的内容需求、准入门槛、参与路径和标准要求等都有了更加具体的了解，对自身发展方向有了更加科学的规划，自我建设、自我管理、自我发展能力进一步提升，供给产品打磨更加精准，切实提升了自身服务水平，拓展了发展空间。

杭州萧山"文化管家"：
基层公共文化服务提质增效新途径

一、背景

萧山区是杭州市市辖区，地处中国县域经济最为活跃的长三角南翼。在强大的经济实力支撑下，近几年来萧山区基层公共文化设施建设取得了长足进步，镇街综合文化中心全覆盖，村级综合文化中心全覆盖也指日可待。在这一背景下，一个问题凸显出来，即基层公共文化服务设施的社会效能普遍不高，设施闲置现象不仅存在，在有些镇街还比较突出。2018 年，萧山区创建第四批国家级公共文化服务示范项目，经过充分论证，决定将基层公共文化服务的提质增效作为创建示范项目的具体目标。为此，联合本土企业——杭州新青年歌舞团有限公司，以镇街为对象，以提升镇街综合文化中心服务效能为目标，以"文化管家"为运行机制，通过社会化的专业性服务来破解基层综合文化中心运转不力的困局。

杭州新青年歌舞团有限公司是一家萧山本土的民营演艺公司，多年来积极参与省、市、区的公共文化服务，取得了良好的口碑。该公司于 2017 年在新三板上市。萧山区文旅局多年来也多次与其开展合作，对该公司的业务资质和水平比较了解。在得知该公司曾经在上海青浦区小范围尝试性地提供过公共文化的"一

---

* 李超平,浙江大学公共管理学院副教授。

揽子服务"后，遂与该公司董事长张钎先生多次沟通，在充分交流后双方确立了"管家式—揽子服务"模式，并达成共同进行探索的意愿。双方同意将这一探索命名为"文化管家"，由新青年歌舞团有限公司旗下的杭州最忆文化有限公司来具体承担试点阶段的探索。"文化管家"已经由杭州最忆文化有限公司注册了商标。

二、项目实施

2020 年 10 月实施的杭州市地方标准《文化管家服务规范》对文化管家服务的定义是："通过政府购买服务引入的、具备特定资质条件、为基层提供优质公共文化服务的专业性机构或组织，是政府为丰富基层公共文化供给、提升服务质量而实施的社会力量参与公共文化服务的一种创新模式。"据此，"文化管家"既是提供服务的社会力量的代称，也是公共文化服务领域的一种创新模式。

"文化管家"试点的主要目的，是打造一种社会力量参与基层公共文化服务的合作模式，这一模式成型后，应可复制、可推广，且不依赖于特定社会机构。因此，模式的形成过程应与运行机制的建立同步进行，这就是所谓的"顶层设计"。该项目的实施过程为：（1）试点；（2）形成面向全区推广的模式；（3）完善管理制度并形成地方服务标准。

（一）试点对象的选择

通过综合考量，拟选定三个镇街作为试点单位。以镇街综合文化中心为阵地，也向辖区内的村辐射。所选择的试点镇街应该有代表性和有利于项目的实施，一是兼顾街道和乡镇，建议街道一个，乡镇两个；二是兼顾文化服务的基础条件，按基础较好、中等和较差各选一个；三是兼顾地理位置，按距离主城区的远近进行搭配。

（二）"文化管家"服务模式的形成

"文化管家"项目的目标：通过日常服务和文化活动，使群众的文化观念得以更新；唤醒群众的文化需求，从旁观者变成参与者；因势利导地向群众传播高雅艺术，提升群众的欣赏能力；挖掘地域人文精髓，用群众喜闻乐见的形式表现，弘扬传统文化和地方文化。

"文化管家"的服务内容："文化管家"项目由两种服务构成，第一种服务是"一揽子"的基本服务，具体内容包括：（1）通过对基层文化设施的管理，提高文化设施的利用率；（2）组织基层群众开展丰富多彩的文化活动，吸引广大群众参与文化活动，让群众有实实在在的文化生活获得感与幸福感；（3）多渠道传播文化信息，让更多的人了解与参与文化活动，丰富文化生活。第二种是菜单式服务，由镇/街根据本辖区的社会需求选择性购买单项服务，以丰富和提升本辖区群众文化生活。

"文化管家"项目的实施：（1）作为"一揽子"文化服务以镇/街为单元派出文化管家，文化管家成为该镇/街文化活动的运营者；（2）"文化管家"服务面向全镇/街，根据各镇/街的村/社的实际需求，文化活动以镇/街为原点，向全镇/街的村/社辐射；（3）试点结束以后，"文化管家"作为全区的一个整体部署，由区文旅局与杭州最忆文化公司签约，该服务覆盖全区每一个镇/街。

（三）"文化管家"的管理制度

从"文化管家"的管理可以看出，仅凭一套制度不能平衡各方关系的，需要根据各条线任务和要求进行综合管理。

第一，文化管家的派出单位必须建立文化管家管理制度，对文化管家在执行任务时的思想、行为、业务等方面提出规范性要求，因而应该制定文化管家服务规范；第二，文化行政管理部门要对"文化管家"项目的采购和日常服务进行规范性管理，可通过制定管理办法来提出明确的目标与任务要求；第三，"文化管家"的采购单位（如区文化馆、镇街政府部门）应该对文化管家的服务内容提出明确要求，制定明确的任务清单；第四，区文化馆应根据总分馆制的运行诉求，对文化管家的职责、任务、业务规范等提出规范性要求，必要时对文化管家开展业务培训，以便使文化管家的服务能达到总分馆制的业务要求，从长远看，应该制定全区统一的《公共文化服务标准》；第五，从镇村两级公共文化服务的任务、内容等出发，制定文化管家的考核细则和第三方评估机制，以便不断优化"文化管家"项目的运行机制和服务水平。

（四）"文化管家"服务模式与总分馆制

萧山区人民政府于 2019 年出台的《萧山区文化馆总分馆制建设实施方案》，明确规定"总馆向各分馆配备文化下派员一名，专职从事文化艺术辅导、文化活动实施、文化项目承办、特色文化建设等。每个基层服务点配备村级宣传文化员一名"。萧山区政府的这一规定，是目前省内在解决文化馆总分馆制时的一种通行做法，对于实现公共文化服务的向下延伸是必要的。文化管家实际上就是"下派员"，也就是说，将"下派员"的招聘转换为购买专业化的"文化管家"服务。把"文化管家"纳入总分馆制的管理体系中后，每一位任职的文化管家既要接受其派出机构——杭州最忆文化有限公司的领导，也要接受文化馆总馆的业务指导，以保证文化馆总馆对基层文化工作的统一规划与管理。文化下派员与购买"文化管家"服务的"打通"，巧妙地解决了现行"控编""缩编"大环境下的人员不足的困难，不失为一种人员解决路径。

三、"文化管家"运行的成效

2019 年 12 月，在实践成效的基础上，经区政府批准，萧山文旅局通过单一来源采购方式，首次以 500 万元区级层面采购"文化管家"服务，内容包括 25 名人员的服务以及创作、演出、培训、参赛等菜单式服务项目。其中 22 名服务人员被文化馆总馆作为文化下派员落实到各分馆开展驻点服务。萧山的文化馆总分馆制是与文化管家项目结合推进的，而且是 22 个镇、街道一步到位设立分馆。每一名文化管家下派到分馆后都有量化任务：包括协助驻地完成文化馆分馆建设，了解当地文化工作和文化需求，根据需要完成 50 节课程的文化培训，组建"三团三社"并培育团社骨干，开展一次成果展示，通过艺术创作等形式挖掘地方特色文化，打造"一镇一品"。至此，"文化管家"服务在萧山全区推开。2020年，共助力镇、村开展大型活动策划 273 场，组建文化团队 150 余支，开展培训

1240课，服务群众31.6万人次，成功指导艺术创作和文化特色品牌建设近20项。同时，各镇街在区级配送课程之外，另有32个镇、村按需求自行采购增值服务累计758课时，用于文化礼堂、乡村活动等服务延伸。实现了"镇镇有文化管家，村村文化有人管"。

山东省济南市：
创新街头艺人治理方式，促进街头艺术健康发展

马迎春[*]

一、背景介绍

作为山东省的文化中心，济南的文化兼有东方和西方之长、传统和现代之美，呈现多元化、兼容并蓄的特色。党的十八大以来，以上海、深圳、成都等为代表的城市相继向艺术"开放"街头，济南市各级部门也逐渐意识到艺术对城市发展的重要作用，对街头艺术进行了积极的态度转向，并逐步推动其纳入公共政策议程进行常态化治理。随着济南城市化的推进和城市规模的不断扩大，城市公共空间中的艺术作品，艺术展览与艺术行为大量涌现。在这些公共艺术的作品与现象中，街头艺术以其自身的规模小、起点低、内容通俗易懂、表现形式丰富多样，为城市空间和市民生活提供了丰富多彩的文化艺术内容。城市多元文化的存在与发展、交流与融合，往往能够碰撞出新的文化、思想和观念，对于城市经济增长、城市空间活力提升，对青年群体吸引力提高尤为重要。党的十九大以来，济南市进一步加强公共文化服务体系建设，扎实推进文化和旅游融合发展步伐，开启街头艺人招募展演，是积极探索街头艺术展演长效管理模式和服务机制的一项重要内容，也是着力拉动文旅消费，积极培育文化消费新业态的重要举措，活

---

* 马迎春，山东省济南市文化馆馆长。

210

动力图为济南的街头艺术爱好者提供一个交流经验的平台，为繁荣城市夜间文化生活，推动济南夜间经济发展提供助力。

二、政策保障

2019 年 6 月，济南市委市政府下发《关于推进夜间经济发展的实施意见》，提出"打造夜间经济示范街区""丰富夜间经济消费业态""营造良好舆论氛围"等举措，这成为济南街头艺术管理模式发生转变的政策"催化剂"。2020 年 8 月，在新冠疫情形势向好的大背景下，为进一步释放夜间休闲消费需求，推介街头文化艺术品牌，济南市文化和旅游局联合济南市公安局、济南市城市管理局下发《关于鼓励引导济南市街头艺术有序发展的指导意见》，同年 9 月在济南市文化和旅游局指导下，济南市文化馆相继制定并发布《济南市街头艺术表演工作实施方案》《济南市街头艺人招募工作实施方案》《济南市街头艺人自律公约》，并对外发布《济南市街头艺人招募公告》，由此济南正式迎来"街头艺术治理"新时代。

三、行动历程

为引导街头艺术健康可持续发展，走出一条适合济南的街头艺术发展路径，济南市各有关部门曾多方探索。其中，2020 年 5 月，在济南市文化和旅游局策划组织下，政策考察团前往成都、深圳等地对街头艺人发展情况进行综合考察，引进诸多先进发展经验。6 月初，济南市文化馆组织 20 余名街头艺人在济南历下区泉城路商业街一带成功开唱，为后续艺人招募展演工作积累了宝贵本地经验。9 月，在济南市文化和旅游局指导下，济南市文化馆发布《济南市街头艺人招募公告》，举办首批街头艺人现场考核，62 人获颁"济南街头艺术表演证"。10 月，邀请成都街头艺术表演项目负责人通过视频连线，为首批街头艺人进行岗前培训，并组织签订《济南市街头艺人公约》、发放"表演证"，组织持证艺人进行街头艺术表演活动，真正实现艺人"持证上岗"。11 月，组织举办"济南市街头艺人展演活动启动仪式"大型演出活动 2 场次，线上线下吸引观众超 23 万人次。

12 月，应街头艺术爱好者要求，组织"街头艺人补招"，27 人次签订"公约"获"表演证"。2021 年 1 月，组织召开济南市持证街头艺人工作座谈会，总结前期工作及部署下一步工作，商讨解决持证上岗艺人演出中存在的问题。3 至 4 月，发布本年度艺人招募公告，组织艺人招募考核并为 30 位签订"公约"的合格艺人发证。4 月底，街头艺人点位"线上选择"模式正式上线。7 月初，发布本年度街头艺人补招公告，下旬，进行补招现场考核，为 17 位签订"公约"的合格艺人发证。截至 2021 年 7 月，历经 4 次招募，济南市共有四个表演类目（声乐表演类、器乐表演类、舞蹈杂技表演类、曲艺表演类）的 136 位艺人通过考核培训获得"济南街头艺术表演证"。从 2020 年 10 月至今，持证上岗的街头艺人已先后投入济南市历下区、市中区、槐荫区、天桥区、历城区、长清区在内的 6 个区、26 个点位的街头表演活动。

四、创新点

随着 2020 年 9 月第一批 62 位艺人通过考核获颁"济南街头艺术表演证"，济南正式成为山东省内首个真正实现街头艺人"持证上岗"的城市。

（一）艺人管理：多部门齐抓共管

不同于上海、成都的第三方管理机构"代管代办"式的街头艺人管理模式，济南市在开启街头艺术治理工作之初，为了对艺人们进行有效的管理服务，由济南市文化和旅游局牵头，会同济南市公安局、济南市城市管理局、街头表演点位分布区县文旅局和相关街道等部门，建立起了一套"市区街道三级多部门"分工协作、齐抓共管的街头艺术管理工作机制，制定并实施《关于规范街头艺人管理服务促进街头艺术繁荣的实施意见》《济南市街头艺人管理条例》等相关政策文件，以切实解决街头艺术发展中存在的问题。在济南市全市多部门齐抓共管的运行机制下，街头艺人们在演出期间统一"持证上岗"，遵循"定时、定点、定式"的演出模式，演出活动受到了社会各界的一致好评。

（二）艺人招募：招募方式的多元化

目前济南市登记在册的四批持证街头艺人中，有长期驻扎济南专职从事演艺工作的表演者，有业余爱好文艺表演的街头艺术爱好者，有在校大学生、来济务工人员，也有旅居济南从事音乐表演的外国友人。为使越来越多身怀演艺技能的艺人加入济南街头艺术表演队伍，在进行第一批街头艺人招募前，济南市文化和旅游局、济南市文化馆就曾寻访动员了一批有济南街头驻演经历的优秀街头艺术表演者参加艺人招募考核。在此基础上还通过国家、省市各级媒体大量刊发《济南市街头艺人招募公告》，吸引了大批街头艺术爱好者的报名参与考核，并从中选取了一批艺能卓越的艺人，"持证上岗"。

（三）艺人权利：给予街头艺人充分自主权

随着越来越多的街头艺人获颁"表演证"，为更好地进行统一管理，2021年4月下旬，本着对所有艺人公平公正的原则，济南市改变艺人招募之初"线下排班"的点位选择模式，采取艺人官方网络注册信息、自行"线上选择"点位及"自由点位报备"的方式，由街头艺人们自行选择演出点位再向相关部门报备的制度，对表演点位和表演时段进行合理安排。这一管理制度带来的成效是，在规范演出内容、表演形式、音量控制等的前提下，持证上岗的街头艺人获得了更多自主权。

五、经验及成效

（一）让街头艺术活动成为城市公共文化服务体系建设的有机构成

济南市街头艺人招募管理工作在启动之初，就被视作城市公共文化服务体系建设的有机一环，被当作是一项常态化的文化惠民活动。济南的街头艺人们广泛参与济南市艺术进景区、艺人城际交流、艺术集中展演及"献礼建党百年"等多项文化惠民演出工作。与此同时，济南市的各级宣传文化部门也着力通过各类媒介向社会推介街头艺术明星，塑造与培育出一支属于济南的"街头艺人队伍"，让市民和游客观看街头艺术表演成为休闲娱乐、领略城市文化风采的一种生活方式，最终实现打造旅游文化名片、输出街头文化艺术品牌的长远目标。

（二）使街头艺人展演成为提升城市公共空间活力的重要手段

街头艺术具有提升城市公共空间活力的重要功能。以济南市历下区泉城路商业街恒隆广场、世茂广场、家乐福、沃尔玛等街头艺人驻唱地为例，以连音社、明湖兄弟、鲁怀德、李李和赞赞、风组合为代表的街头艺人的现场表演，吸引大批过往市民和游客的驻足观看，同时，因大部分街头驻演艺人均会在网络视频号中进行直播，往往可以形成一定的"网络红人效应"，直至吸引粉丝到其驻场地观演，带动当地文旅消费，为区域旅游业的发展把薪助火。

（三）令街头艺术管理成为培育文化类社会组织参与艺人管理的良好契机

街头艺术活动民间性特色突出，为文化类社会组织参与管理提供了契机。与国内外其他较早发起街头艺术治理的城市相比，济南市目前尚处于街头艺术自治性社会组织发展的空档期。借鉴国内外相关经验，街头艺人协会具有"协调街头艺人表演场地、为艺人诉求发声、增加艺人之间交流、组织新的艺人团队"等功能。伴随着济南市街头艺术表演的进一步发展，建立健全济南街头艺人社会组织具有了坚实基础。

成都市文化馆：探索"社群"运营，提升服务实效性

赵靓靓 [*]

社群是在现实社会中人们因共同或相近的情感、利益和兴趣等而形成各种群体，俗称"圈子"。对于文化馆而言，推动文化社群的建立与良好运营，借助文化社群的自治力、凝聚力、辐射力，对增强文化馆服务的实效性、拓展服务空间、丰富服务内容、强化价值引领都具有重要作用。近年来，成都市文化馆在文化志愿服务、全民艺术普及以及街头艺术表演等工作中注重文化社群的建立和运维，细分服务受众、激发社群活力、凝聚社群共识，有效地促进了文化馆服务的高质量发展。

一、引入"社群"丰富服务供给

社群具有自带粉丝、自带流量、自带影响力的特征。发现并引入与公共文化服务相关的社群，借助社群力量提供公共文化服务，对丰富公共文化服务供给具有明显作用。

成都市文化馆以文化志愿者队伍建设作为引入社群力量的重要渠道。具体做法是将文化志愿者群体按照服务技能分为三类，根据不同的服务类型匹配最佳的文化志愿者，让他们专业特长得以充分发挥。第一类是专家型志愿者。为了让专

* 赵靓靓，成都文化馆调研宣传部主任。

家志愿者充分发挥示范引领作用，成都市文化馆将其纳入"名师大讲堂"品牌项目，包括已故著名作家流沙河、歌唱艺术家李谷一、川剧表演艺术家陈巧茹等在内的 183 名知名专家学者都曾在"名师大讲堂"为市民做讲座。此外，成都市文化馆还根据专家志愿者的专业特长，建立了音乐舞蹈类、美术书法类、非遗民俗类、戏剧曲艺类、文学语言类等 7 大类别的"文化志愿者名师库"，为各种文化讲座培训奠定了稳定的高质量师资基础。第二类是专业型志愿者。他们是有一定特长才艺的志愿者，让他们参与到各类公益文化艺术服务中，是主要的志愿服务方式。同时，成都市文化馆创新项目"公共文化服务体验师"，招募文化志愿者以体验者、观察者的身份参与文化馆公共文化服务，在亲身体验后，他们利用专业知识和第三方视角，提供较为详尽、个性化的体验报告，反馈至相应的服务部门，从而起到促进文化馆服务优化品质、提升效能的作用。第三类是综合型文化志愿者。他们是一群对文化艺术感兴趣、有公益和奉献精神的人。2019 年"第12 届中国音乐金钟奖"在成都举办，期间成都市文化馆组织招募 199 名综合文化志愿者，全程参与大会相关的各项保障性文化志愿服务。第十八届世界警察和消防员运动会期间，综合文化志愿者的身影也穿梭其中。成都市文化馆对综合文化志愿者进行大型文体活动综合保障服务的专题培训，提升他们大型赛会保障服务的能力。

为调动和激励文化志愿者群体的积极性和主动性，成都市文化馆加强激励机制建设。建立了志愿服务认证证书制度和志愿者评优制度。每年组织文化志愿者参与全市十佳志愿者、十佳志愿服务项目、十佳志愿服务组织奖项申报和评审，文化志愿者可根据志愿服务时长在成都市精神文明办官网兑换相应礼品，累积志愿者服务积分。此外，为保障志愿者基本权益，成都市文化馆根据《成都市文化馆文化志愿者管理办法》规定，为志愿者提供服务补贴，保障了文化志愿者的基本权益。

二、借助"社群"定制服务内容

文化馆的"社群"运营，为服务的精准化创造了新的条件。在全民艺术普及培训工作中，成都市文化馆根据线上、线下培训课程的种类，为学员建立了专属的微信群或QQ群，便于跟进学员的学习掌握情况和收集课程反馈，为提升培训质量打下基础。疫情期间，为保证艺术培训质量，培训老师在课后通过线上群集中解答学员的疑问。同时，培训老师要求每一位学员在群中提交课后作业，老师在线批改、即时互动，为学员及其创作的艺术作品进行个性化指导。此外，成都市文化馆还为学员搭建展示平台，每年11—12月开展学员培训成果展演活动，依托全民艺术普及培训成果，为热爱艺术、渴望提升艺术修养的普通市民提供展示自我的舞台。成都市文化馆"文化天府"App通过大数据识别和线上培训报名入口链接，建立了声乐兴趣群、舞蹈兴趣群、美术兴趣群、亲子活动兴趣群、摄影兴趣群、读书会兴趣群等多个线上群，根据不同社群有针对性地推荐课程，及时分享线下活动预告、展演咨询等服务信息，并根据不同门类社群共同的文艺爱好，有针对性地开展线上辅导培训和线下采风创作、优秀作品分享等活动，进一步提升粉丝社群学习艺术的兴趣和积极性。

（三）借力"社群"增进文化认同

不同于社交网络中人们立异的需要，社群满足的是人们求同的需要。在成都街头艺术表演项目中，通过对街头艺人群体的合法化、规范化、激励性管理，成都市文化馆聚集了一支特色鲜明的群众文化人才队伍。这批优秀艺人在城市公共空间开展积极向上、风格独特的表演，在钢筋水泥构筑的都市丛林中营造美好场景、传递人文温情。在街头表演过程中，游客为街头艺人送上自己手书的"情书"，路过的年轻女士为正在唱歌的艺人送上手中刚买的奶茶，夜幕降临时大家主动打开手机灯光跟着节拍挥动，诸如此类的故事和画面在街头自然发生，舒适、温馨而亲近的场景展示了丰富多彩的人文之美。

成都市文化馆组建和运维文化社群的探索，对文化馆服务扩大覆盖面、增强实效性发挥了积极作用。但相比于社群在商业领域塑造品牌形象、培育品牌忠诚度所体现的功效，文化馆服务中的社群运用刚刚起步。进一步关注社群现象、探索社群运营的创新路径，是推动文化馆高质量发展的重要方面。

重庆市沙坪坝区文化馆：
"巴渝书场"的都市"小剧场"转型实践

杨晓艳[*]

重庆市沙坪坝区文化馆"巴渝书场"创建于 2005 年，是当地重要的传统文化传承和展示平台。"一人说得尽人生酸甜苦辣，举世唱不完世上悲欢离合"，书场在重庆有深厚的历史积淀、广泛的群众基础。10 多年来，巴渝书场以馆办业余文艺团队为主开展演出，先后承接川剧、京剧、越剧、相声、评书等优秀传统文艺演出 2000 余场，深受传统文化爱好者的欢迎。巴渝书场逐渐成长为沙坪坝区群众文化活动的重要品牌之一。但是，随着经济社会的发展，老百姓文化需求和期待的提升，巴渝书场演出场地陈旧、演出剧目缺乏新意、演员专业水平有限、观众老龄化严重，由场场火爆渐次衰落到少人问津。

2017 年，为落实习近平总书记对传统文化工作的重要指示精神，适应新时代文化建设的新要求，沙坪坝区文化馆对巴渝书场进行重新改造、重新定位、功能升级：将书场定位于传统文艺表演小剧场，内容以传承非遗曲艺为主，打造"巴渝书场天天演"品牌活动，凸显公益性、适应市场化、吸引年轻人。

---

* 杨晓艳，任职于重庆市沙坪坝区文化馆。

二、"巴渝书场"的"小剧场"转型之路

（一）承担社会责任，传承非遗曲艺

巴渝书场重装升级后，发展目标定位于非遗曲艺传承普及，致力于有效保持曲种的独特性、多样性和丰富性，演出以京剧、川剧、越剧等传统曲艺门类为主，创新发展四川评书、四川竹琴、四川清音、金钱板等地方特色非遗曲种。

目前，巴渝书场的固定非遗曲艺演出团队包括：馆办团队群星越剧团、群星京剧团及重庆市川剧戏友协会。演出团队在书场有固定的排练、演出时间，每季度进行演出交流，每年进行专场汇报演出。由重庆市川剧戏友协会组织和演出的巴渝书场"川剧座唱"活动，影响较大，已演出400余场，川渝两地川剧名角、戏友登台献艺者达1000余人次，吸引川剧戏迷6万余人次，成为重庆市内最具规模和影响力的川剧戏友活动，为川剧爱好者提供了学习与展示的平台，为保护和传承川剧艺术作出了扎实的贡献。

为培养出更多的曲艺传承和表演人才，沙坪坝区文化馆成立了"四川盘子"少儿艺术团、"小梅花"川剧艺术团，以巴渝书场为活动阵地，聘请重庆市非物质文化遗产传承人、曲艺艺术家为授课教师，每周固定时间免费排练教学，对小学员进行手法、形体、唱腔、表演等基本功训练。目前每个团队成员20人，排练的节目《手拿碟儿敲起来》、《新时代的幸福花》、《人间好》（川剧折子戏）等参加了"沙子的光芒"沙坪坝区文化馆全民艺术普及免费培训成果展演等系列群众文化活动，受到一致好评。2021年，重庆市文化和旅游发展委员会报文化和旅游部非遗司审定同意，巴渝书场开展非遗曲艺书场试点，打造非遗艺术活动品牌，扩大曲艺受众面，培养年青一代的曲艺欣赏习惯。

（二）创新经营模式，打造都市时尚小剧场

沙坪坝区文化馆为细化全民艺术普及受众，吸引更多年轻观众，创新巴渝书场经营模式。巴渝书场在部门统一管理的基础上，剧场进行市场化运营，即巴渝书场与重庆市内知名团队合作，共同打造"巴渝书场天天演"品牌活动，实现巴

渝书场向年轻化小剧场转型。

"巴渝书场天天演"品牌活动的主要做法是：沙坪坝区文化馆根据项目实践和演出团队需求，不断完善巴渝书场设施和服务；文化馆申请资金对优秀的驻场演出团队给予经费补助；加强演出团队管理，以服务群众为主导，注重演出质量，把好演出节目的意识形态关，努力打造驻场演出团队品牌、节目品牌，营造良好的观赏氛围，传播正能量。合作双方共同推进巴渝书场的发展，扩大巴渝书场的影响力。文化馆支持签约团队节目在全市乃至全国演出，推荐签约团队优秀节目参与全市或全国的文艺比赛；文化馆优先采购或安排签约团队节目，参与区内大型文化活动演出；签约团队积极支持文化馆组织的各类公益演出活动，签约团队主动组织节目开展文化进社区和文化下乡活动，将巴渝书场影响辐射到全区。合作双方共同致力于实现巴渝书场天天演项目的公益性，文化馆免费提供场地和服务，把该项目作为公共文化免费开放的重要组成部分。签约团队每场演出活动提供 10 张以上 20 张以下免费观演票，交由文化馆通过文化云平台向全社会发放，让群众有机会免费观看演出。

目前，签约"巴渝书场天天演"的团队，有重庆唯一的"80、90后"相声团体"逗乐坊"、重庆唯一致力于挖掘展现重庆本土曲艺的"90后"演出团体原声社、专门针对小朋友的"小甲龙移动剧场"等年轻化民营艺术团队。

自签约民营艺术团队以来，巴渝书场天天有演出，场场不重样，年均演出300 多场，观众近 50000 人次。逗乐坊年均演出 90 场，创作的时尚化、本土化作品如《大比武》《歌唱家》《明星百态》《重庆俏皮话》《收藏家》等，深受重庆年轻人喜爱。原声社年均演出 50 场，作品种类多样，以川渝地区曲艺为主，如金钱板、评书、谐剧等。具有鲜明重庆特色的《我爱重庆话》《重庆叫卖》《重庆崽儿成都妹儿》等十几个相声作品，《重庆往事·红色恋人》《再等戈多》等话剧作品，在重庆引起热议。小甲龙移动剧场是全国第一家专门以"移动剧场"为概念，"大到剧场小到家里"不受场地限制的儿童剧表演团队，专注于创作优质亲子儿童剧。小甲龙在巴渝书场年均演出 40 场、送演出进校园 30 场。《小甲龙大梦想家》《小甲龙声音王国奇遇记》《小甲龙牙齿大冒险》《魔法精灵朵爱伊》《爱丽丝梦游仙境》等原创剧目深受小朋友喜爱。近年来，来三峡广场去巴渝书场听相声、看话剧成为重庆新时尚，带娃儿去看儿童剧成为众多家长的选择。

（三）为剧场量身定做活动品牌，提高剧场影响力

沙坪坝区文化馆与民营艺术团队合作的"巴渝书场天天演"，使全民艺术普及之路有了面的延伸，而为巴渝书场量身定做的"笑满巴渝"全国曲艺表演场所协作发展交流展演，使巴渝书场的全民艺术普及之路有了质的飞跃。

2019 年 1 月，沙坪坝区文化馆为提升巴渝书场影响力，与重庆"逗乐坊"合作推出"笑满巴渝"全国曲艺表演场所协作发展联盟交流展演。"笑满巴渝"展演活动，旨在搭建全国曲艺小剧场交流、展示、学习的平台，丰富重庆人民群众文化精神文化生活，着力将沙坪坝区文化馆巴渝书场打造成为具有全国影响力的小剧场。活动历时 5 个月，10 场展演 1 场理论研讨。交流展演活动得到全国曲艺界的支持和重视，姜昆、李金斗、刘俊杰、王宏等曲艺名家登台献艺。来自重庆、北京、天津、苏州、无锡、河北、河南、成都、武汉、贵州等省市的曲艺工作者，在巴渝书场为观众表演了相声、双簧、山东快书、京韵大鼓、京平大鼓、四川竹琴、长子鼓书、四川评书、数来宝、四川清音、谐剧等地域特色鲜明、艺术风格迥异、主题内容丰富的曲艺节目，呈现了"东西南北汇山城""南腔北调""苏曲锡韵"等 10 场公益性展演，共演出精彩曲艺节目 70 余个。同时，全国曲艺名家齐聚巴渝书场，交流研讨新时期如何打造群众喜爱的小剧场品牌、小剧场演出等问题。

巴渝书场转型都市小剧场后，2019 年共计演出 290 余场，观众 55000 人次；2020 年受疫情影响，演出 125 场，观众 30000 人次。经过不断探索实践，巴渝书场已发展成为川渝地区乃至全国较有影响力的都市小剧场。

上海市嘉定区文化馆：
探索"多元互补、多维互促"的社会化发展路径

余灵妍[*]

余灵妍[*]

近年来，上海市政府采取出台政策法规、发布采购目录、优选专业社会主体、实施签约服务、履行事后评估等举措，推动文化馆服务社会化发展。嘉定区文化馆结合区域实际、公众文化需求和文化馆服务特色，开展了一系列卓有成效的探索实践。

一、场馆设施的社会化运营

2017年起，嘉定区文化馆以"总分馆制"建设为切入点，以安亭镇方泰地区为试点，建立了由社会主体负责运营的"方泰分中心"。结合安亭镇方泰地区地理位置相对偏远、周边文化环境和文化资源相对匮乏、当地常住人口以老人和外来人口居多的实际，嘉定区文化馆、安亭镇文化体育服务中心与符合资质、具有一定专业化服务能力的社会主体签署协议，委托其运营方泰分中心的日常服务，文化馆扶持、协助其坚守公益原则，针对百姓的实际文化需求提供实在、惠民、接地气的文化服务。三年来，中心创立了"喜闻乐讲课堂""开心来坐坐""百姓戏台开心演""歇歇脚沙龙""文心艺海""暑期集结号"等深受当地百姓欢迎的

*　余灵妍,任职于上海市嘉定区文化馆。

文化活动，覆盖当地青少年和老年群体，有效解决了当地文化资源紧张、人群文化需求分层复杂的问题。运营期间，在每年绩效考核中均获得区文化馆总馆、安亭镇分馆的高分，百姓满意率也逐年提升，2020年攀升至98%以上。

二、服务成员的社会化构成

2016年，嘉定区文化馆成立理事会、议事会，以社会名人、行业专家等为核心组建理事会，以文化志愿者、文艺爱好者组成议事会，共同对地区公共文化发展规划、资金使用计划、中层干部任免、文化资源采购等行使决议权、督办权，并制定了《上海市嘉定区文化馆理事会章程》《上海市嘉定区文化馆理事服务日制度》等规范性文件。理事根据章程，义务承担每月"理事服务日"工作，通过实际参与文化活动的组织、开展、督查工作，深入了解文化馆工作的热点、重点和难点，及时发现市民新需求，反馈意见、撰写建议、督促落实。理事会的工作模式，跳出"单凭会议解决问题"的窠臼，从公共文化服务各工作环节中发现问题，提出解决问题的思路和方案。此外，嘉定区文化馆完善文化服务志愿者队伍建设，通过社会化招募、文化馆筛选，建立志愿者服务档案，提供志愿者统一培训和分类培训，不断完善文化志愿者服务时间统计和绩效评价等措施，激发文化志愿者参与热情，提高服务质量和水平。目前，已经建立了一支近50人的文化志愿者队伍，活跃于大大小小的文化服务场景，成为文化馆服务的重要力量。

三、服务主体的社会化参与

上海市在公共文化产品供给配送方面走在全国前列。嘉定区在市级相关机构的指导下，凭借区级资金保障，搭建配送线上点单平台，建立公共文化服务配送主题菜单，扎实开展四级文化配送，切实解决公共文化服务"最后一公里"的问题。在此基础上，嘉定区还完善了需求反馈机制，根据乡镇、村居的点单反馈调整文化产品菜单，引入更多高质量的文化演出、讲座等，并建立提供主体退出机制，完善优中选优的"浪淘沙"机制，更好地保障公共文化服务的高质量和提高群众满意度。此外，嘉定区文化馆积极联合社会优质艺术资源单位，探索建立文化体系"外围"合作模式。2018 年起，与区老年大学合作，共同开展针对老年群体的艺术普及课程，2018 至 2019 年，举办 73 个艺术培训班，培训学员 29200 人次。与百合书院、艺源传承中心、汉未央等 10 多个社会组织合作，建立"嘉定区非遗传习基地"，联合开展了如"非遗夏令营""非遗集市"等各项传统文化体验活动，在"文化嘉定云"平台上开放订票，形成"秒杀""一票难求"的火爆现象。

四、文化馆服务社会化发展探索实践的成效

（一）催生"一元主体"到"多元合作"的新模式

推动文化馆服务社会化发展，有助于培育一批形态多样、能力专业、治理规范的社会主体。安亭镇黄渡分中心第三方委托运营下的亮点项目"喜闻乐讲课堂"，入选 2017 和 2019 年"嘉定区社会力量举办优秀文化项目"和 2020 年"上海市公共文化建设创新项目扶持名单"。嘉定区文化馆与黄渡分中心合作"市民美育修身课堂"项目、与环同济创智城合作"巴尼艺术沙龙"项目，针对不同年龄层设计内容，由点到面加以推广，实现了社会力量和政府资金的有效互补。

（二）推动"政府保障"到"社会合力"的新格局

目前，嘉定区由文化馆牵头、镇级资金保障、文化企业或非营利机构积极投入的文化馆服务"两条腿走路"新格局已经形成。嘉定区文化馆馆办团队"嘉定锡剧队"与社区形成长期合作机制，邀请非营利机构入驻讲学教学，在嘉定镇丽景社区形成百姓喜爱的长期点位，被评为 2019—2021 年度上海市"非遗在社区"示范点。"南翔小笼馒头制作技艺"传承人在南翔小学、苏民小学等点位的长期建设，结合"南翔小笼文化节"，引入人流、资源、资金，建立起活态传承范本，被评为 2019—2021 年度上海市"非遗在社区"示范项目。社会资源的加入，丰富了公共文化服务菜单，引入了竞争机制，促进了公共文化服务效能的提升。

（三）构筑"以需定供""供需对接"的新局面

嘉定区文化馆一方面引导多元主体参与，充分发挥政府、理事会、议事会、社会机构等主体的各自优势，招募合格机构、出台激励政策、引入考核制度，为政府职能转变、引导和鼓励社会力量参与创造环境和条件。另一方面，不断完善配套措施，建立健全群众文化需求征询反馈机制和监督考核机制，加强社会主体的专业培训，统一服务标准，完善内部管理制度，激发社会主体的责任感，促进公共文化资源合理配置，增加公共文化产品多元供给，满足群众日益多样化的文化需求。

潍坊市文化馆"益佳艺"公益培训联动工程

陈　彤　邱纯伟[*]

山东省潍坊市文化馆实施"益佳艺"公益培训联动工程，整合当地优秀社会资源，通过招募签约、辅导培训、成果检验，突出公益性，注重效能性，积极探索引导社会力量参与、推动全民艺术普及扩大覆盖面增强实效性的新路径。

一、主要做法

（一）招募联盟单位，实施动态管理

针对社会培训机构数量众多、良莠不齐的问题，潍坊市文化馆通过公众号发布招募信息，面向社会吸纳符合条件的各类组织、机构或协会参与全民艺术普及公益培训。基本条件包括：热心公益文化事业，有一定的师资力量和场所，依法在当地民政局或文化和旅游局等部门登记注册，能承担文化艺术培训任务等。符合条件的社会组织根据报名要求参加面试答辩，通过资质审核和面试后，与潍坊市文化馆签订有关协议，最终共有18家热心公益的社会机构加入潍坊市文化馆"益佳艺"公益联盟。潍坊市文化馆对加入公益联盟的单位实行动态管理，制定相关考核、管理制度，保证联盟单位培训质量，对不履行有关培训协议的公益联盟单位实行淘汰制，形成健康的公益联动发展模式。

---

*　陈彤,任职于山东省潍坊市文化馆。
　邱纯伟,任职于山东省潍坊市文化馆。

（二）加强公益联动，提升服务效能

潍坊市文化馆通过公众号发布公益联盟单位的资质、地址、培训范围及师资力量等信息，让社会公众知晓培训机构信息、培训内容，以便他们根据自身条件自愿报名选择课程。潍坊市文化馆与公益联盟单位签订协议，并根据联盟单位的师资力量、培训内容和市民需求，按春夏、秋冬和暑假分别组织针对成年人和未成年人的培训，内容涉及摄影、书法、钢琴、曲艺等，潍坊市民均可免费参加公益培训课程，凸显"益"和"艺"的惠民特性。联盟单位开展公益培训所产生的费用，由文化馆给予资金扶持，为他们提供基本保障。通过"益佳艺"参加培训的学员，可以在潍坊市文化馆"益佳艺"公益培训联动工程教学成果汇报演出上展示自己的才艺，打造出市民的"才艺大舞台"和"文化会客厅"。同时，通过"益佳艺"活动，潍坊市文化馆也发现了大量有一定艺术水平的学员，为文化馆储备了一批高质量、高素质的群众文艺骨干。公益联盟单位通过"益佳益"活动也得到了免费的宣传推广，提高了他们的培训声誉和知名度。潍坊市文化馆通过资金引导、质量把控，调动了社会力量参与的积极性，做大做优了全民艺术普及市场，最终让老百姓从中受益。

（三）借助节会展会等平台，提升影响力

在不断探索实践中发现，文化馆打造的培训成果展示平台虽然提供了必要的机会和阵地，但影响力和传播力还比较有限。鉴于此，潍坊市文化馆借助中国画节·中国（潍坊）文化艺术展示交易会、潍坊市市民文化艺术节、潍坊国际风筝会等具有广泛影响力的文化活动，搭建新的培训成果展示平台，在更高的层次、更大的范围展示成果、放大影响，提高了"益佳艺"的影响力和美誉度。

二、主要成效

潍坊市文化馆"益佳艺"公益培训联动工程整合了社会资源，撬动整个培训市场，带来了全民艺术普及资源的快速增长。实施"益佳艺"之后，直接增加培

训教室面积近 10000 平方米，增加优质培训师资近百名，接受公益课培训的学员增加了 300%。新冠疫情防控以来，"益佳艺"还开发了网上培训模式，促进了全民艺术普及的数字化建设。2020 年，"益佳艺"公益培训联动工程被潍坊市委市直机关工作委员会授予第一批优质服务项目。

新民风建设引领乡村公共文化服务
创新发展的"安康实践"

陈启安[*]

一、背景

安康市位于陕西南部，地处秦巴山区腹地，北靠秦岭，南依巴山，与四川、重庆、湖北接壤，辖 1 区 9 县和 1 个国家级高新区、1 个省级统筹城乡一体化发展综合配套改革示范区（实验区），有 139 个镇、1528 个行政村、208 个社区，人口 249.34 万，其中乡村人口 124.87 万人，占 50.08%。它是国家限制开发重点生态功能区、南水北调中线工程重要水源区、川陕革命老区和秦巴集中连片特困地区。

近年来，安康市面对"四区叠加"特殊市情和乡村公共文化服务供给不足、需求不旺的矛盾问题，以创建国家公共文化服务体系示范区为抓手，以"诚孝俭勤和"新民风建设为引领，以乡村公共文化服务供给侧结构性改革、乡村文化自组织能力培育和乡村公共文化服务长效机制建设为核心，以实施新民风建设引领乡村公共文化服务创新发展"八大工程"（文化治理改革、文化设施提升、主题文艺创作、文化保护利用、文化惠民示范、乡村全民阅读、人才队伍建设、文化形象塑造）为内容，以系统推进乡村公共文化服务提质增效为目标的实践模式，

被业内专家称为贫困地区公共文化服务创新发展的"安康样板"。

二、做法与成效

（一）价值引领，"诚孝俭勤和"成为安康新民风

将"诚孝俭勤和"（"诚"：厚道实在、诚实守信；"孝"：孝老爱亲、知恩感恩；"俭"：节俭简朴、量入为出；"勤"：勤奋劳作、踏实苦干；"和"：以和为贵、宽容礼让）新民风建设作为乡村公共文化服务的主要内容，出台《关于大力推进新民风建设的实施意见》和七个配套文件，以道德评议、移风易俗、文化传播、文明创建、诚信建设、依法治理"六大活动"为载体，以村规民约和红白理事会、村民议事会、道德评议会、禁毒禁赌会"一约四会"组织建设为抓手，广泛开展道德评议、新民风主题文艺演出、优秀家训家规整理推广、新民风大讲堂等文化传播活动，有效解决了广大乡村社会存在的道德约束弱化、价值观念分裂、治理矛盾突出等问题，为乡村公共文化服务提供了价值导向和内容规范，增强了乡村公共文化服务的适用性，推动"尚诚、重孝、倡俭、践勤、崇和"新民风入心见行，为如期实现脱贫和推进乡村振兴提供了强大的思想保障，为把安康打造成陕南首善之地、全省民风高地提供了有力支撑。

（二）优化治理，乡村文化理事会建设有序推进

以全面推进乡村文化理事会建设为抓手，系统推进乡村文化治理结构改革。一是健全乡村文化理事会运行机制。整合村（社区）新民风建设"四会"中"村民议事会""红白理事会""道德评议会"职能，制定完善《乡村文化理事会章程》，吸纳村组干部、乡贤人士、退休职工、乡村教师、企业业主等志愿者进入理事会。建立乡村文化理事会规章制度和乡村公共文化服务制度，探索乡村文化理事会协商、议事和决策运行机制。二是明确乡村文化理事会职能定位。乡村文化理事会是乡村公共文化服务议事与决策的自治组织，基本职能是围绕乡村"诚孝俭勤和"新民风建设，统筹村级公共文化服务资源配置，策划和组织实施乡村公共文化服务工作。三是夯实乡村文化理事会事权责任，负责管理运行村（社

区）综合文化旅游中心设施设备，落实村（社区）综合文化服务中心公共文化服务标准，开展乡村文化与学校、企业、其他社会组织的交流合作等。四是强化乡村文化理事会建设责任，形成了由县区文旅局行政推动、文图两馆业务指导、镇党委政府统筹实施、村（社区）两位组织落实的工作格局。通过36个村（社区）先行试点、总结提升、完善制度，已经在全市所有行政村（社区）推行乡村文化理事会。配合乡村文化理事会建设，组织实施县区乡村文化人才"百千万"（百名领军人才、千名骨干人才、万名志愿者）培养计划，着力解决乡村公共文化服务有人管、有人干、干得好的问题。乡村文化理事会建设，有力推动了公共文化服务治理中心下移、服务资源下沉，打通了公共文化服务"最后一公里"，乡村文化"自组织"能力、乡村文化"内生性"发展动力，为解决贫困地区乡村公共文化服务"末端难题"做出了有益探索。

（三）标准推动，乡村公共文化服务质量效能显著提升

认真落实国家和省级公共文化服务指导标准、实施标准，结合安康实际，制定实施镇（办）、村（社区）综合文化服务中心服务标准，创新实施乡村公共文化服务"五个一"项目，把每村（社区）建设一支文化社团、开展一项非遗传承、办好一项常态化群文活动、建设开放一个村史馆、建好用好一套便民应急广播纳入政府承诺惠民事项推进实施。抓点示范，创建公共文化服务体系示范镇（办）20个、示范村（社区）36个，培育了"文化小康行动""艺养天年""新民风流动讲堂""一个人的剧场""非遗扶贫工坊"等乡村公共文化服务品牌，公共文化服务群众满意度大幅度提升。

（四）系统推进，构建乡村公共文化服务高质量发展长效机制

坚持制度设计与实践探索的协调贯通，在总结基层综合文化服务中心建设和乡村公共文化标准化服务经验基础上，完善高质量发展的制度体系，制定出台了《关于进一步加强新民风建设引领乡村公共文化服务创新发展的实施意见》，提出实施乡村公共文化服务创新发展"八大工程"，配套制定出台了乡村文化理事会建设、乡村公共文化服务供给侧结构性改革、易地搬迁公共文化服务扶持发展、

乡村文化团队扶持培育、乡村公共文化服务创新奖评选、乡村文化和旅游公共服务融合发展等系列保障措施。鼓励和支持各县区在实践探索的基础上，建立健全创新发展机制，催生了石泉县乡村文化和旅游融合发展、汉滨区易地搬迁社区公共文化服务规范化、汉阴县村级公共文化服务资源整合利用、旬阳"百千万文艺人才培养"、平利县"文化旅游驿站"、白河县乡村社会化阅读服务体系建设、岚皋县乡镇 24 小时自助图书馆建设等一大批创新项目。

安康市乡村公共文化服务产生了较大的社会反响。文化和旅游部党组书记、部长胡和平在接受《中国旅游报》记者专访时，点赞安康"乡村新民风建设"经验做法。安康公共文化服务工作先后被新华社、《人民日报》、《光明日报》等主流媒体多次宣传报道，其中"文化小康行动"和"新民风保障乡村脱贫振兴"经验入编新华社《内部参考》。陕西省政协以安康示范区创建制度设计为基础报送的《关于将"加强农村文化建设"写进陕西省"十四五"规划的调研报告》，得到省政府分管副省长的批示肯定。乡村公共文化服务多项创新案例在全省交流推广，公共文化服务效能和群众满意度持续走在全省前列。

三、创新启示

安康市将"新民风建设"与乡村文化体制机制改革相结合，在继承乡村文化优秀治理传统和治理经验的同时，推动了乡村文化治理体系和治理能力现代化，为"破解贫困山区文化建设之困"提供了重要启示和经验借鉴。

（1）"新民风建设引领乡村公共文化服务创新发展"是贯彻实施国家战略的创新之举。党的十九大报告中明确提出："中国特色社会主义进入新时代，我国社会主要矛盾已经转化为人民日益增长的美好生活需要和不平衡不充分的发展之间的矛盾。"在脱贫攻坚关键期和乡村振兴启动期，这两项国家战略就是着力解决新时代的社会矛盾，而扶贫扶志、乡风文明分别是脱贫攻坚和乡村振兴的重要目标，以文化人、塑造精神家园是我国当前乡村文化建设的核心任务。"新民风建设引领乡村公共文化服务创新发展"创新实践，探索建立乡村公共文化服务在扶贫扶志、乡风文明方面的长效机制，是安康文化建设领域决战脱贫攻坚战、推动乡村振兴的创新之举。

（2）"新民风建设引领乡村公共文化服务创新发展"是着眼安康发展实际的现实需要。由于"四区叠加"的特殊市情和历史原因，安康属于典型的经济欠发达地区。进入新时代，安康提出了"追赶超越、绿色崛起"发展总纲，确立了建设西北生态经济强市的奋斗目标，积极探索欠发达地区高质量发展新路。在决战脱贫攻坚、推动乡村振兴中，社会加快转型和深刻变革、多元思想文化和外部环境影响，一些低俗风气在抬头，迫切需要传承发展优良民风。因此，市委决定通过大力推进"诚孝俭勤和"新民风建设，提升全市人民群众道德素养和文明程度、优化社会风气和发展环境、助推脱贫攻坚和实现全面小康、推进治理体系和治理能力现代化。"新民风建设引领乡村公共文化服务创新发展"创新实践，寻找到乡村公共文化服务在激发广大农村群众增强脱贫攻坚和乡村振兴内生动力方面的方法路径，是安康着眼安康文化发展实际，实现"追赶超越"的现实需要。

（3）"新民风建设引领乡村公共文化服务创新发展"是破解乡村公共文化服务困局的有力举措。受自然环境、经济结构、地方财政等因素的制约，乡村公共文化服务还存在较为突出的"结构性"矛盾问题，乡村公共文化服务保障机制、硬件设施、供需匹配、供给质量亟待改善和提升。"新民风建设引领乡村公共文化服务创新发展"创新实践，解决了决乡村公共文化服务"内容为王、机制优化"的问题。"新民风建设引领乡村公共文化服务创新发展"已经成为安康构建现代公共文化服务体系的核心内容，为全国同类地区解决城乡公共文化服务一体化建设的"末端难题"提供了"安康经验"。

农村文化大院建设的"固原样本"

郭 宁[*]

近年来，固原市不断完善基层公共文化服务设施，提升基层公共文化服务水平，把文化大院建设作为文化事业繁荣发展的重要内容，作为促进农村经济发展和社会进步的有力抓手，着力打造农村文化大院建设的"固原样本"。先后建设和发展文艺戏曲表演型、非遗传承型、民俗展示型、农耕文化体验型、红色文化传播型、文明实践型、乡村旅游型等各类文化大院 256 家，其中市级文化大院 66 家、县级文化大院 190 家，拥有骨干成员 2300 多人，每年演出节目近 1800 场次，受益群众超过 20 万人次。

一、主要做法

（一）盘活农村文化资源存量，解决基层公共文化设施和人才问题

固原拥有众多热衷于文化活动的文化能人，各有专长，分布广泛，但受限于资金和专业技能，文化设施简陋，活动覆盖人群少，人员缺乏专业性。固原充分利用集体闲置房屋、文化能人自家庭院等场地，建立了包含文化广场、文化活动室、表演戏台、宣传栏、文化器材、村史馆、农家书屋、广播器材等功能空间的农村文化大院，发挥基层综合性文化服务中心的功能，有效解决设施空间不足的

* 郭宁，宁夏回族自治区固原市文化和旅游局副局长。

问题。文化大院秉持"大文化"理念，基于当地群众的文化意愿、欣赏习惯和特长爱好，支持多样化发展，形成"一村一色""一院一品"，还以文化能人为引领，积极组织开展文艺演出、书法绘画、非遗展示、读书看报、舞蹈健身等文化娱乐活动，编排乡村文艺节目，解决了人才不足的问题。

（二）政府加大对农村文化大院的引导和扶持力度

一是政策引领，统一创建标准。2015 年，出台《固原市贫困村文化扶贫工作规划》，将创建示范文化大院列入市、县（区）脱贫攻坚和文化事业发展总体规划。2016 年，出台《固原市文化大院创建实施意见》，明确政策引导、资金支持、业务指导的扶持措施。随后，各县（区）也相继出台了文化大院的创建和支持方案。在建设标准上，要求按照有带头人、有场地、有活动、有队伍、有资金投入的"五有"条件，两手抓规范和服务；以"六统一"指导文化大院建设，即统一硬件标准、统一配备设施、统一大院标识、统一评估验收、统一命名授牌、统一服务内容。

二是建立常态化资金扶持机制。从 2015 年起，固原市将扶持经费列入各级财政预算，每年不少于 800 万元，还平均给予 10 万至 20 万元以奖代补资金。截至目前，固原通过大院申请、政府采购方式，为文化大院配备了价值 1000 多万元的文化活动器材设备，帮助文化大院实现改造升级。市政府每年将文化大院打造提升列为政府十大民生实事之一，每年投入 200 万元作为文化大院的持续常态化运转资金。

三是加大扶持力度。固原市委市政府高度重视和支持文化大院建设，2019 年至 2021 年，连续三年将文化大院改造提升作为全市重要的民生实事工程之一。每年对 22 家文化大院进行改造提升，结合县（区）推荐、市级组织调研，根据文化大院的自身需要，通过政府集中招标采购文化活动器材设备、服装道具等，扶持文化大院发展。2020 年，为进一步促进全区农民文化大院多样化特色化发展，充分发挥农民文化大院在决战决胜脱贫攻坚中的积极作用，宁夏回族自治区文化和旅游厅下发《自治区文化和旅游厅关于支持全区示范性农民文化大院开展特色文化活动的通知》，对全区 45 家示范性农民文化大院开展特色文化活动给予支持，固原农村文化大院建设经验发挥了示范引领作用。

四是建立"请上来和派下去"工作机制，加强业务指导。一方面，市、县（区）文化部门集中组织举办基层文艺骨干和文化能人培训班；另一方面，出台《文化大院辅导制度》，建立市、县文化馆（站）、图书馆（室）等单位结对"包抓"文化大院制度，派驻大院文化辅导员开展"一对一"指导。市、县（区）文化部门结合国家"三区人才""非遗传承保护"等项目实施，选派文化专业技术人员，深入农村文化大院进行业务辅导培训，帮助创排文艺节目，将"送文化"转变为"种文化"。

（三）以评促建，推动农村文化大院高质量发展

固原市依据国家公共文化服务体系示范区创建标准，出台《固原市级文化大院考核办法》等文件，从组织领导、基础设施建设、文化活动开展、规范运行、创新与奖励五个层面考核，明确将文化大院建设纳入宣传思想文化工作考核，开展评星定级，奖优促建，对考核合格的文化大院给予 2 万至 3 万元的补助，对考核不合格的文化大院限期整改，并通报所属县区宣传文化部门和乡镇；次年再次考核仍不合格，宣布摘牌，停止设备、器材和经费投入，收回已配发的器材设备，并对所在县（区）当年宣传思想文化工作进行扣分。该考核办法还强调实行动态管理，要求每两年对已授牌命名的文化大院进行复查验收，对有场地无活动的空壳文化大院，及时摘牌，停止经费投入。固原还制定《固原市文化大院文艺调演评奖原则评分标准》，从内容取材、舞台风度、表演艺术水平、综合评价对文化大院的文艺表演进行评价打分。

二、主要成效

（一）形成了特色文化品牌

固原市农村文化大院在发展过程中，充分依托和利用以秦腔、花儿等地方戏曲、红色文化、民俗非遗、民族体育、农耕文化等为代表的特色文化资源，打造了一批主题突出、特色鲜明的农村文化大院品牌活动。

在创建市级和县级文化大院的过程中,固原秉持"大文化"理念,基于当地群众的文化意愿、欣赏习惯和特长爱好,因地制宜,不搞一刀切,支持发展了花儿大院、秦腔大院、非遗大院、红色大院、民俗大院、书画大院、旅游大院等各类文化大院,形成一院一品,特色鲜明。原州区梁云文化大院是固原市原州区成立最早的一家文化大院,是梁云本人于2012年在其文化自乐班的基础上创办的具有浓厚文化氛围的民办公益性文化基地和新时代文明实践场所,荣获中宣部、文化部、国家新闻出版广电总局颁发的"第六届全国服务农民、服务基层广电文化建设先进集体"称号。魏氏砖雕文化大院搭建非遗扶贫就业工坊,除面向村民常年开展戏曲文化体育活动外,还紧紧依托固原砖雕这一国家级非物质文化遗产项目,将砖雕非遗展示、项目传承发展探索出一条适合现代市场经济的康庄大道,助力当地脱贫攻坚、丰富群众文化生活。李存吉红色文化大院以收藏展示红色文物为特色,打造了革命传统教育基地。龙王坝文化大院发展文艺展演旅游产品,推动乡村文旅融合发展。这些特色鲜明的文化大院,成为固原公共文化发展的亮点。

(二)提升农村公共文化服务效能

固原市农村文化大院与乡镇综合文化站、村级文化活动室相互补充、相互促进,拓宽了农村文化建设的路径,有效弥补了公共文化服务供给不足、不平衡的难题,成为基层公共文化服务体系建设的重要组成部分。固原市文化大院将歌舞等现代艺术与秦腔等民俗文化搬上舞台,并以独有的方式传播新时期党的方针、政策,传播致富信息,培养文艺人才,为农村精神文明建设注入了丰富的文化内涵,成为传播社会主义先进文化、提高文艺水平、传播致富信息的重要阵地及农民休闲、娱乐、学习的重要场所,极大地丰富了农村群众文化生活,提升了"乡风文明"水平,有效促进了农村和谐稳定和民族团结。同时,固原市将文化大院建设与文化带头人培养有机结合,充分发挥了文化大院在脱贫攻坚和农村精神文明建设中的引领带动作用,在全区和西部少数民族地区与全国同步实现小康社会中发挥文化建设示范作用。

（四）激发了基层文化发展活力

固原市文化大院的发展，离不开文化能人的示范带动作用。固原文化大院主要以文化能人为引领，带动一方或一村的文化活动。这些文化能人或为地方戏曲和书画爱好者，如梁云、郭霞、李金山等；或为当地非物质文化遗产传承人，如卜文俊等；或为红色文化收藏家，如李存吉等。他们利用自家闲置场地或民居积极组织开展文艺演出、书法绘画、非遗展示、读书看报、舞蹈健身等文化娱乐活动，编排乡村文艺节目，组织村民积极参与，极大地丰富了当地村民的日常生活，文化大院成为农民群众名副其实的精神文化乐园。如在戴天福文化大院中，在文化能人戴天福的带领下，文艺爱好者都聚集在一起，吹拉弹唱，起舞弄影，渐成规模，最多时达到 60 人。戴天福还创作出现代眉户剧《生态移民政策好》《十年变化老两口快乐》等十多个作品，在诙谐幽默中宣传党的方针、政策。同时，在文化能人带动和文化大院号召下，村民参加文化活动的积极性越来越高，一批农村文化团队不断发展壮大，激发了基层文化的发展活力，提升了乡村文化的"造血"功能，为广大村民提供了更加丰富且贴近民众的公共文化产品，有效解决了乡村公共文化服务供给不足和不平衡的难题。

（四）带动脱贫攻坚成效显著

魏氏砖雕、杨氏彩塑、新和村文化大院、马兰刺绣文化大院等，在保护和传承非物质文化遗产的同时，积极开展各类非遗技艺培训班，并将产品进行销售，吸引和带动贫困群众就业增收。通过不断开辟和扩大非遗的产业化发展道路，将非遗软实力转化为脱贫致富生产力，既激发贫困群众参与热情，又通过创收补贴保障了文化大院的持续运行。

河南省登封市垌头村乡村文化合作社：
文化建设引领乡村振兴的创新实践

马艳霞[*]

河南省登封市垌头村地处登封市大冶镇西部，位于郑州市和洛阳市一小时经济圈中心地带。全村现有 5 个村民组，410 户，1800 余人。垌头村不靠山不临水，没有旅游景点，不少青壮劳力外出打工，村里人以留守的妇女老人和儿童为主。2008 年，垌头村两委班子和党员群众决定用文化的力量带动全村建设，实施"文化兴村"战略。2020 年 8 月，在河南省文化和旅游厅指导下，垌头村以原有合唱团为基础成立了文化合作社，建立了宣传、外联、后勤等 6 个工作组，设立农民合唱、少林功夫、实景演艺、河洛大鼓等四个专业分社，吸纳社员 603 名，被誉为"会唱歌的村庄"。

一、垌头村文化合作社的主要做法

经过不断实践和探索，垌头村在文化合作社的建设上形成了"3+3"的发展模式。一个核心：以产业发展为核心，为合作社筑牢可持续根基；三大依托：依托支部加强阵地建设，依托专业力量提高专业水平，依托文化走产业兴村道路；三大内容：以创（创作）、演（演艺）、产（产品）为重点内容，全面提升文化

---

* 马艳霞,洛阳师范学院图书馆副馆长、教授,河南省公共文化研究中心副主任。

合作社的发展水平和竞争力。

（一）支部强引领，发挥掌舵作用

峒头村文化合作社从建设伊始便十分注重发挥党支部的举旗领航作用，支部书记亲自担任社长，党员、文化能人和文化积极分子是文化合作社的骨干。村两委班子积极将新时代基层党支部工作融入文化合作社各项活动中来，从走家入户发动群众，到义务劳动组织演出；从最初的第一首歌，到后来的大型实景剧，支部一班人始终冲在最前面，以支部的核心堡垒作用和党员先锋模范作用引领文化合作社的建设发展。

（二）人人有专业，建设学习型村庄

针对部分村民不会唱、不敢演、不愿跳，以及基层群众性文化活动长期在低水平徘徊的问题，合作社建立起了农民艺校，号召全村"人人爱学习，人人有专业"，并从村干部自己及家属开始率先学唱、学演、学跳。同时，合作社积极与中国少数民族声乐学会、省嵩山少林寺武术馆、河南豫剧院豫剧三团、郑州大学等专业艺术团体和高校联系，建立起了声乐、艺术文创、少林功夫、地方戏曲、曲艺教育等 5 个专家工作室，聘请专家、专业文艺人员对村民进行指导培训。社员们从学习出发，由实践认知，在"参与—学习—演出"中与合作社形成正反馈，与专业人士形成良性互动，文化艺术水平不断提高，有力地支撑了村民的创作和演艺能力。

（三）产业为核心，带动合作社发展

峒头村在文化合作社的建设中非常重视文化产业的作用。2020 年 10 月，河南峒头红妞文化传播有限公司投资 3800 万元建成了峒头大剧场，文化合作社创作排练了大型沉浸式实景体验剧《再现朝阳沟》。目前，大剧院每天演出 2 场，单月接待量超一万人。仅此一项，就为就业社员每人每年增收 24000 元。峒头村还与多家旅行社签署合作协议，确保剧场有长期、稳定的客流。为进一步推动产业多元化发展，峒头村又提出了"文化合作社 +N"的模式，形成了集手工艺加

工车间、河南小吃街、特色乡村民宿、研学基地等为一体的产业结构，拓展出手工艺生产、曲艺小剧场、农民古乐交响乐团、农民自制微电影、传统豫剧大展演等多种文化业态和文化产品，以文化产业反哺、支撑文化事业，有力保证了文化合作社的可持续发展。

二、坰头村文化合作社的主要成效

（一）以文化人，乡风文明建设卓有成效

自从 2008 年选择以文化发展破解乡村振兴局面之后，丰富多彩的文化活动使坰头村十多年之间就发生了翻天覆地的变化，留守的垂暮老人开启了新的生活，家庭妇女爱上了唱歌跳舞，婆媳之间、邻里之间、干部之间的矛盾和纠葛在基层文化活动中无形化解了。邻里之间互帮互助蔚然成风，干部群众一起义务劳动，关系日益紧密，坰头村文化气息日渐浓厚，每天都能听到歌声在村子上空飘荡。坰头村 12 年来无一起治安案件、无一起刑事案件、无一起上访案件，成为闻名乡里的乡村治理典范村，并且被授予美丽乡村称号。

（二）自发自觉，群众自办文化能力显著提升

2008 年建立的坰头村农民合唱团，是坰头村文化合作社成立的第一支文化队伍，有着极大的示范效应，产生了积极的影响。随后，村两委和群众一起又相继组建了少林书画团、农民豫剧团、半边天表演团、花儿舞蹈团、坰头厨艺团、坰头手工艺团等多支农民文艺团队。农民文化合作社各团队之间互相交流学习，不同的文艺表演形式时有碰撞和融合。另外，村两委主动联系省市专家到坰头村来为社员培训提升，各社员在每年坰头村的乡村春晚舞台统一展示汇报。通过一系列的文化活动，极大地调动了全村群众投身文化的热情和积极性。目前，80% 的村民参与到文化合作社中来。坰头村大剧院演员除个别演员外，大都是本村群众。坰头村群众精神文化需求得到极大满足，村民幸福感满满。

（三）双轮驱动，事业产业协调发展

峒头村由文化兴村到文化兴业，特别是"文化合作社 +N"的提出，已逐渐形成了一个长长的文化产业链条。文化合作社各团队吸收了绝大部分村民，很多村民不仅是合作社的文艺骨干，还兼顾着文化产业发展中的相关事项，譬如管理、营销、生产等。文化产业的兴旺发达，使得文化事业有了源头活水，让峒头村文化合作社在不依赖政府投入的情况下，真正做到了自我组织、自我管理、自我服务、自我发展，文化事业和文化产业两者相得益彰，相互促进，实现了乡村文化价值与经济价值的统一。

（四）由点及面，社会影响力不断扩大

近年来，峒头村先后被授予中国新农村建设示范村、全国生态文化村、中原经济区生态文明建设示范村、河南省传统村落等荣誉称号。中央电视台一频道以《会唱歌的村庄》专题报道，《人民日报》头版《听，峒头在唱歌》、学习强国等中央及省市媒体对其做了专题报道。CCTV 音乐频道邀请峒头村农民合唱团赴京参加《歌声与微笑》节目录制，《峒头村村歌》《在希望的田野上》《朝阳沟新唱》等荣获央视"优秀特色奖"。文化合作社合唱团走遍全国 51 个城市乡村，开展文艺活动超过 700 场。

三、峒头村乡村文化合作社的基本经验

（一）创新乡村文化建设新模式，为乡村文化振兴提供强大精神动力

峒头村以乡村文化互助合作组织的形式，用文化凝聚人心、教化群众、淳化民风、引领发展，不仅壮大乡村文化组织和文化人才队伍，而且扩大文化服务供给，繁荣活跃乡村文化，对于巩固拓展乡村文化阵地、推进农村精神文明创建、带动乡村特色文化产业发展有着积极而重要的作用。也走出了一条依靠文化发展乡村，实现经济富裕、精神富足的共同富裕之路，是乡村建立文化自信、进行乡村治理、全面推进乡村振兴的一个很好的基层创新典型案例，有很好的借鉴意义。

（二）尊重农民主体地位，实现农村地区公共文化建设的自我管理、自我服务、自我发展

农民既是乡村文化振兴的主力军，又是乡村文化振兴的受益者。尊重农民主体地位，最大限度调动农民参与乡村文化振兴的积极性、主动性、创造性，不断提升农民的文化参与感、获得感、幸福感，是乡村文化振兴的根本所在。坉头村农民文化合作社的成立与发展，使坉头在没有自然资源和旅游资源依托的情况下，村民硬生生闯出了一条依靠文化发展乡村，进而振兴乡村的路子。不仅解决了基层农村地区文化工作被动接受、各自为战、水平不高、效能低下等问题，更重要的是为了提高人民群众的文化参与度和创造力，让群众成为乡村文化的真正主导者。

（三）搭建融合发展平台，吸引社会力量助力乡村建设呈现正循环

坉头村从合唱团起步，用文化破题，在文化合作社的引领下，根据自身特色和本地实际加强与旅游、农业、文化、教育、商业等其他领域的融合发展，在前期已成立的 5 个专业工作室的基础上，文化合作社积极谋求同梨园春、武林风、河南省实验中学、河南省歌舞演艺集团等单位合作，计划用"文化合作社 +N"的方式拓展出功夫展演 + 村民健身、河南曲艺小剧场、乡村古乐团、农家微电影、传统豫剧展演等线下演艺，嫁接梨园春、武林风等线上媒介建立乡村分会场，搭建城乡融合的桥梁，带动文化合作社队伍建设及功能完善，以吸引更多的专业艺术团体和人员到坉头村进行教学、指导、培训，进一步提升村民的文化素养和专业水平，挖掘乡村底蕴、传承乡村文脉，使文化合作社能创作出更多紧跟时代、贴近人民、有影响力的文艺精品，提升乡村文化建设品质。

文化合作社是以农村文化艺术队伍为依托，由掌握文化技能或有共同文化爱好的农村群众自愿自发成立、开展自娱自乐活动的群众文化合作组织。为推动公共文化高质量发展，创新新时代乡村文化建设模式，增强基层公共文化发展活力，提升基层公共文化服务效能，助力乡村振兴，2021 年河南省在全省开展乡村文化合作社建设工作，登封市坉头村是河南省首批试点单位之一。按照河南省委

宣传部推进"八大工程"的任务要求，根据年度工作安排，河南省将进一步加大乡村文化合作社建设力度。到 2021 年底，全省推出 10 家示范性乡村文化合作社，建设 500 家较为成熟的文化合作社；到 2022 年底，全省各县（市区）都建设有较为成熟的乡村文化合作社；2023—2024 年，各乡镇都建设有乡村文化合作社；到 2025 年底，力争具备条件的行政村都建设有乡村文化合作社。最终在全省形成以"文化合作社"为依托的乡村文化建设新模式，繁荣活跃乡村文化，助力乡村文旅融合和产业升级，为乡村振兴提供强大精神动力。

山东省商河县："鼓子秧歌"助力乡村振兴

张广超 *

商河县地处山东省西北部，是济南市的北大门，历史悠久，文化厚重，拥有鼓子秧歌和花鞭鼓舞两项国家级非遗。自 1996 年起，商河连续荣膺文化部命名的"中国民间文化艺术之乡"，2012 年商河县被中国舞蹈家协会授予"中国秧歌之乡"荣誉称号。随着乡村振兴战略的实施，探索如何将丰富的非遗文化资源与乡村振兴融合，助力乡村振兴，成为商河文旅发展面临的新课题。

以鼓子秧歌为代表的非遗，在商河有着广泛的群众基础。全县 963 个村（居），村村都能跑秧歌，"上到九十九，下到刚会走，人人都会扭"，是商河鼓子秧歌民间普及的真实写照。秧歌与商河群众的生活息息相关、紧密相连，已融入血脉之中，成为商河传统文化的根与魂。随着经济和社会的飞速发展，人们的生活方式和物质文化需求都发生了深刻变化，尤其是 20 世纪 90 年代以来，打工潮兴起，作为非遗传承主体的青壮年农民进城务工，出现了非遗保护传承后继乏人的局面。在实施乡村振兴战略进程中，商河县以国家级非遗鼓子秧歌为抓手，创造性转化、创新性发展，鼓子秧歌在发展乡村旅游、实现乡村振兴上发挥了重要作用。

---

* 张广超，任职于山东省商河县文化馆。

一、主要做法

（一）强化顶层设计，凝聚保护传承合力

商河县高度重视非遗保护传承，历届县委县政府都把鼓子秧歌作为文化名片来培育和打造，做到领导职责到位、政策到位、资金到位、人员到位，非遗保护传承工作实现"三个突破"：突破"非遗"专属文化部门的观念，形成全县联动大格局；突破传承人分散式传艺方式，以覆盖城乡、设施完善的文化站点为阵地，进行集中培训；突破时间、空间、人群的制约，将非遗秧歌转化为全时、全城、覆盖男女老少的新时尚。以全县鼓子秧歌会演、鼓子秧歌擂台赛、青少年非遗传承展演、花博会农博会驻演等大型演出为引领，以各文化活动站点、群众秧歌队伍开放式演练、节庆表演为抓手，扎实推进非遗秧歌形成常态化表演、活态化传承态势，获得了更广泛、更深厚、可持续的保护与传承，夯实了鼓子秧歌的非遗艺术根基。

（二）注入发展动能，实施"内引外联"驱动

商河县坚持与时代同步，在非遗保护传承上既向深处挖潜力，又向广度谋拓展，实现"内引外联"双驱动。开展"鼓乡记忆"采风活动，利用三年时间走访全县千余名老艺人，建立非遗人才库。对200多个鼓子秧歌重点村进行动态关注，按不同流派分门别类登记造册，全面保存有生力量。引导调动社会力量，形成以退休干部、文化站点及庄户剧团骨干、青少年学生为主体的非遗传承梯队。开办"非遗大讲堂"，邀请各级非遗传承人及专家现场授课。与国家、省市级舞蹈家协会以及20余所高校保持联络协作，促成北京舞蹈学院、济南大学等院校在商河县挂牌创立研究、研学基地，壮大非遗传承的专业支撑，系统性培养领军人才。

（三）立足特色优势，推动"非遗 +"融合创新

文化兴乡村兴，文化强乡村强。在实施乡村振兴战略的过程中，商河县立足特色优势，实施"非遗 +"模式，在融合发展中为乡村振兴"铸魂"和"塑形"。

将非遗按照地域分布打造特色突出的庄户剧团和活动站点，结合"戏曲进乡村"走进千村万户，弘扬乡土文化，增强文化自信，蓄积乡村文化振兴动能。各镇街乡土文化展演、广场舞展演、特色文化节等接连不断，很多村庄自发举办的"文化大集""乡村舞台"如火如荼。乡土文化的复兴繁盛拉动了乡村旅游的发展，商河县着眼文旅融合，坚定不移打造鼓子秧歌这一"金字招牌"，形成文化与旅游互融共生、经济与社会互动共赢的效益叠加。以鼓子秧歌体验为内核，培育打造了一系列民俗旅游品牌，如花博会农博会、赏花节、采摘节、骑游节等旅游活动相继举办，形成了全域旅游新格局。

二、主要成效

（一）商河鼓子秧歌成为黄河文化亮点品牌

自 1980 年起，商河鼓子秧歌会演活动已连续举办 39 届，列入全省知名文化品牌项目。鼓子秧歌先后到韩国、日本、瑞典、澳大利亚、新西兰、印尼参加文化交流活动。进入新时代后，商河开展了鼓子秧歌擂台赛、谁是秧歌王、秧歌文化旅游节等秧歌文化节事活动。2018 年在北京钓鱼台国宾馆召开"国家级非遗项目秧歌会演暨山东商河鼓子秧歌走出去"新闻发布会，并成功举办首届国家级非遗项目秧歌会演，100 多家新闻媒体参与报道。2020 年商河鼓子秧歌参加了第三届中国非遗春晚、第六届中国非遗博览会、第十五届"山花奖·优秀民间艺术表演"，入选山东省非遗保护十大亮点和山东省"六好"优质文化和旅游产品"悦听好声"名录。

（二）构建了全龄层立体化非遗保护传承体系

以鼓子秧歌为代表的非遗根植民间、深得民心。以非遗秧歌为基础，商河县成功构建了囊括男女老少、覆盖社会各界的全龄层立体化非遗保护传承体系。"非遗进校园"成效显著，从幼儿园、小学、中学到职业中专，全县 80 多所学校均组建了非遗秧歌传承队伍。"娃娃鼓子秧歌队""娃娃花鞭鼓舞队""娃娃花棍舞队"探索低龄化传承方式。少年鼓子秧歌特色突出，曾受邀参加中央电视台少儿春晚、北京天安门"万名青少年文体展演"等大型活动。商河县举办民间舞蹈会演活动，创编鼓子秧歌广场舞、健身操，推动在中青年、老年、妇女群体的传承。

（三）以非遗引领群众文化蓬勃发展，助力乡村振兴

在日益繁盛的鼓子秧歌、花鞭鼓舞等项目的引领下，商河群众文化潜力活力被充分激发，县、镇、村三级公共文化服务体系不断完善，各类群众文化活动蓬勃发展，已经成为新时代的新风尚、新商河的新民俗。广场文化活动贯穿全年，"戏曲进乡村"、广场消夏晚会、乡村艺术采风等活动覆盖城乡、惠及全民，在群众参与、寓教于乐中凝聚了弘扬社会主义核心价值观、推动乡村振兴的强大精神力量。非遗秧歌为群众文化的繁荣发展注入了内核，也借助群众文化活动得以更广泛的传承弘扬。群众踊跃参与演出培训、艺术创作和文艺技能大赛，目前共有文化活动队伍 350 余支，城区文化活动站点 50 个。商河县群众文化获得感、幸福感、满意度不断攀升，商河县群众文化满意度连续两年名列济南市首位。

（四）以非遗秧歌促进文旅融合

商河县融合鼓子秧歌"诗和远方"的文化、旅游二重性，充分发挥"民间文化艺术之乡"和"中国秧歌之乡"的优势，通过举办秧歌大赛、秧歌文化旅游节、秧歌会演等，构建起春赏桃花节、夏游啤酒节、秋逛花博会、冬看大秧歌等全时令、无缝隙的地域节事活动，吸引了大量游客，增加了村民的收入，为乡村文化振兴提供了助力。不断的宣传推介提升了商河县的社会知名度，优化了营商环境，为招商引资渲染了社会氛围。"秧歌古村"袁窦村通过打造鼓子秧歌实景演出、发展研学旅游，年接待游客 10 万人次，乡村旅游收入 500 万元，现已获评国家 AAA 级旅游景区、中国乡村旅游金牌农家乐、山东省农业旅游示范点。2020 年花博会期间，10 多支鼓子秧歌队常驻主会场和各镇分会场为游客表演，仅主会场接待游客数量就超过 40 万人次。

三、经验启示

（1）有效解决了"由谁来教，让谁来学"的非遗传承主体问题。针对非遗保护传承这一共性问题，通过"建立传承人梯队、乡土艺术民俗化、参与人员全龄化"的方式破题，拓展了鼓子秧歌保护传承的时间、地域空间、人员年龄限制。

（2）有效解决了非遗项目更好实现活态、持续传承的问题。通过增强秧歌非遗的内生动力，让鼓子秧歌"自己养活自己"，还能带来可观的社会效益和经济效益。同时为濒临失传的花鞭鼓舞、花棍舞、扇鼓舞、高跷、商河民歌等非遗项目传承发展提供了有益借鉴。

（3）有效解决了县域层面文旅融合缺乏抓手的问题。鼓子秧歌从非遗的保护传承出发，探索了非遗项目与旅游产品融合的路径，为农业大县文旅融合、助力脱贫攻坚、乡村振兴进行了有益探索，也成为引领县域精神文明建设的重要支撑。

调研报告

关于地方事业单位改革中文化馆归属问题的调查

文化和旅游部全国公共文化发展中心文化馆发展研究院课题组 [*]

目前，伴随着地方党和政府机构改革的深化，地方事业单位改革正在逐步推进。在地方事业单位改革过程中，对承担公共文化服务功能、定位在公益一类事业单位的文化馆（群众艺术馆）怎样处置，各地出现了不同的做法。为更好地保障人民基本文化权益，进一步健全政府公共服务职能，提升文化馆的公共文化服务能力，需要科学地理解和认识文化馆的性质功能，恰当地处置文化馆的归属。

一、政府公共服务职能与文化馆的功能定位

为社会公众提供公共服务，是现代社会政府的基本职能之一。我国在"十二五"和"十三五"期间，先后制定并实施了两部国家级基本公共服务规划，覆盖全民的基本公共服务制度基本建成。2018 年 7 月，中共中央办公厅、国务院办公厅印发《关于建立健全基本公共服务标准体系的指导意见》，明确了到"十四五"末和 2035 年两个重要时间节点国家基本公共服务的具体目标。目前阶段，我国各级政府应当向全民提供的基本公共服务，涵盖公共教育、劳动就业创业、社会保险、医疗卫生、社会服务、住房保障、公共文化体育、优抚安置、残

---

* 课题组负责人：李国新。课题组成员：王全吉、张广钦。

疾人服务等 9 个领域，公共文化服务包括在其中。《中华人民共和国公共文化服务保障法》（以下简称《公共文化服务保障法》）也明确规定，县级以上人民政府应当将公共文化服务纳入本级国民经济和社会发展规划，按照公益性、基本性、均等性、便利性的要求，加强公共文化设施建设，完善公共文化服务体系，提高公共文化服务效能（第四条）。

我国基本公共文化服务主要包括什么内容？《公共文化服务保障法》规定，各级人民政府应当支持开展全民阅读、全民健身、全民科普和艺术普及、优秀传统文化传承活动（第二十七条）。这是对各级政府作为责任主体提供公共文化服务内容范围的原则规定。2015 年初，中共中央办公厅、国务院办公厅发布《国家基本公共文化指导标准（2015—2020 年）》，其中列举的基本公共文化服务项目，包括读书看报、收听广播、观看电视、观赏电影、送地方戏、设施开放、文体活动七大类。2021 年 3 月公布的《国家基本公共服务标准（2021 版）》基本公共文化服务部分大体延续了 2015 年版的内容，包括八个方面，即公共文化设施免费开放、送戏曲下乡、收听广播、观看电视、观赏电影、读书看报、少数民族文化和残疾人文化服务。上述服务范畴中涉及的群众文化艺术活动、文化艺术知识和技能等普及培训、为农村基层提供地方戏曲等，是《公共文化服务保障法》规定的"全民艺术普及"的具体化，这类基本公共文化服务，各级政府主要经由所设置的文化馆（群艺馆）向社会公众提供。

目前，文化和旅游部正在对 1992 年颁布的《群众艺术馆文化馆管理办法》（文群发〔1992〕28 号）进行修订，以形成新的《文化馆管理办法》。《文化馆管理办法（讨论稿）》规定的文化馆主要职能是：（1）宣传党和政府的方针政策；（2）组织开展群众文化艺术活动；（3）组织实施群众文化艺术培训与辅导；（4）提供文化艺术作品鉴赏与学习服务；（5）组织指导群众文艺创作；（6）保护传承民族民间文化；（7）组织开展群众文化调查研究；（8）组织开展国内外群众文化活动交流。以上规定比较完整、清楚地表达了在构建覆盖全社会的公共文化服务体系的背景下，文化馆的基本性质和主要职能。

二、文化馆设置的法律和政策依据

（一）法律依据

1. 设置文化馆有宪法依据。《中华人民共和国宪法》规定，国家发展为人民服务、为社会主义服务的文学艺术事业、新闻广播电视事业、出版发行事业、图书馆博物馆文化馆和其他文化事业，开展群众性的文化活动（第二十二条）。发展文化馆事业写进了国家根本大法。

2. 设置文化馆有国家文化基本法依据。2017 年 3 月施行的《公共文化服务保障法》，是我国文化领域具有基础性、全局性、综合性的重要法律。该法律规定我国的公共文化设施主要包括 16 种，文化馆是其中之一（第十四条）。法律要求县级以上地方人民政府应当将公共文化设施建设纳入本级城乡规划，结合当地经济社会发展水平、人口状况、环境条件、文化特色、合理确定公共文化设施的种类、数量、规模和布局（第十五条）。

3. 设置文化馆有国务院行政法规依据。2003 年 8 月施行的《公共文化体育设施条例》列举的公共文化体育设施，包括由各级人民政府举办的、向公众开放文化馆（第二条）。条例要求县级以上地方人民政府应当将本行政区域内的公共文化体育设施的建设纳入当地国民经济和社会发展计划（第九条）。

4. 设置文化馆有地方性公共文化服务保障立法依据。《公共文化服务保障法》施行后，截至 2021 年底，全国已经有 11 个省、直辖市、自治区（上海、天津、四川、重庆、浙江、湖南、湖北、江西、安徽、陕西、贵州）陆续出台了地方性公共文化服务保障条例 / 实施办法，广东和江苏早在《公共文化服务保障法》颁布之前就已经有了本省的地方立法，其中都以不同形式规定，县级以上人民政府应当设置的公共文化设施包括文化馆。

（二）政策依据

（1）2015 年初，中共中央办公厅、国务院办公厅印发《关于加快构建现代公共服务体系的意见》，要求以县级文化馆、图书馆为中心推进总分馆制建设，对县域文化馆组织体系建设提出了明确要求。2016 年 12 月，文化部、新闻出版广电总局、体育总局、发展改革委、财政部印发《关于推进县级文化馆图书馆总分馆制建设的指导意见》，对县级文化馆、图书馆总分馆制建设作出具体部署。

（2）2017 年 5 月，中共中央办公厅、国务院办公厅印发《国家"十三五"时期文化发展改革规划纲要》，其中关于加快现代公共文化服务体系建设的部署，首先提出的要求是完善公共文化服务设施网络，重点任务之一是做好文化馆、图书馆、博物馆、美术馆、乡镇（街道）综合文化站、村（社区）综合性文化服务中心的规划建设。在推动老少边贫地区公共文化跨越发展的部署中，全面加强文化馆（站）达标建设被列为重点任务。

（3）2015 年 11 月，文化部、国家发展改革委、国家民委、财政部、国家新闻出版广电总局、国家体育总局、国务院扶贫办等七部门印发《"十三五"时期贫困地区公共文化服务体系建设规划纲要》，明确要求"十三五"时期消除县级公共文化设施空白点，没有县级公共图书馆、文化馆的县，要按照已公布的国家建设标准进行建设，未达到国家建设标准的县，根据实际需要进行改建或扩建。

（4）2015 年初，中共中央办公厅、国务院办公厅印发《国家基本公共文化服务指导标准（2015—2020 年）》，其中对"文化设施"提出的底线标准是：县级以上（含县级）在辖区内设立公共图书馆、文化馆，乡镇（街道）设置综合文化站，按照国家有关标准进行规划建设。

（5）2011 年 2 月，文化部、财政部印发《关于推进全国美术馆、公共图书馆、文化馆（站）免费开放工作的意见》，指出美术馆、公共图书馆、文化馆（站）是政府举办的公益性文化事业单位，是开展公共文化服务的重要场所，是保障人民群众基本文化权益的重要阵地。决定全国公共文化设施免费开放，基本公共文化服务免费提供。其中对文化馆的具体规定，一是公共空间设施场地免费开放，二是普及性的文化艺术辅导培训、时政法制科普教育、公益性群众文化活动、公益性展览展示、培训基层队伍和业余文艺骨干、指导群众文艺作品创作等基本文化服务项目健全并免费提供。对免费开放和提供基本服务的公共文化机构，中央财政安排专项资金予以补助。2000 年 6 月，经党中央、国务院同意，国务院办公厅印发《公共文化领域中央与地方财政事权和支出责任划分改革方案》，规定地方文化文物系统所属博物馆、纪念馆、公共图书馆、美术馆、文化馆（站），以及全国爱国主义教育示范基地，按照国家规定实行免费开放，所需经费由中央与地方财政分档按比例分担；国家基本公共文化服务标准涉及的读书看报、收听广播、观看电视、观赏电影、送地方戏、文体活动等服务事项，确认为中央与地方共同财政事权，由中央与地方共同承担支出责任。

（6）2021年6月，文化和旅游部印发《"十四五"公共文化服务体系建设规划》，要求充分发挥文化馆在新时期繁荣群众文艺工作中的重要作用，加强现代文化馆建设，把文化馆打造成为城乡居民的终身美育学校。

在我国，县级以上人民政府普遍设置文化馆，是经过长期努力获得的成果。我国最早在"六五"规划中提出"县县有图书馆文化馆"的目标，经过近30年的努力，到"十一五"时期基本实现。截至2019年，全国县以上行政区划共有文化馆（群艺馆）3326个，平均设置率为103.6%，其中省级行政区划设置率为100%，地市级行政区划设置率为107.8%，县市级行政区划设置率为103.2%。今天，我国不仅实现了"县县有文化馆"，而且已经出现了一级政府举办一个以上文化馆的现象。

三、各地事业单位改革中文化馆归属处置的不同做法

根据初步调查了解，2020年初以来，各地在事业单位改革中对文化馆归属的处置主要有以下八种情况。

（一）文化馆名称、职能、独立法人资格不变

多数地区均采用这种做法。文化馆与图书馆、博物馆等公共文化服务机构继续作为独立法人单位，名称和职能不变。

（二）文化馆名称和独立法人资格不变、职能扩充

所谓职能扩充，通常的做法是把非物质文化遗产保护中心、艺术创作中心等原本独立设置的事业单位整合到文化馆，形成一个新的独立法人单位。有的单位

名称在文化馆后加括号保留非物质文化遗产保护中心等。这一做法扩充了文化馆的职能，减少了当地独立法人单位的数量。采用这种做法的地方有一定数量。

（三）图文博等单位整合，文化馆名称、职能保留，独立法人资格取消

通常做法是将文化馆、图书馆、博物馆、美术馆等原本作为独立法人设置的文化事业单位整合为一个新的独立法人单位——文化服务中心（或称公共文化中心、文化发展中心、文化事业发展服务中心等），保留文化馆、图书馆、博物馆、美术馆等机构名称和服务职能，但文化馆等单位的独立法人资格取消。采用这种做法的地方数量不多。

（四）文化馆并入新组建的公共文化服务中心／文化演艺集团，名称、职能保留，独立法人资格取消

采用这种做法的主要是辽宁省，被称为"辽宁模式"。2018 年，组建了辽宁省文化演艺集团（辽宁省公共文化服务中心），跨系统、跨部门整合了省文化厅、省旅游发展委、省文联等 6 个部门所属 21 家单位，形成了集团的 18 个分支机构，辽宁省文化馆（辽宁省青年宫）是分支机构之一，是由原分别作为独立法人设置的辽宁省文化馆和辽宁省青年宫合并而成。辽宁省文化演艺集团（辽宁省公共文化服务中心）是中共辽宁省委直属事业单位。

辽宁省的地市级事业单位改革思路与省级大致相同，但名称、隶属关系等具体做法不完全一致。如沈阳市组建沈阳市公共文化服务中心（沈阳市文化演艺中心），整合了原分别隶属于团市委、市妇联、市科技局、市文广局的 24 家事业单位，形成了 15 家新的内设事业单位。原沈阳市群众艺术馆、沈阳市朝鲜族文化艺术馆均为中心直属机构。沈阳市公共文化服务中心（沈阳市文化演艺中心）是市文旅局所属事业单位。大连市组建大连市公共文化服务中心，整合了原属大连市文广局、市科技局、市文联的事业单位，原大连市群众艺术馆、大连市朝鲜族文化艺术馆成为中心的直属机构。大连市公共文化服务中心是中共大连市委的直属事业单位。鞍山市组建鞍山市文化旅游发展促进中心，整合了原属市文广局、市旅游局、市文联的 12 家事业单位，市文化馆、市朝鲜族文化艺术馆均为中心

的分支机构。鞍山市文化旅游发展促进中心是市文化旅游和广播电视局的直属单位。辽阳市组建辽阳市公共文化和体育服务中心，整合了12家事业单位，包括辽阳市艺术馆。辽阳市公共文化和体育服务中心是辽阳市文化旅游和广播电视局的直属单位。

辽宁省的县市级事业单位改革均采用了文化馆并入新组建的中心模式，中心的名称、隶属不完全一致，文化馆的名称和职能一般保留，独立法人资格取消。

（五）图书馆、文化馆、博物馆等单位整合，文化馆取消

将原本作为独立法人设置的文化馆、图书馆、博物馆整合为一个新的独立法人单位——文化发展中心，但仅保留图书馆、博物馆名称和职能，文化馆取消。海南省某县采用了这种做法。

（六）相关文化单位整合，文化馆性质功能变化

江西省某市将原本作为独立法人设置的市文化馆、市非物质文化遗产研究保护中心以及市文化广电新闻出版旅游局下设的艺术档案室合并，组建了市文化研究中心（市文化馆、市非物质文化遗产研究保护中心）。从括号中加注的单位名称看，保留了文化馆的名称和职能；从整合后的机构主名称看，文化馆隶属于研究中心，性质功能发生了变化。

（七）文化馆等单位整合为文旅融合发展服务中心

四川省某市某区将原本作为独立法人设置的文化馆、美术馆、图书馆、文管所四个单位合并，成立区文旅融合发展服务中心，作为一个独立法人单位。原文化馆等四个单位成为区文旅融合发展服务中心的内设机构。

（八）文化馆等单位并入全域旅游发展中心

江西省某市将原本独立设置的市文化馆（市文化信息中心）、市博物馆、市图书馆并入市全域旅游发展中心，保留各自名称和职能，取消独立法人资格。

四、问题与讨论

早在 2011 年，中共中央、国务院就出台了《关于分类推进事业单位改革的指导意见》，明确了事业单位改革的指导思想是以促进公益事业发展为目的，以科学分类为基础，以深化体制机制改革为核心，进一步增强事业单位活力，不断满足人民群众和经济社会发展对公益服务的需求。事业单位改革的基本原则是"五个坚持"：坚持以人为本，把提高公益服务水平、满足人民群众需求作为出发点和落脚点；坚持分类指导，根据不同类别事业单位的特点，实施改革和管理；坚持开拓创新，破除影响公益事业发展的体制机制障碍，鼓励进行多种形式的探索和实践；坚持着眼发展，充分发挥政府主导、社会力量参与和市场机制的作用，实现公益服务提供主体多元化和提供方式多样化；坚持统筹兼顾，充分发挥中央和地方两个积极性，注意与行业体制改革、政府机构改革等相衔接，妥善处理改革发展稳定的关系。根据党中央、国务院的指导意见，文化馆属于从事公益服务的事业单位，而且属于不能或不宜由市场配置资源的公益一类事业单位，改革的主要任务是强化公益属性。2018 年 2 月党的十九届三中全会通过的《中共中央关于深化党和国家机构改革的决定》进一步强调，公益类事业单位改革的重点是理顺同主管部门的关系，逐步推进管办分离，强化公益属性，破除逐利机制。以上党中央、国务院的重要文件，为事业单位改革指明了方向，提供了遵循。

目前地方事业单位改革对文化馆归属的处理方式，从总体上看，保持了文化馆的公益属性，创新了文化馆的管理体制，为文化馆与其他公共文化服务机构融合发展开拓了空间，有利于增强文化馆的公益服务能力和服务效能。但是，改革中有的做法也存在不同看法，需要引起重视，加以调整完善，以保证改革沿着正确的方向推进。

（一）事业单位改革不能改掉文化馆服务功能

在政府作为责任主体向老百姓提供的基本公共文化服务总体任务中，文化馆主要承担全民艺术普及、优秀传统文化传承两大方面任务的落实。换言之，没有文化馆，老百姓的基本文化权益就无法得到全面保障，基本文化需求就无法得到全面满足。事业单位改革，目的是要强化文化馆的公益属性，激发文化馆的服务活力，提高文化馆的服务质量，而不是简单地取消文化馆，改掉文化馆的服务功能。海南省某县在将原来的图书馆、文化馆、博物馆整合为文化发展中心后，文化馆的名称没了，机构没了，相应的服务功能也消失了，这种做法既违背了现行有效的有关设置文化馆的法律法规和政策规定，同时也与事业单位改革以强化公益属性、激发活力为目标的要求不相符合。

（二）事业单位改革不能削弱文化馆服务功能

事业单位改革过程中对原有机构进行统筹整合、分并改隶是正常的，但不论怎么改，文化馆的服务功能不能被削弱，从本质上说，是政府向老百姓提供基本公共文化服务的责任不能被削弱，老百姓享受基本公共文化服务的权利不能被削弱。江西省某市将文化馆、非物质文化遗产研究保护中心、艺术档案室合并，组建了市文化研究中心（市文化馆、市非物质文化遗产研究保护中心），反映出来的问题，是事业单位改革后文化馆的服务功能被严重削弱了，甚至被歪曲了。表面上看，文化馆的机构名称还保留在括号中，可以解释为文化馆并没被撤销，文化馆的服务功能还存在，但实际上，改革后的文化研究中心显然变成了一个以研究为主业的机构，循名责实，如果说文化馆还存在，那么主要功能已经不是提供文化馆服务，而是开展文化馆研究了。且不说一个地市级城市该不该设置这样的专门研究机构，有没有开展这类专门研究的能力和必要，单就以"文化研究中心"统摄文化馆来说，就已经偏离了文化馆的基本职能。文化馆不是不能开展研究工作，而是文化馆的主要职责并不是开展研究，而是面向老百姓提供文化馆服务。正确是做法是以文化馆来统摄研究中心，而不是相反。江西省某市的案例提醒我们，在事业单位改革中，撤销文化馆可能只是较为罕见的极端个案，相比之下，更容易出现的问题是，一些地方政府官员由于对公共文化服务、对公共文化服务机构的性质功能了解不够，做出不符合发展规律、削弱公共文化服务机构公益属性和服务功能的统筹整合决策，这是更应注意防范的。

（三）文旅融合发展不是文化馆服务"旅游化"

文化和旅游融合发展，是我国文化和旅游事业、产业发展的大趋势。在文旅融合发展的大背景下，包括文化馆服务在内的整个公共文化服务，都必须要思考和践行怎样与旅游服务紧密结合的问题，要考虑公共文化服务的"主客共享"。文化事业和文化产业性质功能有区别，因此关于公共文化服务和旅游的融合发展，需要"两点论"：首先，文旅融合发展为公共文化服务扩大覆盖面、提高实效性开辟了新的空间，提供了新的动能；其次，公共文化服务和旅游业的性质功能不同，"宜融则融，能融尽融"是正确的方针，要防止公共文化服务在"文旅融合"的口号下"旅游化""产业化"。在实践中，各级政府应该明确，文化馆、图书馆这类设施，本质属性是公共文化设施而不是旅游设施。在文旅融合的背景下，公共文化设施当然应该思考并拓展"主客共享"的服务和活动，但不能把公共文化设施变成旅游服务设施，不能把公共文化服务变成"游客专享"的服务。基于以上理念和政策界限来看，四川省某市某区将文化馆、美术馆、图书馆、文管所合并为文旅融合发展服务中心的做法，江西省某市将文化馆（市文化信息中心）、博物馆、图书馆并入市全域旅游发展中心的做法，存在可商榷之处：文化馆等公共文化设施变成推动旅游发展部门的下属单位，怎样确保其为本地居民提供基本公共文化服务的功能不被削弱？怎样防止文化馆的公共文化服务和活动"旅游专享"化？这些问题解决不好，结果就是在文旅融合的口号下事实上削弱甚至取消了公共文化服务，偏离了事业单位改革强化公益属性、破除逐利机制的方向。

（四）机构整合应有利于顺畅文化馆管理体制和运行机制

事业单位改革的"辽宁模式"反响很大，引发的思考也很多。"辽宁模式"有可资借鉴之处，如创造了一种有效减少事业单位数量的办法，体现了"管办分离"的趋势，拓展了推动公共文化服务融合发展的平台，文化馆等公共文化机构的性质功能、公益属性并未发生改变等。但目前来看，"辽宁模式"也显现出了一些问题，主要是导致文化馆等公共文化服务机构的管理体制和运行机制出现了新的障碍。首先，辽宁省各地新组建了 14 家中心 / 集团等，有 3 家直属市委，2 家直属市政府，9 家隶属于文化旅游和广播电视局。《公共文化服务保障法》规定，县级以上地方人民政府文化、新闻出版广电主管部门根据其职责负责本行政区域内的公共文化服务工作（第七条），辽宁改革后的中心 / 集团主管体制有的属于"于法无据"，且即便直属市委、市政府，业务工作仍然脱离不了文化主管部门，工作中可能造成多头管理、协调不畅的问题，与"一类事项原则上由一个部门统筹、一件事情原则上由一个部门负责"的改革思路有矛盾。其次，公共文化服务机构在行政主管上脱离了文化主管部门，怎样保证行业发展政策、工作部署上传下达的顺畅？公共文化服务是专业化的服务，因此，上一级单位对下一级单位的业务指导是推动行业发展和业务建设的重要方式，如省级馆对地市级馆、地市级馆对县级馆的业务指导等，不同层级的文化馆主管部门、分属系统不一致，给行业发展和业务指导带来了困难。文化馆、图书馆总分馆制是近年来我国大力推动的公共文化机构组织体制改革，是中央深改委部署的公共文化领域重点改革任务，上一级文化馆、图书馆和下一级文化馆、图书馆分属不同的系统，失去了紧密联系，必然给总分馆制建设带来障碍，也制约了公共文化设施体系和服务体系的完善。2020 年，辽宁省人大常委会受全国人大常委会委托对本省实施《公共文化服务保障法》的情况进行了执法检查，检查中发现的问题就包括"普遍存在业务指导不力，沟通协调不畅的问题"，"由于缺乏强有力的统筹协调，公共文化服务多头管理、条块分割，各系统所属公共文化设施、队伍和资源，出现了衔接不畅、归口不一的问题"。这些问题亟须在实践中调整完善，并应引起借鉴"辽宁模式"的地方加以注意。

我国文化馆年报编制与公开现状调研

广东省文化馆课题组 *

2017 年 3 月施行的《中华人民共和国公共文化服务保障法》规定，公共文化设施管理单位应当建立公共文化服务开展情况的年报制度（第二十一条）。法律施行以来，全国各级文化馆逐步开展了年报编制与公开工作，取得了明显成效。第五次全国文化馆评估定级已经把编制和公开年报纳入评估项目，推动文化馆年报编制与公开走向常态化、规范化。

一、政策环境与研究基础

（一）公共文化机构年报制度的政策环境

近年来，我国政府和事业单位信息公开年报制度为公共文化机构年报制度奠定了基础。2008 年 5 月 1 日施行的《中华人民共和国政府信息公开条例》要求各级行政机构编制且于每年 3 月 31 日前公布信息公开工作年报，规定了政府年报的 6 项基本内容，并将"与群众利益密切相关"的公共图书馆列为实现政府信息公开的媒介。与此同时，事业单位的年报制度也有章可循。1998 年发布的《事业单位登记管理暂行条例》规定，事业单位应当于"每年 3 月 31 日前分别向登记管理机关和审批机关"提交执行报告。2014 年，为"转变职能方便事业单位、改

---

* 课题组负责人：毛凌文。课题组成员：肖鹏、刘翔、李劭倩、刘勇军、王影、蔡伊南、肖颖、郑杨健。

进监管方式提高效能"，国家事业单位登记管理局明确将事业单位法人年检制度改为年报公示制度，并对相关年报制度做出详细规定①。以上政策体系为公共文化机构的年报编制与公开工作提供了一个初步的框架和思路，但在内容、形式、标准、制度等各方面仍有待明确和细化。

在推进现代公共文化服务体系建设进程中，年报的重要性日益受到重视。2013 年，《四川省公共图书馆条例》第三十二条明确提出，公共图书馆应当建立信息披露制度，重要事项、年报等信息向社会公开。2015 年中共中央办公厅、国务院办公厅印发《关于加快构建现代公共文化服务体系的意见》，提出"完善年报和信息披露、公众监督等基本制度，加强规范管理"。2017 年施行的《中华人民共和国公共文化服务保障法》第二十一条明确规定，"公共文化设施管理单位应当建立健全管理制度和服务规范，建立公共文化设施资产统计报告制度和公共文化服务开展情况的年报制度"。第五十七条又规定，"各级人民政府及有关部门应当及时公开公共文化服务信息，主动接受社会监督"。这既是公共文化相关法律文本首次强调年报制度，具有国家层面的先行意义和创新性，又规定了年报编制的导向为反映"公共文化服务情况"，其目的为"接受社会监督"。公共文化机构的年报制度自此上升为法律责任，引起了学界和业界的高度关注。

《中华人民共和国公共文化服务保障法》施行后，许多地方性立法也对公共文化机构相关工作提出进一步的规范和要求。例如，《浙江省公共文化服务保障条例》第十七条规定，"公共文化设施管理单位应当在每年的第一季度，向社会公布上一年度的活动项目、服务效能、经费使用等公共文化服务开展情况，接受社会监督"。《安徽省公共文化服务保障条例》第十四条规定，"公共文化设施管理单位应当建立健全管理制度和服务规范，建立公共文化设施资产统计报告制度和公共文化服务开展情况的年报制度"。《贵州省公共文化服务保障条例》第二十一条规定，"公共文化设施管理单位应当建立公共文化服务开展情况年报制

---

① 事业单位在线.关于改革完善中央和国家机关所属事业单位法人年检制度有关事宜的通知[EB/OL].（2014—01—15）[2021—04—01]. http://gjsy.gov.cn/zcfg/djglj/201401/t20140115_2422.html.

度"。除了相关条例外，各省市在公共文化服务体系建设的具体部署中，也相继提出对年报的要求。例如，浙江省在《关于加快构建现代公共文化服务体系的实施意见》提出，深化公益性文化事业单位改革，要"完善年报、信息披露、公众服务等基本制度，进一步规范管理"①。江苏省扬州市市委市政府在《关于推进现代公共文化服务体系建设的实施意见》中提出，为完善公共文化服务考评标准，要"制定政府公共文化服务考评指标和绩效考评办法，建立年报、服务公示和信息披露、公众监督等制度"②。

（二）公共文化机构年报的理论研究与实践

现阶段公共文化机构年报的理论研究与实践主要集中在图书馆领域，国内相对于国外而言尚处于起步阶段。

欧美地区公共文化相关机构的年报制度已历时百年以上，学界研究也较为全面。研究主题包括年报的功能、体例、编制要求、年报制度的发展历史、实践调查等方面，虽多为早期文献，但仍具参考价值。例如 Lear③，Peatling 和 Baggs④ 分别探究了早期美国和英国公共图书馆年报的发展历史，Christensen 与 Mohr⑤ 对美国博物馆的年报展开广泛调查，发现其在财务公开方面因博物馆规模和类型不同而大相径庭。而在实践层面，史密森学会、纽约公共图书馆、美国大都会艺术博物馆等知名文化机构的年报工作都持续百年，编制成熟、内容全面、数据充分、

---

① 中共浙江省委办公厅 浙江省人民政府办公厅印发《关于加快构建现代公共文化服务体系的实施意见》EB/OL].（2015-07-24）[2021-03-21].https://zjnews.zjol.com.cn/system/2015/07/24/020754197.shtml.

② 扬州市委办公室、市政府办公室关于推进现代公共文化服务体系建设的实施意见[EB/OL].（2018-03-19）[2021-04-01]. http://gl.yangzhou.gov.cn/zggl/ggwhtyly/201912/b1822ad86c7b4d34909217a63fb268ba.shtml.

③ LEAR B A. "'Tis better to be brief than tedious"? The evolution of the American public library annual report, 1876-2004[J]. Libraries & the Cultural Record, 2006, 41（4）:462-482.

④ PEATLING G K，BAGGS C. Early British public library annual reports: then and now part I[J]. Library History, 2004, 20（3）:223-238.

⑤ CHRISTENSEN A L，MOHR R M. Not-for-profit annual reports: what do museum managers communicate?[J]. Financial Accountability & Management, 2003, 19（2）:139-155.

关注用户，既能实现信息公开，又能实现宣传推广。

国内的相关研究主要讨论了公共图书馆、档案馆年报制度的功能、现状，并对若干年报文本进行案例分析。例如从馆长角度出发，论述了年报的内容、体例和撰写方法[①]，调查国内高校图书馆、公共图书馆、行业协会等发布的年报，分析后认为存在发布时间不规范，未数字化、公开化，编写体例与内容不连续系统，在主页的栏目不够规范醒目等问题[②]。也有学者提出，由于国内的年报制度起步较晚，相关研究也主要是针对年报制度的初步探索[③]，理论指导的针对性和有效性有限。

在年报编制层面，国外尤其是英、美等国，图书馆、博物馆领域在年报编制方面有悠久的传统。19世纪50年代，美国史密森协会即开始推行公共文化机构的年报编制工作。其后，美国图书馆协会在成立之初即制定了第一个年报的标准。经过长期的发展，如今欧美各级机构或行业组织虽没有关于公共图书馆、博物馆年报的具体标准，但其编制形式、编制流程都已经积累了较为丰富的经验，值得借鉴和参考。

近年来，国内为落实《中华人民共和国公共文化服务保障法》建立年报制度的要求，广州图书馆与中山大学联合启动《公共图书馆年报编制指南》的编制工作，李国新、肖鹏等学者完成了《公共文化机构年报编制与公开指南（内部稿）》，开始系统关注公共文化机构的年报工作。与此同时，肖鹏还开展了"公共图书馆年报制度研究：以编制规范与配套政策为中心"，专门针对公共图书馆年报制度，进行了广泛且深入的调查分析。2019年国家图书馆研究院、广州图书馆和中山大学研究团队合作，联合申请行业标准《公共图书馆年报编制指南》并获得立项，并于2020年发布了征求意见稿，该文本在编制原则、流程、结构等方面对本研究有一定的启发。

① 刘锦山.图书馆馆长年报[J].高校图书馆工作,2004(2):51-52,73.
② 黄嘉慧.图书馆年报现状管窥[J].图书馆建设,2015(12):90.
③ 肖永钐.公共图书馆业务信息工作的制度建设与实践探索——以深圳图书馆周报、季报和年报编制为例[J].图书馆杂志,2020,39(7):124-130.

（三）文化馆年报的理论研究与实践

文化馆的年报编制工作从《中华人民共和国公共文化服务保障法》实施后正式起步。随着第五次全国文化馆评估定级对年报工作作出要求，文化馆业界逐渐重视年报工作。浙江省文化馆王全吉先后在两篇文章提出年报的重要性与编制方法，认为年报具有"保障公众权利""提升服务形象""接受社会监督""推动效能提升""开展理论研究"等重要意义①。关于年报编制工作，他认为规范性、准确性、全面性是对文化馆年报最基本的要求；就具体内容而言，可将文化馆的服务职能、服务规范以及第五次全国文化馆评估定级标准作为主要依据。通过对当时年报的先行实践——成都市文化馆、江苏省文化馆、嘉兴文化馆、惠州市文化馆等文化馆年报进行内容考察之后，王全吉认为文化馆年报可在综合性的基础上，针对不同的发布对象侧重不同内容，采取不同形式，通过纸质版、电子版等途径发布。纸质版年报要求"版式设计美观大方，有现代感，图文并茂，印刷精美"。其中为能更直观呈现服务数据，可多采用统计图表；图片在优不在多，需要精选优质图片，"使年报具有视觉冲击力"。而电子版年报则更要重视用户体验，突出可读性。同时他也认同数据分析的重要性，认为年报通过统计、分类、对比、分析数据，能为未来发展方向提出参考②。

华东师范大学金武刚在年报需要进行数据分析方面的观点与之不谋而合。他认为"年报与年终总结简单的数据归纳不同，是通过对数据的分类提取和对比分析，呈现出一个系统、科学的分析成果，旨在为来年的工作部署提供科学理性的决策依据"。文化馆要注重通过年报进行日常资料积累、数据分析和问题导向，使公共文化的服务品质和效能得以提升。年报作为信息公开与接受社会监督的现代治理方式的重要内容，是促进服务管理规范化、实现高质量可持续发展的关键要点③。

---

① 文化馆服务年报，你开始编制了吗？［EB/OL］.［2021-01-29］.https://mp.weixin.qq.com/s/SOhjgqfE60alng2FEXSe-A.

② 独家告诉你，如何编制文化馆年报［EB/OL］.［2020-01-29］.https://mp.weixin.qq.com/s/sQJL93l5XVbULt6oaFiivg.

③ 金武刚，王瑞芸.论文化馆高质量发展的关键要点［J］.图书馆研究与工作，2020（8）：15-23.

在实践层面，2018 年初，成都市文化馆向社会公布了《2017 年成都市文化馆年报》，称为全国"首报"，引发广泛关注①。江苏省文化馆紧随其后，广东省文化馆也汇总资料补编自 2015 年以来的年报。一时间各地文化馆纷纷开启年报编制工作。2020 年启动的全国第五次文化馆评估定级工作，对各级文化馆均提出建立年报制度的指标，要求"编制年报并向社会公众公开、提供免费获取途径"，年报编制工作更成为文化馆的"必修学分"。但由于缺乏相关规范指引，各馆所编制的年报多为《中华人民共和国公共文化服务保障法》所要求的"公共文化服务年报"，内容和形式各有不同。

总的来讲，当前在政策环境方面，国内相关法律法规规定了对公共文化机构建立年报制度的最基本要求，但具体方法和规范仍有待细化。在实践层面，国外公共文化机构的成熟经验，部分国内公共文化机构的先行实践足以为文化馆年报编制与公开提供参考。在理论研究层面，公共图书馆关于年报制度已有一定研究，文化馆学界、业界针对年报编制也有一定的思考和讨论。

二、文化馆年报的编制与公开现状

为了解文化馆行业年报编制的实践现状与编制过程，课题组以广东省的文化馆及相关机构为主要对象开展问卷调查，同时辅以对其他省份相关机构的调研。2020 年 10 月向全国文化馆发放问卷调查，共回收有效问卷 133 份。其中，收到广东省内各级文化馆问卷 103 份，有效问卷 103 份；收到全国其他地区文化馆问卷 30 份，有效问卷 30 份。

（一）年报编制的基本信息

宽泛地讲，《事业单位法人年报书》等文本事实上也可以算作文化馆的年报，但从行业共识的角度来看，这一类文本事实上并不属于一般业内所论的"年报"。

在当前文化馆所编制的各类型报告中，年度总结和其他总结性文书是文化馆

---

① 全国"首报"《2017 年成都市文化馆年报》开拓先河［EB/OL］.［2021-01-28］.http://www.cdswhg.com/index.php?c=show&id=338.

编制最多，也是其普遍认同的"年报"。与此同时，也有较多的地市级文化馆和县市级文化馆将其他文书报告，如事业单位法人报告书视为年报。这显示当前文化馆业界对年报的认知并不完全清晰。

本次调查中，课题组在问卷中明确告知受调查单位"年报"的概念，将其限定为：文化馆自行编制的，反映本单位年度服务、管理或运行情况的总结性报告文件，不包括事业单位法人年报书；纯表格、没有文字的资产或财务报告；上级部门要求的表格性文件或检查文件；2 页 A4 纸以内的年度总结和新闻稿件。调查结果显示，目前绝大部分文化馆编制了课题组所定义的"年报"，但多数馆表示曾有中断。其编制工作最早始于 1986 年，在 2018 年呈现爆发式增长（见图 1）。

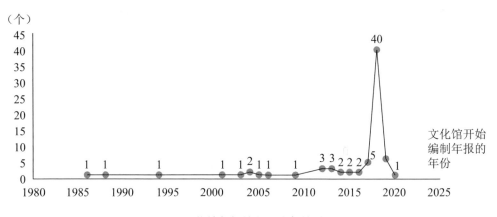

图 1　文化馆年报编制工作起始时间

调查结果还显示，地市级文化馆编制年报的比例要高于县市级文化馆。已经编制年报的地市级文化馆占总数的 80%，县市级文化馆的这一比例是 64.37%。值得注意的是，大多数编制了年报的文化馆都曾一度中断编制工作。发生中断的地市级文化馆，其比例要高于县（市、区）级文化馆，约有 46.67% 的地市级文化馆和 34.48% 的县市级文化馆曾经发生过类似情况。这说明大多数文化馆在年报编制过程中或多或少存在着一定困难，编制工作难以稳定开展。

（二）年报编制的组织保障

目前，超过一半的文化馆专门组织了人手来编制年报，不少文化馆年报编制团队的总负责人是馆长或副馆长，并由固定部门来完成编制工作，显示年报工作已经得到了一定程度的重视。调查显示，60.00% 的地市级文化馆和 52.87% 的县市级文化馆专门组织人员参与年报编制，但仍有文化馆表示缺乏专门人员是编制年报的一大难题，接近一半的文化馆负责编制年报的人数仅为 1—2 人，只有少数文化馆表示年报编制的人手较为充裕。

在地市级文化馆中，有 20% 编制人数为 5—6 人，13.33% 编制人数在 6 人以上。在县市级文化馆，仅有 1.15% 的文化馆年报编制人数为 5—6 人，2.30% 的文化馆年报编制人数在 6 人以上。地市级文化馆的工作人员整体上要多于县市级文化馆，因此能编制年报的人手自然也多于后者。基于不同级别文化馆的员工数量有较大差距，可考虑分级制定年报指南，尤其对部分人手紧张的文化馆来说，建议年报只需要优先考虑收录重要内容和关键数据。

关于文化馆年报编制团队的负责人，有 53.33% 的地市级文化馆、39.08% 的县市级文化馆年报编制的总负责人为正馆长；有 13.33% 的地市级文化馆、13.79% 的县市级文化馆年报编制的总负责人为副馆长；有 13.33% 的地市级文化馆、12.64% 的县市级文化馆年报编制的总负责人为部门主任；仅 3.39% 的县市级文化馆年报编制的总负责人为普通馆员。从编制团队负责人的情况来看，文化馆都比较重视年报的相关工作。

关于文化馆年报的编制团队，超过一半的地市级文化馆和县市级文化馆都选择固定部门作为年报的编制单位。其中地市级文化馆为 66.67%，县市级文化馆为 51.72%，而且固定部门多为办公室。

年报编制团队成员接受培训的情况不容乐观。调查显示，不论是地市级文化馆还是县市级文化馆，仅有不到 20% 的机构开展过相关培训或指导。部分文化馆在意见反馈中明确提到，目前年报工作因缺乏专业人士指导，存在内容不够全面、文字表达不够到位等问题，迫切需要加强人员培训、提高年报的专业性。从文化馆的角度来看，年报编制人员迫切需要的培训和指导内容包括：年报的编写原则、报告的基本框架、年报相关专业知识、大事记的撰写方法、写作规范和年报编制流程。

（三）年报编制方法与内容

1. 日常信息搜集

编制年报是一个信息搜集与分析的过程。为保证年报所收录信息及时有效、准确、全面，各部门有必要协调合作，在馆内建立日常信息搜集制度。问卷调查显示，茂名市文化馆和茂名市电白区文化馆均认为要从年初就开始部署年报编制工作，做好各项信息收集；东莞市文化馆东坑分馆、佛山市高明区文化馆、韶关市浈江区文化馆、潮州市潮安区文化馆、湛江市廉江市级文化馆、湛江市霞山区文化馆、韶关市乳源瑶族自治县文化馆等反映信息收集资料不全，有必要做好文化馆日常信息的搜集工作，做好统计与分类；深圳市文化馆、河源市和平县文化馆、清远市佛冈县文化馆则表示在信息搜集中需要馆领导重视，各部门加强联系、密切配合。目前，受调查的文化馆日常信息搜集与业务统计方面的情况是，100%的地市级文化馆都建立了日常信息的搜集制度，县市级文化馆的这一比例也达到89.66%，说明许多文化馆在信息搜集方面已经形成一套基本方法，以支持年报或相关工作报告的编制。

在信息搜集频率方面，多数按照每个月进行一次搜集，也有小部分的文化馆按照每个季度或每年搜集一次，还有部分文化馆每次活动结束之后就进行信息搜集。

文化馆在日常信息搜集过程中，会涉及许多方面的内容。总体上看，"各项活动、服务的进展、经验和成绩"占比最高；其次是"重要工作的部署、落实与完成情况"和"业务统计数据"这两方面的内容；"重大突发事件及其应对、处理情况"是搜集最少的，无论是市级文化馆还是县市级文化馆对这一内容的选择比例都较低。在"财务、资产相关信息"和"相关媒体报道"这两项内容上，地市级文化馆与县市级文化馆有着明显的差异，地市级文化馆的选择比例要高出县市级文化馆许多，差距大致在30%左右。选择"重大突发事件及其应对、处理情况"这一内容的地市级文化馆和县市级文化馆比例都较低。地市级文化馆的比例为 33.33%，县市级文化馆的比例为 41.18%。

2. 年报的基本框架

目前文化馆年报尚未有统一的规范指南来指导编制工作，只有少数的文化馆在编制年报、工作报告或数据统计的过程中，制定或参考了特定的规范或标准。部分文化馆根据既有规定进行编制。如佛山市顺德区文化艺术发展中心以《佛山市顺德区法定机构管理规定》为参照，按照相关要求面向社会公开"单位基本情况、相关财务报告和审计情况、机构治理情况、理事会及管理层人员的任职情况"等重要信息。而佛山市文化馆暂以事业单位法人年报书来编制年报，辅之以画册。部分文化馆认为缺乏规范和标准是年报工作的一大困难，如深圳市宝安区文化馆表示由于缺乏年报编制经验，"在没有相关文件的具体指导下，开展年报编制工作比较困难，质量不高"。课题组分析了受调查文化馆对于年报编撰过程中必要内容的认知情况，发现各文化馆普遍认为以下 5 方面内容对于年报是必要的：简报或摘要（指年报的简单介绍）、文化馆基本信息（如名称、地址等）、业务数据统计与分析、各项服务与工作的文字报告和大事记。

3. 年报的数据披露范围

业务数据统计与分析是文化馆年报中的主要组成部分，而业务数据又涵盖了许多方面的内容，课题组基于一些较为典型的业务数据内容，调查了各文化馆对于这些内容的认知情况。

（1）对于服务对象和服务范围等相关数据是否应该纳入披露范围，地市级文化馆和县市级文化馆并未表现出明显的差异。各文化馆对于相关的几项内容认同度都比较高，在 70% 到 85% 之间，最低的比例也超过了 50%。除了课题组所给出的固定选项外，一些文化馆也补充了其他内容，这些内容包括但不限于每年开展培训、展览、比赛等活动有关信息。

表 1 业务数据中服务对象和服务范围的基本信息

选项	层级			
	地市级文化馆	百分比	县市级文化馆	百分比
服务区域面积	11	73.33%	62	73.81%
常住人口	10	66.67%	59	70.24%
所在区域文化事业投入经费	9	60.00%	60	71.43%
所在区域的文化馆投入经费	12	80.00%	67	79.76%
地方非物质文化遗产相关情况	14	93.33%	73	86.90%
其他	0	0.00%	8	53.33%
总有效数据	15	——	84	——

（2）关于组织基本情况与资产状况信息等相关数据是否应该纳入披露范围，各单位普遍认为"开放时长""活动室面积与数量"以及"数字资源规模"等 3 项数据是最需要披露的。地市级文化馆选择这 3 项内容的比例达到 100%；县市级文化馆选择这几项的比例也很高，其中开放时长与活动室面积达到了九成。

表 2 业务数据中组织基本情况与资产状况

选项	层级			
	地市级文化馆	百分比	县市级文化馆	百分比
分馆数量	11	73.33%	70	84.34%
开放时长	15	100.00%	76	91.57%
文化馆建筑面积	14	93.33%	72	86.75%
活动室面积、数量	15	100.00%	75	90.36%
数字资源规模	15	100.00%	72	86.75%
专业设备、器材	10	66.67%	62	74.70%
藏品/展品数目	8	53.33%	44	53.01%
其他	0	0.00%	2	2.41%
总有效数据	15	——	83	——

（3）关于服务效益的相关数据是否应该纳入披露范围，地市级文化馆与县市级文化馆的认知情况并没有表现出明显的差异。整体而言，地市级文化馆对于服

务效益相关内容的认可程度要高于县市级文化馆，在好几项内容上，地市级文化馆的选择比例达到了100%，而县市级文化馆的选择比例则相对较低。在这些内容中，认为应当披露"演出、展览、讲座等文艺活动场次及参与人次"和"辅导、培训活动场次及参与人次"这两项内容的比例最高；其次是"非遗服务活动场次及参与人次"和"群众文艺创作与推广活动场次、参与人次、成果数量"；再次是"群众到馆人次"和"群众使用场馆次数"。比例相对最低的是"数字服务使用情况"，可能是因为基层文化馆的数字服务尚未普遍开展。

表3 业务数据中服务效益

选项	层级			
	地市级文化馆	百分比	县市级文化馆	百分比
群众到馆人次	14	93.33%	77	90.59%
群众使用场馆次数（免费向公众提供开展文化活动的场地；公众自发申请场地、自主开展活动）	13	86.67%	78	91.76%
演出、展览、讲座等文艺活动场次及参与人次	15	100.00%	83	97.65%
辅导、培训活动场次及参与人次	15	100.00%	82	96.47%
非遗服务活动场次及参与人次	15	100.00%	76	89.41%
群众文艺创作与推广活动场次、参与人次、成果数量	15	100.00%	7	91.76%
数字平台建设情况（如网站访问量、注册用户数、线上需求问询与评价反馈通道、馆内免费网络覆盖等）	15	100.00%	68	80.00%
数字服务使用情况（如网络直播、网上培训、预约、咨询、在线辅导等数字服务；如配备先进设备设施而向社会公众提供的数字化体验）	14	93.33%	63	74.12%
其他	0	0.00%	1	1.18%
总有效数据	15	—	85	—

（4）关于特殊群体服务的相关数据是否应该纳入披露范围，基本上所有的文化馆都认为"未成年人活动场次、参与人数"和"老年人活动场次、参与人数"这两个内容是有必要在年报中展示的。对于"未成年人活动场次、参与人数"和"老年人活动场次、参与人数"这两项内容，除了县市级文化馆对后者的选择比例是 97.62% 外，其他的比例都是 100%，可见其受重视程度。

表 4　业务数据中面向特殊群体的服务

选项	层级			
	地市级文化馆	百分比	县市级文化馆	百分比
未成年人活动场次、参与人数	15	100.00%	84	100.00%
老年人活动场次、参与人数	15	100.00%	82	97.62%
其他（如残障人士、外来务工人员等）	12	80.00%	54	64.29%
总有效数据	15	—	84	—

（5）关于经费等相关数据是否应该纳入披露范围，课题组发现，文化馆最愿意在年报中披露的经费数据是"财政拨款总额"，其次是"专项经费"和"各级政府划拨经费"，而占比最低的则是"自筹经费（如社会捐赠）"。

表 5　业务数据中经费保障

选项	层级			
	地市级文化馆	百分比	县市级文化馆	百分比
财政拨款总额	15	100.00%	77	92.77%
各级政府划拨经费	8	53.33%	58	69.88%
专项经费	12	80.00%	72	86.75%
自筹经费（如社会捐赠）	7	46.67%	25	30.12%
其他	0	0.00%	0	0.00%
总有效数据	15	—	83	—

（6）关于人员等相关数据是否应该纳入披露范围，地市级文化馆与县市级文化馆大都认为有必要在年报中披露"职工情况""各业务门类专业人才数量""志愿者数量"。相比之下，对"职工人均参与教育学时数"和"志愿者服务时长"的选择比例较低。

表 6　业务数据中人员保障

选项	层级			
	地市级文化馆	百分比	县市级文化馆	百分比
职工情况（如总人数、在编人数、中级及以上职称人员比例）	15	100.00%	79	94.05%
各业务门类专业人才数量	13	86.67%	77	91.67%
职工人均参与教育学时数	10	66.67%	57	67.86%
志愿者数量	12	80.00%	72	85.71%
志愿者服务时长	13	86.67%	54	64.29%
其他	0	0.00%	3	20.00%
总有效数据	15	—	84	—

（7）关于社会合作与宣传信息等相关数据是否应该纳入披露范围，地市级文化馆在这方面的披露意愿比县市级文化馆更为强烈，几乎每一项的选择比率都高于后者。二者的选择又在一定程度上有一致性，比如都认为"跨地区文化交流／项目""志愿服务活动""民族民间文化宣传推广活动"这 3 项内容是最为重要的；选择"协（学）会与协作组织建设"和"在社交媒体发布的各类推文条数、阅读数"这 2 项的比例虽然也比较高，但不如前述 3 项突出。

表 7　业务数据中社会合作与宣传

选项	层级			
	地市级文化馆	百分比	县市级文化馆	百分比
跨地区文化交流／项目（指走出本省的活动）	14	100.00%	68	80.95%

续表

选项	层级			
	地市级文化馆	百分比	县市级文化馆	百分比
志愿服务活动	14	100.00%	75	89.29%
民族民间文化宣传推广活动（指以民族民间文化保护传承工作为主题的各类活动）	14	100.00%	75	89.29%
协（学）会与写作组织建设［指文化馆、群众文化类的协（学）会，或者相关的业务工作联盟等组织］	11	78.57%	58	69.05%
在社交媒体发布的各类推文条数、阅读数	12	85.71%	59	70.24%
其他	0	0.00%	5	35.71%
总有效数据	14	—	84	—

（8）关于社会反响信息等相关数据是否应该纳入披露范围，不论地市级文化馆还是县市级文化馆，都认为文化馆的"获奖情况""媒体报道"以及"群众反馈"等信息很有披露的必要。尤其是文化馆的"获奖情况"，地市级文化馆的选择比例为100%，县市级文化馆的选择比例为98.8%。

表8　业务数据中社会反响

选项	层级			
	地市级文化馆	百分比	县市级文化馆	百分比
获奖情况	14	100.00%	82	98.80%
媒体报道	12	85.71%	77	92.77%
群众反馈	12	85.71%	68	81.93%
其他	0	0.00%	5	35.71%
总有效数据	14	—	83	—

（9）关于研究与管理信息等相关数据是否应该纳入披露范围，地市级文化馆与县市级文化馆表现出了较大差异：地市级文化馆对于各项内容的认同度都较高，最低的选择比例也达到了 71.43%，其余的比例均在 90% 以上；县市级文化馆对各项内容的选择比例普遍不高，如对于立项课题的选择比例只有 40%。

表 9 业务数据中业务研究与管理

选项	层级			
	地市级文化馆	百分比	县市级文化馆	百分比
馆办刊物	13	92.86%	59	73.75%
立项课题	10	71.43%	32	40.00%
发表论文 / 出版著作	13	92.86%	51	63.75%
下基层进行业务指导	13	92.86%	71	88.75%
组织理论研讨论坛或交流活动	14	100.00%	53	66.25%
其他	0	0.00%	4	5.00%
总有效数据	14	—	80	—

（四）年报公开的基本情况

虽然文化馆年报公开的时间起步较晚，但截至目前，在广东范围内，有近七成的文化馆公开了年报。一般来说，年报编制工作的启动时间集中于次年 1 月前到 3 月前，完成时间集中于次年 1 月前到 6 月前，年报的公开时间分布在次年 1 月到 6 月。绝大多数的文化馆认为管理机构或上级部门、文化馆服务群众是年报公开的主要对象，将网站和纸质版印刷作为文化馆公开年报的主要途径。同时，只有不到 20% 的文化馆收到了文化馆服务群众或同行对年报内容做出的反馈。从公开年报的文化馆数量来看，地市级文化馆和县市级文化馆无明显差异，都有超过七成的文化馆向社会公开了年报。

年报的公开时间与年报编制完成的时间紧密相关，而年报编制的完成时间又取决于年报编制的启动时间，同时由于年报具有时效性，及时完成信息收集、启动年报编制，并且在年报编制完成后及时进行公开是至关重要的。对于年报工作的启动时间、完成时间和公开时间，地市级文化馆与县市级文化馆无明显差异。四成左右的文化馆在次年 1 月前启动年报编制工作，三成左右的文化馆在次年 3 月前启动年报编制工作，余下不到三成的文化馆在次年 6 月前及其他时间启动年报编制。各有三成左右的文化馆在次年 1 月前、次年 3 月前、次年 6 月前完成年报编制工作，一成左右的文化馆在其他时间完成年报编制工作。不到两成的文化馆在次年 1 月前进行年报公开，三成左右的文化馆在次年 3 月前进行年报公开，大部分文化馆会在次年 6 月前进行年报公开。文化馆第一次公开年报的时间都比较晚，集中在 2017 年及以后。网站（包括文化馆自身的官方网站和政府网站）和纸质版印刷是文化馆公开年报的主要途径。四成文化馆印刷纸质版年报进行公开。地市级文化馆的年报公开主要渠道为官网。对于可能没有官网的县市级文化馆而言，更倾向于选择在政府网站、社交媒体上公开年报。

文化馆年报公开面向对象具有多样性。调查发现，绝大多数的文化馆认为"管理机构或上级部门"和"文化馆服务群众"是年报公开主要面向对象。同时，有较多的文化馆认为，年报公开的受众也应包括"同行"和"内部馆员"。仅有一成多的文化馆收到了服务群众或同行对年报内容做出的反馈，反馈内容主要是对文化馆所举办文化活动的评价。文化馆和用户之间的互动性弱，这可能是因为文化馆年报公开的对象实际上并不清楚年报的意义和作用，文化馆也没有鼓励受众进行积极反馈。

（五）小结

通过问卷数据分析，课题组得以了解文化馆年报工作的普遍现状和基本流程，将年报工作中遇到的问题及原因、需要改善的方面总结为以下三点：

1. 年报编制意识亟待加强

近年来，文化馆行业开展年报编制和公开状况有了一定改善，各级文化馆在《中华人民共和国公共文化服务保障法》和全国文化馆评估定级工作的要求下，已经逐步有意识地单独编制年报。但问卷调研显示，当前文化馆的年报工作仍较为粗糙，大多数县市级文化馆所编制的年报仅为简单的年度总结，他们不了解什么是年报，不清楚为何编制年报、怎么编制年报，对年报制度尚不熟悉，年报编制缺乏主动性、研究缺乏自主性，更多的是照抄上级文化馆年报样式。

2. 年报编制过程缺乏规范

由于文化馆行业尚未建立年报编制规范或指南，目前各级文化馆年报编制工作标准化程度较低。如在信息搜集规范方面，虽然大部分文化馆都认识到建立规范的重要性，并普遍认同"全面""准确""统一"等原则，但只有少数文化馆在编制年报、工作报告或数据统计的过程中，专门制定或参考特定的规范或标准。

文化馆本身的业务和服务类型多样，也决定了年报应当披露的信息非常纷繁，包含对于内容的选取、数据的统计、服务效益的展现，许多文化馆反映这一工作存在主观随意性，而将年报工作纳入机构章程、工作职责和计划的，更是少之又少。

3. 年报编制质量有待提高

目前文化馆年报编制形式不一，水平差异较大，主要表现在：未建立工作机制，缺少规划和流程管理；信息搜集没有形成制度，整理汇总不够及时；文稿架构不清晰、缺乏稳定延续性；对象意识不足，信息披露不全面；条目设置交叉，行文概括性不强，或失之冗余，或详略不当；数据统计口径不统一，覆盖面不全，缺少分析及纵向横向对比；排版美观不足，可读性不强；公开形式单一，不重视反馈意见，社会关注度低等。究其原因，除了前文所述的意识不强、缺少规范之外，还包括欠缺培训、人力限制、内部管理制度支撑不足等。多个文化馆在问卷中反馈需要专业的培训、研讨，尤其是要针对基层工作人员进行培训，开设可供重复观看的线上课程或小视频，组织优秀案例观摩、交流、推广、学习，专家及时解答疑难，以此增强文化馆年报编制规范性和相关工作人员编制能力，提高各馆年报编制水平。还有不少文化馆具体反馈了需要进行指导的内容，如年报的编写原则、报告的基本框架、年报的编制流程、简报和摘要的撰写方法、业务数据的定义与统计口径、业务数据分析、业务和服务的文字总结、大事记的编制方法、写作规范、排版与设计等。

三、基于实践经验的文化馆年报制度分析

基于文献调查和现状摸底，同时结合对文化馆年报领域专家的访谈，课题组全面梳理了当前文化馆年报制度建设的一系列重要经验，总括性地探讨年报的主要作用、建设方向、基本框架、数据披露范围和其他相关内容。

（一）年报的主要作用

1. 留存历史

年报全面而又精炼地呈现年度运营情况，意味着它本身就是对文化馆的一种历史记录。在专家访谈中，华东师范大学金武刚教授认为，年报在一定程度上起到了档案"记录历史"的作用，有助于我们对文化馆一年来的业务工作进行汇总、梳理并为接下来的工作提供参考。东莞市文化馆黄晓丽馆长也认为，"年报起到记录、反映文化馆一定时间内的建设发展情况的作用，此外报编制工作也是为文化馆自身的发展留存档案资料"。可见年报的档案价值已经在一定程度上得到了行业内人士的认可。

2. 信息公开

年报是文化馆信息公开的重要途径之一，是文化馆向社会公开发布当年度馆内服务、管理、运行状况等方面的情况、展示年度成果的载体。年报中公开发布的各项信息与数据，有利于公众进一步了解文化馆的情况。在专家访谈中，中国文化馆协会副理事长，浙江省文化馆首席专家、党总支副书记王全吉指出，"年报是文化馆向公众汇报文化馆一年的主要工作，特别是社会公众关心的信息、服务效能等内容，保障公众的知情权，接受社会公众的监督的重要工具"。文化馆年报的编制与公开是文化馆推进信息公开、依照《中华人民共和国公共文化服务保障法》保障公众知情权与监督权的重要手段。

3. 辅助管理

年报全面又精炼地呈现年度运营情况，是文化馆对本年度管理、服务、运行等工作的总结，是对文化馆各项数据与信息的收集与汇总，借此发现工作中存在

的不足，为后续的工作改进提供方向与参考。广州市文化馆宣传与信息部黄燕部长在访谈中提到，"年报具有分析导向作用，有利于文化馆基于数据统计及分析，及时发现工作瓶颈，为后续工作改进提供参考方向"。作为一种公开性的报告，不同文化馆的年报各有特色，正可取长补短，互相学习。有专家就指出，"对服务做得不够好的文化馆，会产生一定的危机感和紧迫感，从而倒逼文化馆改进工作、提升服务水平"。由此可见，年报是文化馆梳理发展情况，推动可持续发展的重要抓手。

4. 宣传推广

文化馆年报作为文化馆向社会信息公开的一种途径，它也是社会公众了解、认识文化馆的一种途径。安徽省文化馆副馆长张鹏水在访谈中提到，"编制年报有利于文化馆赢得社会认同，促进社会力量参与。年报是文化馆维护良好公共关系的有效工具，有利于开展服务和推广宣传的工作"。依托"年报"这一载体，文化馆可以集中展示本单位面貌以及工作成果，从而拉近文化馆与公众之间的距离，提升文化馆的社会关注度，从而得到更多政策支持、吸引更多社会资源。

5. 行业交流

年报记录文化馆年度服务与管理情况，内容具有较高的参考与研究价值。一方面，年报体现文化馆的发展理念，分享文化馆发展中的经验。一份好的年报可分享具有引领性的发展理念、服务举措，分享具有创新性、可复制、可推广的工作案例。通过年报，不同文化馆可交流、分享、借鉴成功经验与创新案例，从整体上推动文化馆行业发展。此外，年报具有研究作用，可用于开展本单位（行业）有关研究。文化馆年报中所记录的信息与数据是研究文化馆行业有效的数据源之一。年报的实践案例、管理模式等有助于对本单位乃至行业的研究，促使文化馆行业的发展更成熟、规范。

（二）年报制度的问题与方向

关于年报的编制，目前各级文化馆尚处于摸索阶段，实践中遇到的主要问题包括：

1. 年报工作的保障

首先，受访专家普遍认为，当前文化馆对年报的认识、理解尚不到位。这个问题的本质在于各馆都缺乏年报编制的经验，又无先例或指南参考，导致出现对年报工作缺乏足够重视、年报质量不佳等问题。其次，编制人员数量不足、能力不足。针对人员数量，成都市文化馆王利表示，当前成都市参与年报工作的人员同时还要兼顾其他工作。黄燕表示文化馆自身人手不足，亦难以通过第三方力量解决年报编写工作。针对人员能力，王利认为年报编制人员需要拥有较强的信息整合能力和数据分析能力；张鹏水表示安徽省文化馆年报的编制者较为缺乏创新思维，常以报告式文体行文，可读性不高。王全吉认为年报设计专业性较强，需要改善排版设计，提升阅读效果，对编制人员具备一定的挑战性。

2. 年报的信息搜集

年报需要收录大量能反映文化馆工作开展状况的信息和数据。在未明确年报编制程度、建立日常信息搜集制度的情形下，文化馆编制年报往往是临时性工作，导致相关数据搜集难度较大。如张鹏永所言，年报所需收录的内容类别较为复杂，信息搜集渠道不统一，很容易有所遗漏。黄燕表示广州市文化馆最初年报工作数据采集手段原始，线上数据不足，无法反映工作全貌，主要靠人工填报，错漏较多。王利表示，"成都市文化馆初次编制年报时，信息搜集特别困难。此后的日常工作中，开始注意搜集和整理信息工作常态化。当再次编制年报时，工作事半功倍"。因而，受访专家都认为有必要建立日常信息搜集制度，信息搜集虽有难度，但只要领导重视，各部门认真配合，措施到位，人手充足，为年报工作打下坚实基础。

3. 年报的专业性

年报工作因保障制度、编制规范的缺乏，导致专业性不足，例如数据分析的深度不够，年报缺乏可读性和吸引力等。此外，年报的客观性难以得到保证。文化馆年报编制的目的之一就是接受人民群众监督，反向督促文化馆事业发展。年报应客观反映服务开展状况，然而现实情况是服务反馈数据不理想，有的文化馆可能不愿如实在年报中公布数据。

针对以上问题，受访专家们提出了年报制度建设的三个关键方向。

4. 建立健全年报工作的保障制度

首先，文化馆要充分认识年报工作的重要性，要将该项工作纳入馆内重要议事日程，加强工作指导。其次，文化馆要注重培养编制者的创新意识，建成一支业务能力强、有责任心、相对稳定的年报编制队伍，以创新的理念做好年报编制工作。当前最迫切的是，要建立年报编制的统一规范，使年报工作有章可循。受访专家们认为年报编制指南要解决年报工作内容与流程不规范、分析混乱、范式不清等问题，为年报基本原则、基本框架、编制流程、信息搜集、数据分析、文字规范、排版与设计、公开方式等方面工作提供参考。

5. 建立常态化信息收集机制

受访专家金武刚认为，年报工作可与文化馆档案管理工作相结合，日常工作做好记录，年终统一汇总相关资料和数据。李立群认为需要制定可操作性的规章，鼓励各部门人员参与信息搜集。黄晓丽也认为年报并非材料员的文字工作，各部门明确分工、齐心协力开展好工作。此外，数字技术可促进资料搜集与编制工作。金武刚提出推进文化馆工作自动化，在计算机系统中自动记录相关数据和资料，增设相应的功能模块，在需要时动态调出或自动统计生成报表。此举不仅节省人力物力，还能夯实年报内容。

6. 重视年报的编制质量

年报并非单纯工作业绩展示，需要重视年报的编制质量，做到内容客观、分析到位、设计美观。王全吉认为，年报与年度总结不一样，其信息的挑选与取舍要围绕框架进行。王利认为，年报需涵盖工作问题与未来措施。李立群也认为年报要坚持问题导向、精准施策。黄燕认为年报要注重年度纵向比较，呈现行业立体化发展脉络，在年报的排版设计上要图文并茂，让群众直观了解本馆工作开展状况。黄晓丽建议，争取财政支持，设立年报专项资金。通过政府购买服务，做好年报的设计、排版、印刷等工作，确保年报质量。为了提高年报质量，黄燕提出加强行业交流，将年报编制工作纳入行业理论研讨重点，相互交流经验做法、取长补短。

（三）年报的基本框架

根据第五次全国文化馆评估定级指标，总结调查问卷和受访专家的反馈，为构建相对完整的年报基本框架，课题组认为文化馆年报应该囊括 8 个方面的内容。

1. 机构基本情况

机构基本情况指的是文化馆的基本保障条件，如文化馆的面积、馆室条件、服务开展情况、馆藏资源规模、专业设备与器材的条件等。这些保障条件是文化馆开展服务与工作的基础，关系到公众在文化馆能享受到什么基本服务，公众对此应有知情权。有专家也认为，"各级文化馆年报编制、公示时基础信息可作为年报必要选项"。组织（本单位）的基本情况应当作为文化馆年报编制的展示信息之一。

2. 年度工作与服务概况

年度工作与服务概况指的是文化馆履行职能提供文化服务的情况，包括到馆人次、开展的各项服务与活动次数和参加人次、生产的文化成果的数量等。年度工作与服务概况是评价一个文化馆提供服务是否合格的重要依据。年度工作与服务概况是文化馆向公众汇报文化馆一年的主要工作，如公众关心的信息、服务效能等内容。年度工作与服务概况是保障公众的知情权、接受社会公众的监督的重要部分。在访谈中，东莞市文化馆馆长黄晓丽、浙江省文化馆党总支副书记王全吉、安徽省文化馆副馆长张鹏水、成都市文化馆党总支书记王利都认为，年度工作与服务概况是文化馆年报编制中必须包含的，是文化馆对于年度工作与服务概况的总结，应当在年报中占据一定的比重。

3. 特色活动与项目

特色活动与项目是指文化馆开展的具有本馆与地方特色的活动。这些活动是文化馆集中展示本馆服务理念、服务模式、成功经验的途径，也是展现本馆的独特性与魅力的方式。通过特色活动与项目板块，文化馆一方面通过接地气且独具特色的活动拉近与本地区公众的距离，另一方面通过特色的活动与项目来展现本馆在履行职能中的独到之处。在访谈中，不少专家表达了对特色活动与项目这一板块内容的重视与肯定，普遍认为"文化馆年报编制需要呈现文化馆的特色项目和亮点"。同时国内编制较为成熟的年报也大都包括了这一板块内容。

4. 社会反响

社会反响指的是文化馆过去一年所获得的社会荣誉、媒体报道、公众的反馈等。这些内容是对文化馆履职情况与服务效能的反馈，是文化馆对本馆服务成果进行展示的一个窗口，保持良好的社会形象有利于文化馆更好地去提高社会对公共文化服务质量的认可，从而争取更多政策支持，得到社会更广泛的参与。

5. 大事记

年报中的大事记是文化馆罗列记载本馆重要工作活动或者发生重大事项的板块。编制这一板块有利于社会公众与上级机关更便捷地了解文化馆一年来经历的重大事件与活动，起宣传推广作用，为未来的查考工作提供依据。有专家明确提出，"文化馆评估定级中各级文化馆年报编制的要求应当包括大事记"。

6. 人员保障

人员保障指文化馆的职工数量、专业人员数量、职工参与培训教育的时长、志愿者的数量与服务时长等相关人员保障情况。对于人员保障力量雄厚的文化馆而言，编制"人员保障"板块有利于文化馆进一步赢得社会的认同与信任，起到良好的宣传作用。对于人员保障相对较差的文化馆而言，则可突出志愿者的作用、文化馆服务的社会化等方面，从而拉近与社会公众的距离。王利提出，"各级文化馆年报编制、公示时用于保障活动开展的人员基本信息可作为必要选项"。

7. 业务研究与管理

业务研究与管理部分指的是文化馆馆办刊物的编辑发行情况、相关的立项课题与研究、发表的论文与出版的著作、对其他文化馆的业务指导、组织各类理论研讨论坛或交流活动、文化馆总分馆制建设情况等。这一板块反映的是文化馆的研究水平与业务水平，通过编制这一板块，文化馆可以集中展示自身的研究与业务水平，展示本馆在过去一年中取得的理论成果与对文化馆行业发展起到的作用，从而赢得社会认可，争取社会关注，得到更多社会资源。

8. 社会合作与宣传

社会合作与宣传部分指的是文化馆举办的志愿服务活动、跨地区文化交流项目、社会文化推广活动、与其他机构的合作、在各种社交平台上发文的数量与阅读量等。这一部分反映的是文化馆服务的社会化程度与成果，并在一定程度上体现了文化馆的社会影响力。这有利于展现文化馆在社会化服务上付出的努力与发展方向，提高文化馆的社会形象，提升人民群众对现代公共文化服务品质的满意度，从而吸引更多社会力量参与文化馆的建设。

（四）年报的数据披露范围

为充分、准确反映文化馆服务开展状况，年报应设置"服务数据分析"板块，不仅呈现统计数据，而且做出深入分析。然而在指标设置上，各地文化馆情况不一，特色亮点不一，因此业务数据统计和分析的指标设置应考虑实际情况，在细化的统计层面，需建立相对统一的统计口径和分析标准。统计数据在实际操作中有许多尚待解决的问题。金武刚认为，业务数据统计应当精准到具体的人，而不仅仅只是人次，才能更好地反映服务覆盖面。

综合受访专家意见，以下项目被认为是应当重点反映的统计指标。

1.服务对象和服务范围的基本信息

对于服务对象和服务范围的基本信息，专家们普遍认为公开常住人口、服务区域面积、所在地区的文化馆投入经费、非物质文化遗产等数据的展示是必要的。

2.机构基本情况与资产状况

受访专家均认可要公开分馆数量、开放时长、文化馆建筑面积和数字资源等数据，大部分专家认为年报中需要公开活动室和专业设备器材等数据，对于藏品/展品数目的公开披露则存在一定的保留态度。

3.服务效益

关于服务效益，受访专家都认可需要披露公开演出、展览、讲座等文艺活动场次及参与人次，辅导、培训活动场次及参与人次，非遗服务活动场次及参与人次，数字平台建设情况以及数字服务使用等数据，大部分专家认可需要披露到馆人次、群众使用场馆次数、群众文艺创作与推广活动服务效益等数据。此外，有专家还提到了群众团队建设（扶持）情况，认为这项信息也应该包括在文化馆年报有关服务效益的信息中。

4. 特殊群体服务

关于面向特殊群体的服务，受访专家普遍认可需要披露面向特殊群体的服务效益，并认为将面向特殊群体的服务数据单独统计呈现是非常必要的。

5. 经费保障

关于经费保障，受访专家对公开经费数据的态度较为保守。但仍有一半及以上的专家认可要公开财政拨款总额、各级政府划拨经费、专项经费、自筹经费（如社会捐赠）等经费数据。

6. 人员保障

关于人员保障，受访专家普遍认为从业人员情况和志愿者数据是比较重要的。有专家还提到，从业人员信息应细化到学历结构、职称结构及专业构成等。

7. 社会合作与宣传

关于社会合作与宣传，受访专家认为应该重点披露文化馆开展宣传推广活动、行业合作、跨地区交流活动、社交媒体宣传等数据。

8. 社会反响

关于社会反响，受访专家普遍认为要公开获奖情况和媒体报道，也大都认同群众反馈是年报业务数据的必要内容。

9. 业务研究与管理

关于业务研究与管理，受访专家大都认同披露馆办刊物、立项课题、发表论文／出版著作、组织各类理论研讨论坛或交流活动的相关数据。

（五）年报工作的其他经验

1. 不同层级的文化馆年报应有不同的编制指引

不同层级的文化馆服务、管理和运行有所不同，因此，反映文化馆服务开展情况的年报从内容到形式有所区别，需要为其编制不同的规范或指引。原则上，各层级文化馆年报的框架应保持一致，但具体内容应紧扣自身职能定位、服务特色。省级文化馆的年报更宏观，更加注重统筹引领，发挥龙头带动作用。黄晓丽认为省级文化馆的年报应该着眼全省文化馆发展基本面、行业引领性示范性举措，以全省发展状况和行业发展状况作为年报内容的重点与框架设计的内在逻辑。黄燕认为省级文化馆年报可更注重披露较为宏观的指标数据，除本馆年报外，也可考虑编制区域性年报。地市级文化馆的年报应更务实，突出区域性与特色。受访专家普遍认为地市级文化馆年报应该着眼全市发展总体情况和自身情况展示其创新性举措，发布全市基本信息、回顾年度工作成效、总结有益经验、回应市民关切，应成为其年报内容的重点与框架设计的内在逻辑。县市级文化馆和基层文化站年报应更具地域性和自身特性，展现工作细节和特色活动，在总分馆建设、分馆特色以及基层活动、服务等方面着力，重点展现品牌建设、活动开展、团队建设、群文创作等专项工作成效。

总体而言，不同层级文化馆的年报应突出不同特点。较高层级的文化馆年报，应通过对大量数据的分类提取和对比分析，呈现系统、科学的分析成果，为下年度提升本地区文化馆服务品质和效能提供坚实的基础，为未来加强本地区文化馆全面建设提供科学决策依据。而基层文化馆和文化站的年报，应着重面向服务对象、面向基层群众公布本年度文化馆服务的绩效，对接广大受众群体的需求和期盼。

2. 关注总分馆体系年报的编制

受访专家普遍认同将总分馆制建设纳入年报内容之中，但关于是否要在单馆的年报之外独立编制总分馆年报，意见不一。有专家认为，单独编制反映总分馆体系建设成果的年报能够总结经验、推广交流，也便于主管领导和人民群众监督，可以在探索中不断完善。公共图书馆领域有单独编制图书馆总分馆报告的经验，如广州和深圳都有专门的"图书馆之城"建设年报。有专家认为，文化馆总分馆体系年报，往往比单馆年报更能体现效果。虽然编制总分馆体系年报需要投入更多的人力、物力和精力，但创新意义明显，能为促进整个行业发展发挥效用。总分馆体系年报的数据呈现与对比分析更加全面、系统，有利于更全面、准确地了解一个地区的文化馆发展状况。专家同时提醒，在具体编制时，总分馆体系年报和单馆年报不能简单重复，而应该充分展现总分馆体系在本年度文化馆服务中协同作战的实践成果，注意数据采集方式及数据校正方法，在数据的汇总、分析上要更有针对性，提出更高要求。

也有专家认为，总分馆体系是文化馆组织体系变革的一部分，由担当总馆功能的文化馆放在该馆年报中统一反映似乎更为便利妥帖。文化馆可以在年报中设置体现总分关系的板块，呈现分馆亮点、特色以及活动的开展情况，同时注意区分总馆和总分馆服务体系的服务情况。东莞市文化馆已将总分馆体系纳入年报之中，主要反映的是全市总分馆体系建设，以及活动、培训、演出等总体情况和数字文化平台建设情况。有专家指出，编制文化馆总分馆体系年报，既涉及该体系的整体运作情况，还涉及分馆数量、业务开展等情况。各地情况不一，需要立足实际条件，逐步推进、逐步完善，亦可要求条件具备的地方将总分馆建设情况纳入文化馆年报之中，并作为专题内容反映。

3. 加强对实践经验的总结推广

年报工作不是一项纯粹的理论研究工作，而是必须融入实践之中。因此，有必要对当前做得较好的年报案例进行深入分析，加强对现有丰富实践经验的总结和推广。

受访访谈专家对当前文化馆年报较为先进的案例和经验各有看法。成都市文化馆、东莞市文化馆等是国内较早编制年报的文化馆。成都市文化馆在年报编制时内容呈现方式创新、图文并茂、内容翔实，设计贴近公众需求，可读性强。此外，成都市文化馆年报注重数据分析，并深入挖掘用户的偏好与需求。广州市文化馆宣传与信息部部长黄燕认为，成都市文化馆年报结合年龄段、课程报名信息等深入挖掘群众画像及行为偏好，并根据群众行为偏好调整自身工作模式及策略，注重比较和数据挖掘。受访专家普遍认为，成都市文化馆年报是国内文化馆年报的示范性案例之一。

东莞市文化馆从 2017 年起开始编制并公开年报，内容丰富且地方特色鲜明。其年报按每年"一本年报、一本画册、一封信"的体例进行编制，以纸质文本和电子文本分别发布。"一本年报"既包括了文化馆发展基本情况、年度总结、数字文化馆建设等，也包括了重要案例分享，并作为年报的重点进行编撰。"一本画册"是以图片为主，生动展现当年度文化馆的业务组织、活动开展、党建工作等精彩瞬间。"一封信"即"致市民的一封信"，以图表、H5 等形式展现，以服务数据说话，生动形象地向市民汇报一年的服务情况。通过"一本年报、一本画册、一封信"的形式，既全面又重点突出地梳理回顾文化馆本年度工作情况，总结工作经验，加强专业交流，回应市民关切，取得较好的成效。

受访专家提及的其他具有示范性的年报案例，如广东省文化馆年报、浙江省文化馆年报、宁波市文化馆年报、江苏省文化馆年报等，具有较强的参考、示范、引领价值。

四、文化馆年报编制与公开的政策建议

基于现有的文化馆年报编制与研究基础，课题组提出建立健全我国文化馆年报制度的政策建议。

（一）开展编制与公开指南研制，增强年报工作规范性

出台文化馆年报编制与公开相关指南，将为各级文化馆提供指导，加强年报的规范性和标准化程度，有利于提高年报编制与公开工作的质量。年报相关指南应有两大方向。其一，针对不同层级的文化馆，指南应提出不同的年报参考建议。各级文化馆业务范畴有差异，服务项目有不同，难以用同一套指南规范所有层级的文化馆。课题组认为，相关指南文本应提出通用的框架模板，界定必备模块和核心要素，同时提供可供选择的内容模块，满足不同层级文化馆的实际需求，尤其要协助县市级文化馆和文化站编制具备实际效用的年报。其二，根据指南编制的年报应当能够对接文化馆的评估工作，成为评估工作的重要辅证材料，以便节省人力物力。全国文化馆评估定级工作迄今为止已进行了五次，需要各级文化馆先自评，由各省文化主管部门对辖区内文化馆评估并核实，由中国文化馆协会组织评估组进行线上和实地抽查，耗时较长，需要投入大量人力物力参与。文化馆年报相关指南和标准对接评估定级的指标，使年报能够对接评估工作，精简评估材料，有利于避免重复工作和过度留痕。

指南的具体制定可参照公共文化服务领域相关规范，如即将发布的公共图书馆年报编制指南、全国文化文物统计报表制度、事业单位法人年报制度、企业领域的年报编制指南等。根据各馆反馈及课题组对年报案例的分析研究，相关指南应重点解决以下问题：（1）规范年报相关工作的术语；（2）文化馆年报工作原则；

（3）文化馆年报的编制程序，即年报的责任主体、分工及进度安排；（4）文化馆年报的范围、周期、内容，以及公开形式、渠道和范围；（5）文化馆年报的基本内容框架。

（二）加强宣传培训，提升年报工作专业性

为了提升年报编制质量，除了相关指南外，还应提供培训课程宣讲年报的目的、意义，解读年报指南，指导年报编制，进一步加强各级文化馆的编制能力，尤其是综合实力薄弱的文化馆。一方面，培训工作的开展可回应各级文化馆的普遍诉求，直接、有效地培养年报编制专门人才，促进相关人员对年报工作的理解，提高年报编制水准。另一方面，培训工作起宣传推广作用，有助于加强各地文化馆对年报工作的重视，激发其编制和公开年报的积极性。

根据前期调查研究工作，课题组提出以下三点建议：（1）建立从国家到地方的宣贯体系。由文化和旅游部全国公共文化发展中心领头，以各地省级文化馆或行业组织为主导，邀请年报工作指南研制人员、年报编制实践经验丰富的资深专家担任讲师，在全国各地区文化馆开展专题培训班及巡回讲座，加大对年报工作的宣传力度，引起全国各级文化馆对此项工作的重视。（2）建立从线下到线上的培训体系。充分利用文化馆自身优势，制作与本指南编制相关的慕课课程，由年报编制专家录制年报培训视频，并设置问答专区进行答疑，为各级文化馆提供经验分享的机会。（2）建立从标准到图书的示范体系。编制并出版《文化馆年报编制指南与示例》（建议名），深入阐释年报的具体编制方式和编制经验，收录各地文化馆年报的优秀案例，为相关工作人员提供明确指引。

（三）建立工作机制，推动年报编制常态化

文化馆将年报编制与公开作为常态工作之一，需在各馆内建立相应的保障机制，促进年报工作每年按时、顺利地推进与完成。

其一，建立年报编写团队。为保证年报工作顺利进行，文化馆应配备受过专业培训的馆员进行信息搜集、撰写报告、排版与设计、公开等工作，邀请专家团队对编制完成的年报进行审查。根据当前文化馆的普遍做法，课题组建议以馆长

或副馆长为总负责人，在馆内建立年报编制团队，以全面统筹、指导年报编制工作。为保障编制工作稳定性，编制团队一般应指定主要责任部门（一般为办公室），或从各部门抽调的同一批人员长期负责组织、推进年报的编制工作，其他各部门需配合年报的相关工作，有条件的文化馆可委托第三方团队参与校对、设计和排版工作。无法抽调专门人手编制年报的机构，可因地制宜采用相对简单的年报编制方式，或由上级文化馆统一编制。

其二，建立年报管理制度。在文化馆内部建立从年报编制筹备至年报公开，以及历年年报存档、馆际交流等一系列工作的完整管理制度，需要明确年报责任主体、编制程序、进度安排等。尤其注意依托现有制度建立完善的日常信息搜集制度，由办公室统筹、其他部门配合，每次活动结束后及时收集相关文字、图片、视频等信息，以确保年报收录信息的全面性、准确性，为编制工作有条不紊的开展打下良好基础。

（四）建立统一平台，促进年报长期公开

为充分发挥年报信息公开的重要作用，促进不同地区文化馆工作经验交流，建议建立全国性的年报收集和公开平台，展示各地区文化馆的年报，提供年报公开获取的统一途径。其原因有三：一是根据课题组的前期研究，当前各地文化馆的年报公开存在公开形式和公开渠道较为单一、群众反馈相对缺乏等问题，建立全国性年报平台能够实现文化馆年报的充分公开。二是做好年报的公开工作，可充分发挥年报的信息公开、数据留存、经验共享、社会监督等功用。通过全国性的年报收集平台，各级文化馆能够迅速地了解业界同行的工作动态，推动文化馆之间相互借鉴、改进服务，广大人民群众也可便捷地对本地区文化馆的服务情况进行监督和反馈。三是全国性的年报收集和公开平台对各地文化馆而言，可提供年报编制的优秀案例用于借鉴、学习。对管理部门而言，平台能发挥督促和监督作用，激发各馆编制年报的积极性。从长远来看，平台所收集的文化馆年报可成为全国文化馆事业发展最全面、客观的信息库。

全国性文化馆年报公开平台的实现路径，可由全国公共文化发展中心或中国文化馆协会负责筹建，可参考"全国中小学生研学实践教育平台"等全国性统一

平台进行建设，甚至更进一步建成全国性的文化馆大数据平台或知识库，需要满足以下需求:（1）提供全国各级文化馆年报的在线获取途径，按照行政区划建立分级表并提供检索功能;（2）建立优秀案例栏目，每年推荐文化馆年报的优秀案例;（3）提供文化馆年报工作的相关信息，包含年报指南，培训资源、年报相关的法律法规;（4）建立年报公开的时间节点，以地图或其他形式标明当前年份尚未公开年报的文化馆。